百家經典

魯迅評傳

曹聚仁 著

我想，與其把你寫成為一個「神」，不如寫成一個
「人」的好。

——曹聚仁答魯迅問

曹聚仁在本世紀中國文化史上是個多才多藝的人物，
作家、新聞記者與學者兼於一身，著述甚豐。有論者認
為：「近代中國知識份子當中，像他這樣高產的，除了梁
啟超、魯迅、郭沫若和林語堂之外，幾乎還不多見。」

——方漢奇《曹聚仁研究‧序》

《魯迅評傳》是曹聚仁最重要、也是最成功的一部著
作，這部著作不僅使他贏得人們的尊敬，而且使他至少名
垂百載。

——寒山碧（香港作家）

在曹聚仁筆下，魯迅是一個認真的人，一個有趣的
人，一個廉介方正的人，一個值得尊敬的人。

——陳漱渝（魯迅研究專家）

目錄

一 引言

自己背看因襲的重擔，肩住了黑暗的閘門，放他們到寬闊光明的地方去。

——魯迅：《墳》

1933 年冬天的一個晚上，魯迅先生在我的家中吃晚飯，一直談到深夜。他是善於談話的，忽然在一串的故事中，問了我一句：「曹先生，你是不是準備材料替我寫傳記？」他正看到我書架上有一堆關於他的著作和史料。我說：「我知道我並不是一個適當的人，但是，我也有我的寫法。我想，與其把你寫成為一個『神』，不如寫成為一個『人』的好。」接著，我們就談到路特微喜（Emil Ludwig）的《人之子》（耶穌傳記）。路特微喜把耶穌寫成為常人，並不失其為偉大；說聖瑪利亞是童貞女，由天神給她孕育這麼一救主，也不見得增加耶穌的光輝。老老實實說瑪利亞這個可憐的女孩子，給羅馬軍官強姦了，孕生了這樣一個反抗羅馬暴政的民族英雄，也不見得有什麼丟臉。因為是「人」，所以不免有「人」的弱點。這一方面，魯迅比蕭伯納更坦白些，他並不阻止我準備寫他的傳記。（當晚，我並不想到他很快就老去了，所以許多關於他的史料，不曾向他探問明白。這一部分的缺憾，而今已經由周作人寫

了《魯迅的故家》和《魯迅小說中的人物》來填補起來了。）我們又談到孫中山傳記問題，那時，中山文化教育館正在徵求《孫中山傳記》的稿本；有人希望我也動手寫寫看，我說我不能，因為你們要奉孫中山為神明，而實際的孫中山，也只是一個凡夫，平凡得很的人，叫我怎麼寫呢？最後，我說：「你是寫《阿 Q 正傳》的人，這其間，也有著你自己的影子，因為你自已也是中國人「說魯迅是阿 Q，也不損失魯的光輝，他畢竟是創造阿 Q 的人。

那時，我們那一群人，相約不說「我的朋友胡適之」的，我也並不想說「我的朋友魯迅」，我也不是他的門徒。有人以為我到上海賣文，是借著魯迅的光的；抱歉得很，魯迅是 1927 到上海，那時我在上海報刊寫稿已六七年了。（我承認邵力子陳望道二先生是汲引我的人，卻不是魯迅。）前些時香港一些論客，深以我是魯迅的朋友為恨；我也有這麼一種牛性，他們要來「欽定」的時候，我偏要他們看看《魯迅書簡》，使他們啞口無言的。十年前，宋雲彬先生在桂林醫院中養病，他從頭至尾，把魯迅全集看完了，輯出了一本《魯迅語錄》。他對我說：「為什麼魯迅文章中，沒有罵你的？」（他看見魯迅罵過許多人，連郭沫若、鄭振鐸、傅東華、徐懋庸都在內，不獨對陳西瀅、梁秋實那麼刻毒的。）其實，魯迅對朋並不那麼刻薄的，許多人不曾受過他的譏諷，連對易培基都不曾有微詞，大家可以意會的了。我和他之間，有一段極機密的交遊，我此刻並不想說出來，留著將來，作為「逸話」罷。

一九三四年冬天（編按・年代有誤，是一九三六年春天），為了群眾書局出版《海燕》的事，我和 Y 君鬧得不十分愉快。（Y君為了此事，一直在罵我，卻不曾把真相說出來。）魯迅先生寫信給我，勸了我一陣，說：

「自己年紀大了，但也曾年青過，所以明白青年（指 Y君）的不顧前後，激烈的熱情，也了解中年的（指筆者）懷著

同情，卻又不能不有所顧慮的苦心孤詣。現在的許多論客，多說我會發脾氣，其實我覺得自己倒是從來沒有因為一點小事情，就成友或成仇的人。我還不少幾十年的老朋友，要點就在彼此略小節而取其大。（這是魯迅對我的暗示，要我不計較 Y君的壞脾氣。）」

　　一九三六年十月間，魯迅去世了。當時，我就著手整理史料，準備寫傳記，工作進行了一半，而淞滬戰爭發生，除了一部分史料已在《魯迅手冊》刊出，這本魯迅所預料的魯迅傳，迄今並未出版。我也期待了許廣平、許壽裳、孫伏園諸先生的魯迅傳出來，尤其期待周作人所寫的。誰知忽忽二十年，依然沒有影子。坊間，只有王士菁的《魯迅傳》，那簡直是一團草，不成東西，而鄭學稼的《魯迅正傳》，更是胡鬧，不僅侮辱了魯迅；也侮辱了讀者。因此，我要試寫這一部《魯迅評傳》—不是魯迅所預料的「傳記」。

　　目前所見的寫「魯迅傳」的人，都是沒見過魯迅，不了解魯迅的人，而和魯迅相熟，了解魯迅的人，所寫的都是魯迅傳記史料，並不是魯迅傳，這也可見魯迅傳之不容易寫。不容易寫的因由有二：一、魯迅本人的言行，並不合乎士大夫的範疇的，所以畫他的都不容易像他。二、中共當局，要把他當作高爾基來捧起來，因此，大家一動筆就阻礙很多。──有一時期，魯迅曾經被革命文學家判家為「反動」文學的，且鬧得很久。周作人曾在《關於魯迅》中以調侃語氣在說：「不久，在中國文壇上，曾起了《阿Q正傳》是否反動的問題。恕我記性不好，不大能記得誰是怎麼說的了，但是當初決定《阿Q正傳》是落伍的反動的文學的，隨後又改口說，這是中國普羅文學的正宗者，往往有之。這一筆『阿Q的舊賬』，至今我還是看不懂，本來不懂也沒有什麼要緊，不過這切實的給我一個教訓，就是使我明白這件事的複雜性，最好還是不必過問。……現在魯迅死了，要罵的捧的或利用的都已失了對象，或者

沒有什麼爭論了亦未可知。」這段話，今日的周作人，已經不敢再寫了；而魯迅的朋友中，年紀一大，都明白這件事的複雜性，抱定了「最好還是不必過問」態度，那是必然的。而捧的罵的或利用的都未失去了對象，也是使大家不敢動筆的因由之一。

　　中國的士大夫，自來有三種意願：一種是希聖希賢，宋明理學家，一開口就是這麼說的，所以他們把顏淵當作模範人物，要尋求孔顏樂處在那裡。一種是要做英雄豪傑，像項羽那樣，要學萬人敵，讀兵法，要做「彼可取而代之也」的大夢。又一種則是酸風溜溜，要做八斗才的才子，吟風弄月；詩酒傲王侯。而寫傳記的人，胸中先有這幾種輪廓，就在規矩中做起文章來。可是，這些帽子都不合乎魯迅的頭寸，那些捧魯迅的，一定要把魯迅當作完人來寫的，要讓他進孔廟去，那當然可笑的。然而魯迅雖進過水師學當，如他自己所說的，「上窮碧落下黃泉」，他也畢竟不像一個海軍上將，他也不想立赫赫之名。魯迅也會做做舊詩詞，他的駢儷古文，也做得不錯。但他並不帶一點才人的氣息，也不想做空頭文學家。他是道道地地地，在做現代的文藝作家，比之其他作家，他是超過了時代的。他那副鴉片煙鬼樣子，那襲暗淡的長衫，十足的中國書生的外貌，誰知道他的頭腦，卻是最冷靜，受過現代思想的洗禮的。我曾對朋友們說：「我們都是不敢替魯迅作特寫的，因為我們沒有這份膽識，所以替魯迅寫印象記，如馬珏（馬衡的兒子）是個小孩子，如吳曙天，是個初出茅廬的女孩子，如阿累，一個電車賣票員，他們不知天之高地之厚，才敢來動筆。而且，他們敢寫得真實，才顯得親切有趣。還有那位攻擊他的陳源（西瀅），也著實抓到癢處。」

　　魯迅是誰？何凝（即瞿秋白）曾引用過一段神話：「亞爾霸・龍迦的公主萊亞・西爾維亞被戰神馬爾斯強姦了，生了一胎雙生兒子，一個是羅謨魯斯，一個是萊謨斯；他們兩兄弟一出娘胎就丟在荒山裡，如果不是一隻母狼餵他們吃奶，也許早就餓死了！後來，

羅謨魯斯居然創造了羅馬城，並且乘著大雷雨飛上了天，做了軍神，而萊謨斯卻被他的兄弟殺了，因為他敢於蔑視那莊嚴羅馬城，他只一腳，就跨過那可笑的城牆。」（萊謨斯的命運比魯迅慘得多了，這也許因為那時代還是虛偽統治的時代。）萊謨斯是永久沒有忘記了自己的乳母的，雖然他很久的在孤獨戰鬥之中找尋著那回到故鄉的道路。是的，魯迅是萊謨斯，是野獸的奶汁餵養大的，是封建宗法社會的逆子，是紳士階級的貳臣，而同時也是一些羅漫諦克的革命家諍友，他從他自己的道路回到了狼的懷抱！這樣的譬喻，頗有意義，魯迅之為魯迅，並不一定要把他當作戰鬥的英雄的。

當年我準備替魯迅作傳記，著手搜集材料之初，首先想寫成的乃是魯迅年譜。我承認我的治史方法和態度，很受胡適、梁啟超的影響，我的《魯訊年譜》，假使寫成的話，也就是《章實齋年譜》那一類的史書。章實齋，這一位近代大史學家，他最能賞識年譜的重要，曾說：「文人之有年，前此所無。宋人為之，覺有補於人論世之學，不僅區區考一人文集而已也。蓋文章乃立言之事，言當各以其時，同一言也，而然後有同受，則是非得失，霄壤相懸。前人未知以文學史之義，故法度不見，必待好學深思之士，探索討論，竭盡心力，而後乃能彷彿其始末焉。」胡適認定年譜乃是中國傳記體的一大進化，最好的年譜，如王懋竑的《朱子年譜》，如錢德洪等的《章實齋年譜》，更可以算是進步的新傳記。

一、他把章實齋的著作，凡可以表示他的思想主張的變遷沿革的，都擇要摘錄，分年編入。

二、章氏批評同時的幾個大師，如戴震、汪中、袁枚等，有很公平的話，也有很錯誤的話。他把這些批評，都摘要抄出，記在這幾個人死的一年。這種批評，不但可以考見實齋個人的見地，可以作當時思想史的材料。

三、向來的傳記，往往只說本人的好處，不說他的壞處，他這部年譜，不但說他的長處，還常常指出他的短處。

我理想中的《魯迅年譜》，也就是這麼一部史書。其實，王士菁所寫的也就是這麼一部傳記，就因為他不懂得史學，不善剪裁，不會組織，所以糟得不成樣子。而許廣平不懂得史學，不獨不會修正，連批評也不中肯。但，我畢竟放棄了魯迅年譜，固然因為抗戰時期，奔波南北，無暇及此。最主要的，我要寫一本通俗的魯迅傳記，而不是一部專家的著述。在今日，寫魯迅年譜最容易，因為關於他的史料太充分了，比曾國藩的傳記還充分些，就看鑑別史料有沒有眼光，組織史料有沒有能力。

我對於傳記文學的興趣，近十五年間，很快就從梁胡二氏的典型跳過，進入新的傳記文學的圈子中去。我所仰慕的乃是路特微喜（德）、莫羅亞（法 A. Maurois）和斯特萊基（英 D. Strachey）。路特微喜的《耶穌傳》《俾斯麥傳》，可說博大精深，自是大史家的手筆。德國人的著作，總是那麼精深的，他的傳記，直透到傳主的靈魂深處。莫羅亞所作的傳記，如《少年歌德之創造》、《密查郎支羅傳》、《伏爾泰傳》、《雪萊傳》、《提斯雷利傳》、《拜倫傳》，都是帶著生動活潑的法國作風。斯特萊基的《女王維多利亞傳》，取材之豐富，斷制之謹嚴，文字之簡潔，不愧是晶瑩的藝術品，我們可以用得上「嘆觀止矣」的讚詞了。他也不愧是英國史學家，一個敦容的紳士風格。魏華的先生譯莫羅亞的《雪萊傳》，曾於序文中說：

「第一次世界大戰後，歐洲文化界發生變化的事件很多，傳記也是其中之一。過去的傳記，有的只是引證、箋疏、書目等的堆積；過於是紀念的頌讚的、教訓的，其中所描寫的人物，只是英雄的雕像，美德與成功充分的擴大，內心衝突與失敗，盡量的隱匿，結果他已不是人，只是至善的畫像，全是光明，毫無半點黑影。現代的傳記，就不同了。就一般而說吧，每本分量較少，題材較為連貫，結構上較富於戲劇性，形式上類似小說，只為的使讀者欣賞傳神，不是強讀者作枯燥的研

究。人物是有美德的，也有瑕疵的，具有血和肉的生物。最要緊的是傳記家寫傳記，就是製造一件藝術品。」

我所寫《魯訊評傳》，當然不敢追跡斯特萊基和路特微喜，如能寫得像莫羅亞的《雪萊傳》，在我已經十分滿意了。

二　紹興──魯迅的家鄉

一九三九年秋天，我們在紹興城中逗留了一個多月；雖說是戰時，那兒的朋友，賀揚靈、胡雲翼、孫福熙，還有印西法師，大家對於文藝的興緻都很好。我們就拿魯迅的小說和隨筆小品作藍本，到城內城外追尋魯迅幼年的時代的生活。魯迅的老家，在紹興城中東昌坊口周氏新台門內；他的外家，在城外安橋頭，那是他幼年時寄食的去處。我們有時走路，有時坐烏篷船，史跡散佈的所在，差不多都到過了。

魯迅的小說，一看就知道是拿紹興作背景的，《吶喊》和《徬徨》，其中十之六七為他本鄉的故事，其他無非魯鎮、未莊、咸亨酒店、茂源酒店；其人物則無非紅鼻子老拱、藍皮阿五、單四嫂子、王九媽、七斤、七斤嫂、魯八一嫂、閏土、豆腐西施、阿Q、趙太爺、祥林嫂；其事則無非單四嫂子死了兒子而悲傷，華老拴買人血饅頭替兒子治癆病，孔乙己偷書而被打斷腿，地方色彩非常濃厚的。不過，我們應該接受周啟明的說法：魯迅對於他的故鄉一向沒有表示過深的懷念，這不但在小說上，就是《朝華夕拾》上也是如此。大抵對於鄉下的人士最有反感，除了一般封建的士大夫以外，特殊的是師爺和錢店夥計（鄉下叫作「錢店倌」），這兩類氣味有點惡劣。但是對於地方氣候和風物，也不無留戀之意。如《在

酒樓上》，他坐酒樓上望見下邊的廢園，「這園大概是不屬於酒家的，我先前也曾眺望過許多回，有時也在雪天裡，但現在從慣於北方的眼睛看來，卻很值得驚異了。幾株老梅，竟鬥雪開著滿樹的繁花，彷彿毫不以深多為意，倒塌在亭子邊還有一株山茶樹，從暗綠的密葉裡顯出十幾朵紅花來，赫赫的在雪中照得如火，憤怒而且傲慢，如蔑視遊人的甘心於遠行。我這時又忽地想到這裡積雪的滋潤，著物不去，晶瑩有光，不比朔雪的粉一般的乾，大風一吹，便飛得滿空如煙霧。」下文呂緯甫說到回鄉來遷葬，也說：「這在那邊哪裡能如此呢？積雪裡會有花，雪地下會不凍。」他在這裡便在稱頌南方的風土，那棵山茶花更顯明的是故家書房裡的故物，這在每年春天總要開得滿樹通紅，配著旁邊的羅漢松和桂花樹，更顯得院子裡滿是花和葉，毫無寒凍的氣味了。關於鄉土的物品，在《朝華夕拾》的」小引」上也有一節云：

> 「我有一時，曾經屢次憶起兒時在故鄉所吃的蔬果：菱角、羅漢豆、茭芝白、香瓜。凡這些，都是極其鮮美可口的；都曾是使我思鄉的蠱惑。後來，我在久別之後嘗到了，也不過如此，唯獨有記憶上，還有舊來的意味留存。它們也許要哄騙我一生，使我時時反顧。」（其實，「酒味很純正，油豆腐也煮得十分好；可惜辣醬太淡薄，本來 S 城人是不懂吃辣的」也就是一種蠱惑。）

紹興是水鄉（李慈銘所謂：「櫓搖魯躍際，都是故鄉音。」）坐著烏篷船，臥聽打槳櫓聲，自有深緻。魯迅以中年人的寥落情懷，對於秋冬間的原野，另有所感受。他那篇以《故鄉》為題的，說：「時候既然是深冬，漸近故鄉時，天氣又陰晦了，冷風吹進船艙中，嗚嗚的響，從篷隙向外一望，蒼黃的天底下，遠近橫著幾個蕭索的荒村，沒有一些活氣。我的心禁不住悲涼起來了。」「我們

的船向前走，兩岸的青山在黃昏中，都裝成了深黛顏色，連著退向船後梢去，……我躺著聽艙底潺潺的水聲，知道我在走我的路。」這都勾畫得很真切、很有神的。

〔周啟明說：《故鄉》是一篇小說，讀者自應去當作小說看，不管它裡邊有多少事實。我們別一方面從裡邊舉出事實來，一則可以看著者怎樣用材料，一則也略作說明是一種注釋的性質。還有一層，讀者雖然不把小說當作事實，但可能有人會得去從其中想尋傳記的資料，這裡也就給予他們一點幫助，免得亂尋瞎找，以致虛實混淆在一起。這不但是小說，便是文藝性的自敘記錄也常是如此。這話正是可以說是寫給《魯迅傳》的王士菁聽的，因為那本傳記實在穿鑿得太離譜了。〕

在陳源（西瀅）和魯迅鬧口舌的當兒，西瀅寫信給徐志摩說：「前面幾封信裡說起了幾次周啟明先生的令兄：魯迅，即教育部僉事周樹人先生的名字。這裡似乎不能不提一提。其實，我把他們一口氣說了，真有些冤屈了我們的啟明先生。他寫他的令兄比較起來，真是小巫遇見了大巫。有人說，他們兄弟倆都有他們貴鄉紹興的刑名師爺的脾氣。這話，啟明自己也好像曾有部分的承認。不過，我們得分別，一位是沒有做過官的刑名師爺，一位是做了十幾年官的刑名師爺。」這段諷刺的話中，有著一句大家所承認的話，即是說周氏兄弟的性格與文章風格，都是屬於紹興，有點兒刑名師爺的調門的。

說到紹興的人物，其實不必遠攀舜、禹、嚴光和孝女曹娥的；（雖說大禹墓在紹興，也不一定和後來的紹興人有什麼血緣關係的。）最和魯迅的思想路向相同的，倒該說到東漢末年的王充，他所著的《論衡》，便無視孔、孟、墨、道各家的思想權威，一一剝去他們的外衣，暴露他們的弱點的。《論衡》的尖銳戰鬥風格，也可以說是開出後來紹興師爺的先河。紹興師爺究竟起於何代？我們還不曾確鑿考證出來，以我的研尋，蓋與蒙古人入主中國有關，因

為蒙古人主政，大權都在蒙古人與回人之手，他們都是遊牧社會的豪傑，漢化的程度很淺，不懂得推行政務；因此，各級政府的政權，都落在幕僚之手。（主管政務的蒙古人，只是蓋印批行就是了。）這種幕僚制度，經過了明清兩代，形成了一種特殊階級，也可說是一種政治集團，成為支配中國政治的幕後力量，迄民國還是存在的。幕僚之中，分刑名、書啟、錢穀各專業，刑名主法律，在朝便是法官，在野便是訟師，書啟主文牘，便是後來的秘書，錢穀主財政，他們可以說是中下級的政治幹部。這樣便成為專業，也有江蘇的常州、蘇州人主其事的，大部分卻都是紹興人。因此，紹興師爺成為紹興讀書人的謀生大道之一。刑名師爺，可以運用法律，卻也可以玩弄法律，深文周內，入人於罪，玩弄文句，規避刑法，這都是他們的特長。若說紹興的文風，冷雋尖刻，則明末的徐文長、張宗子（貸），清代的章實齋、李慈銘，都有著紹興師爺的刀筆吏的風格的。

周啟明談《阿Q正傳》，說諷刺小說是理智的文學裡的一支，是古典的寫實的作品。他的主旨是憎，他的精神是負的。然而這憎並不變成厭世，負的也不盡是破壞。在諷刺裡的憎也可以說是愛的一種姿態。「揭發一種惡即是扶植相當的一種善，在心正燒的最熱，反對明顯的邪曲的時候，那時他就是近於融化在那哀憐與恐懼裡了。據亞里士多德說，這兩者正是悲劇的有淨化力的情緒。」這當然是他們接受了西洋文學以後，更進一步的瞭解。但就紹興文士的見地說，他們的確能夠跳出世的圈子對世俗予以冷靜的批評的。（紹興師爺，處於政治的幕後，也正使他們變成了玩世的態度，他們明白所謂政治就是這麼一種玩意兒。我們讀了《韓非子》，也可以知道法家文字是理智的，比較冷峻的。）

魯迅兄弟，生長在士大夫夫心目中的「仕宦之家」，要不是他們的祖父介孚公（周福清）出了一點小亂子，因而削官被囚，家境突然破落了，他們的生活，一定還在書香門第中打筋斗的。他們有

一時期，也曾有被送去學幕的可能；恰巧他們的本家在南京辦洋務，這才為他們開闢了新世界，進入了現代化的思想圈來。不過，他們畢竟還是紹興人，帶著鄉土的氣息的。

從紹興聯想到老酒，也和聯想到紹興師爺一樣也順理成章的。魯迅在酒鄉生長，懂得飲酒的情趣，也懂得酒人的陶然之境；若干方面，他都是阮籍嵇康的同路人。（《在酒樓上》，他寫道：『我略帶些哀愁，然而很舒服的呷一口酒。酒味很純正，油豆腐也煮得十分好，可惜辣醬太淡薄，本來 S 城人是不懂得吃辣的。』他是懂得喝酒的人。）

紹興老酒，為什麼味兒特別好？那得歸功於泉水的清冽，和酒師父的技術，還有歲月累積，火性消逝，變得很醇了；葡萄酒太膩，高粱、茅臺、汾酒、大麴、竹葉青都過於辛辣，刺激性重；只有紹興老酒是醇的，喝了有回味。酒可以陶醉我們；做工的人，傍午傍晚散了工，每每花四文銅錢，買一碗酒，靠櫃外站著，熱熱的喝了休息，這也是無上的享受。

魯迅筆下所寫的，乃是小酒店的情趣，無論咸亨也罷，德興也罷，反正酒店的設備都是差不多的。一間門面，門口曲尺形的櫃台，靠牆一帶放些中型酒瓶，上貼玫瑰燒、五加皮等字，藍布包沙土為蓋；直櫃台下置酒壇。給客人弔酒時順便摻水，手法便捷，是酒店倌本領之所在。橫櫃台臨街，上設半截柵欄陳列各種下酒物，店的後半就是雅座，擺上幾個狹板桌條凳，可以坐八九十來個人，就算是很寬大的了。下酒的東西，頂普通的是雞肫豆與茴香豆；雞肫豆乃是用白豆鹽煮曬乾，軟硬得中，自有風味，以細草紙包作粽子樣，一文一包，內有豆可二三十粒。為什麼叫作雞肫豆的呢？其理由不明白，大約為的嚼著有點軟帶硬，彷彿像雞肫似的吧。茴香豆是用蠶豆，即鄉下所謂羅漢豆所製，只是乾煮加香料，大茴香或是桂皮，也是一文起碼，亦可以說是為限，因為這種豆不曾聽說買上若干文，總是一文一把抓；夥計也很有經驗，一手抓去數量都差

不多，也就擺作一碟。此外現成的炒花生、豆腐乾、鹽豆豉等大略具備。但是說也奇怪，這裡沒有葷腥味，連皮蛋也沒有，不要說魚乾鳥肉了。本來這裡是賣酒附帶吃酒，與飯館不同，是很平民的所在，並不預備闊客的降臨，所以只有簡單的食品，和樸陋的設備正相稱。（但是五十年前，讀書人都不上茶館，認為有失身份，吃酒卻是可以，無論是怎樣的小酒店，這個風氣也是很有點特別的。）我們添上這麼一幅圖畫，紹興之為酒鄉，與魯迅筆下所寫的酒鄉背景，可以看得十分真切了。

紹興說吃酒，幾乎全是黃酒，吃的人起碼兩淺碗，即是一提；若是上酒店去只吃一碗，那便不大夠資格；實際上大眾也都有相當的酒量，平常少吃還是為了經濟關係，大抵至少吃上兩碗是不成問題的。在紹興吃老酒，用的器具與別處不大一樣，它不像北京那麼用瓷茶壺和盅子，店裡用以燙酒的都是一種馬口鐵製的圓筒，口邊再大一圈，形似倒寫的凸字，不過上下部當是一與三的比例。這名字叫作竄筒，讀如生竄面的「竄」，卻是平聲。一竄筒稱作一提，倒出來是兩淺碗，這是一種特別的碗，腳高而碗淺，大概是古代的盞的遺製吧！

我和魯迅同過許多回酒席，他也曾在我家中喝過酒，我知道他會喝酒；他的酒量究竟多少，我可不十分清楚。據周啟明說：魯迅酒量不大，可是喜歡喝幾杯，特別有朋友對談的時候，例如在鄉下辦師範學堂那時，與范愛農對酌。他在《在酒樓上》，寫他自己上了石居，叫堂倌來「一斤紹興，十個油豆腐，辣醬要多」！大概是他自己的酒量了。范愛農比他喝得多，要喝兩斤多。

三　他的童年

　　魯迅的自敘傳中，開頭有那麼幾句簡單的話：「我幼小時候家裡還有四五十畝水田，開並不很愁生計。但到我十三歲時，我家忽而遭了一場很大的變故，幾乎什麼也沒有了；我寄住在一個親戚家，有時還被稱為乞食者。我於是決心回家，而我的父親生了重病，約有一年多，死去了。」這幾句話，以往替他作傳的，都不曾說得很切實，直到周作人的《魯迅的故家》出來，才把影響魯迅幼年生活的幾件大事交待清楚了。

　　他們的祖父，介孚公，光緒辛未，由翰林院庶起士散館，授編修，後來改放外官，選了江西金谿縣，又同撫台鬧了彆扭，又往北京考取內閣中書，一直做京官，到了癸巳年丁憂，才告假回家。這一年，他卻出了大亂子。那年鄉試，浙江的主考是殷如璋和周錫恩，大概是六七月中，介孚公跑往蘇州去拜訪他們，因為都是什麼同年，卻為幾個親戚朋友去通關節，隨即將出錢人所開一萬兩銀子的期票封在信裡，交跟班送到主考的船上去。那跟班是一個鄉下人名叫徐福，因為學會打千請安，口說大人小的，以當「二爺」為職業，被雇帶到蘇州去辦事。據說那時副主考正在主考船上談天，主人收到了信，不即拆看，先擱下了，打發送信的回去；那二爺嚷了起來，說裡邊有錢，怎麼不給收條，這事便發覺了，送到江蘇巡撫

那裡，交蘇州府辦理。介孚公知道不能躲藏，不久就去自首，移到杭州，住在司獄司裡，一直監候了七年，到了辛丑一月，依照庚子年刑部在獄人犯，悉予寬免的例，准許釋放，才得出獄回家。這便是魯迅所說的那場大變故。科舉時代，「通關節」是件大事，雖說賄賂公行，但若「通關節」被發覺，那是要興大獄的。他們的介孚公，囚繫在杭州，年年有處死的可能；到了秋決時期，他們家中就得花一大筆錢到京中去向刑部設法，這樣年一年拖下來，監候了七年，就把他們那一點財產完全花光了。

他們的「介孚公」，才學是不錯的，詩才而傲，一肚子不合時宜，外放和居京，都不很得意，因此，牢騷甚多，時常罵人。周作人曾經這麼說過：

「介孚公愛罵人，自然是家裡的人最感痛苦，雖然一般人聽了也不愉快，因為不但罵的話沒有什麼好聽，有時話裡也會有刺，聽的人疑心是在指桑罵槐，那就更有點難受了。他的罵人是自昏大后呆皇帝直至不成材的子侄筆五十、四七，似乎很特別，但我推想也可能是師爺學風的餘留，如姚惜抱尺牘中曾記陳石士在湖北甚為章實齋所苦，王子獻「庚寅日記」中屢次說及，席間越縵痛罵時人不已，又云：「縵師終席笑罵時人，子虞和之，餘然默然。」是其前例。他的罵法又頗是奇特，一種說是有人夢見什麼人反穿皮馬褂來告別，意思是說死後變豬羊，還被害人的債，這還是平常的舊想頭，別的是說這人後來孤獨窮困，老了在那裡悔。後者的說法更是深刻，古代文人在『冥土旅行』中說判定極惡的霸王的刑罰是不給孟婆湯，讓他坐在地獄裡，老在回憶那過去的榮華與威力，比火力與狗咬更要利害，可以說有同樣的用意了。」

這一段敘述，非常重要，可以使我們了解魯迅的抑鬱心境的由

來；他們的「介孚公」性格，一部分也在他的精神中再現；而那家庭環境，也使他自幼覺得社會的冷酷，所以，魯迅就在《吶喊》自序說：「有誰從小康人家而墜入困頓的麼，我以為在這途路中，大概可以看見世人的真面目！」（他們的介孚公只痛愛潘姨太太和少子，對魯迅也特別苛求；魯迅在學堂考試第二，便被斥為不用功，所以考不到第一。幼子伯升考了倒數第二，卻說尚知努力，沒有做了背榜。這都是例子。）魯迅的罵人，有著他們祖父風格，也可說是有著紹興師爺的學風，這是不必為諱的。

魯迅自己說過，有一時期寄食於親戚家，被人說作乞食，那便是癸巳秋後至甲午夏天的事情。親戚家即是魯老太太的母親，那時外祖父早已去世，只是外婆和兩房舅舅而已。魯家的舊宅是在靠近海邊，去鎮塘殿不遠的安橋頭，（魯迅小說中的魯鎮，即指安橋頭而言。）規模狹小，魯老先生在世時就住在王府莊。魯迅寄食的時候，正是魯宅在王府莊的最後一年（王府莊在紹興縣東三十里），到了第二年，他又跟了魯宅遷移到小皋埠去了（魯迅筆下的理鎮，也有小皋埠的影子）。

他從外家回來那年，他的父親伯宜公病了。他父親的病對於他的精神上影響很大，他在《吶喊》自序中說：「我有四年多，曾經常常，——幾乎是每天，出入於質鋪和藥店裡，年紀可是忘卻了，總之是藥店的櫃台正和我一樣高，質鋪的是比我高一倍，我從一倍高的櫃台外送上衣服或首飾去，在侮蔑裡接了錢，再到一樣高的櫃臺上給我久病的父親去買藥。回家之後，又須忙別的事了，因為開方的醫生是最有名的，以此所用的藥引也奇特：冬天的蘆根，經霜三年的甘蔗，蟋蟀要原對的，結子的平地木……多不是容易辦到的東西。然而我的父親終於日重一日的亡故了。」這是觸發他創作的動機之一。他曾在《朝華夕拾》中，特地寫了《父親的病》，他後來要自己去學醫，就是這麼一個動機來的。他便漸漸的悟到中醫不過是一種有意的或無意的騙子，同時又很起了對於被騙的病人和他

的家族的同情。關於這件事，周作人有一段補正的話：伯宜公的病可能是甲午的冬天或是次年的春天。那時所請教的醫生，最初有一個姓馮的，每來總是酒醉醺醺，說話前後不符，不久就不再請了。他的一句名言，「舌為心之靈苗」，被魯迅記錄下來，但是掛在別人的賬上了。後來的兩個名叫姚芝仙與何蓮臣，都是有名的郎中，但因此也就都是江湖派，每天藥方，必用新奇的藥引，要忙上大半天才能辦到，結果自然是仍無效用。他在序文中說：「漸漸的悟得中醫，不過是一種有意的或無意的騙子。」那時城裡還有樊開舟、包越湖這些醫生，比較平實一點，如照魯迅的分類，總還可以歸在無意的一類，但在當時卻請教了有意的騙子，這真是不幸的事。

　　襯托著這一幅黯淡的魯迅童年的畫面，還有台門的敗落和時代動亂兩種因素。鄉下所謂台門，意思是說邸第，是士大夫階級的住宅，與一般里弄的房屋不同；因此，這裡的人，無論貧富老少稱為台門貨也與普通人家有點不同。在家境好的時候可以坐食，及至中落無法謀生，只有走向沒落的一路。根據他們的傳說，台門貨的出路是這幾條，其原有的資產，可以做地主或開當鋪錢店的，當然不在此限。其一是科舉，中了舉人進士，升官發財或居鄉當紳士。其二是學幕，考試不利，或秀才以上不能進取，改學師爺，稱為佐治。其三是學生意，這也限於當鋪錢店，若綢緞布店以次便不屑幹了。可是第一第二都要多少憑自己的才力，若是書讀得不通，或是知識短缺，也就難以成功。至於第三類，也須要有力的後援，而且失業後不易再得，特別是當鋪的夥計，普通尊稱為朝奉，諢名則為夜壺鑭，因為它不能改製的器皿也。照這樣情形，低不就，高不湊，結果只是坐吃山空，顯出那些不可思議的生活法，末了台門分散，混入人叢中不可再見了。論他們的質地，即使不能歸田，很可能做個靈巧的工人，或是平常的店夥，可是懶得做或不屑做，這是台門的積習害了他們。出現於魯迅筆底的人物，其實都是台門的悲劇人物，而魯迅自己，也正從敗落的台門中出來呢！

魯迅的家世——覆盆橋周家分作三房，叫做致房、中房及和房，中房的大部分移住在過橋台門，致房的大部分移住在新台門，還有一部分留在老屋裡；致房底下又分智仁勇三房，留在老屋的是勇房的一派。在魯迅的好些小說及《朝華夕拾》裡，出現的智仁兩房的英雄頗不少。

　　作為魯迅童年生活的背景，他自己在《朝華夕拾》中說到「百草園」和「三味書屋」的畫面。他說：「我家的後面有一個很大的園，相傳叫做百草園。現在是早已並屋子一起賣給朱文公的子孫了，連那最末次的相見，也已經隔了七八年，其中似乎確鑿只有一些野草；但那時卻是我的樂園。不必說碧綠的菜畦，光滑的石井欄，高大的皂莢樹，紫紅的桑椹；也不必說鳴蟬在樹葉裡長吟，肥胖的黃蜂伏在菜花上，輕捷的叫天子（雲雀）忽然從草間直竄向雲霄裡去了。單是周圍的短短的泥牆根一帶，就有無限趣味。油蛉在這裡低唱，蟋蟀們在這裡彈琴。翻開斷磚來，有時會遇見蜈蚣，還有斑蝥，倘若用手指按住它的背梁，便會啪的一聲，以後竅噴出一陣煙霧。何首烏藤和木蓮藤纏繞著，木蓮有蓮房一般的果實，何首烏有臃腫的根。有人說，何首烏根有像人形的，吃了便可以成仙，我於是常常拔它起來，牽連不斷地拔起來，也曾因此弄壞了泥牆，卻從來沒有見過一塊根像人樣。如果不怕刺，還可以摘到覆盆子，像小珊瑚珠攢成的小球，又酸又甜，色味都比桑椹要好得遠。長的草裡是不去的，因為相傳這園裡有一條很大的赤練蛇。」

　　這是一篇很簡要的描寫，說得小一點，那麼一個園，一個家族，那麼些小事情，都是雞零狗碎的；但在這空氣中，那時魯迅就生活著，當作遠的背景看，也可以算作一種間接的材料吧？說得大一點呢，是敗落大家的相片。無論百草園或是園門口，都是小孩子們所愛去的世界，誠如周作人所添注的：門外面是那麼大的一個園，跑出去玩固然好，就是坐在門檻上，望著那一片綠的草木葉，黃白的菜花，也比在房間或明堂裡有趣得多。第二，那裡是永遠的

活動的所在，除非那工人不來，園門緊閉著，冷靜得怕爬出蛇和老鼠來，否則總有什麼工作在那裡做。這些活動，不但於小孩子很有興趣，也能增進他不少的知識的。我們不必說魯迅生有異秉，聰明過人，但就他們兄弟二人，對於自然界的知識（古之所謂博物），咬得那麼切實，倒和那些半吊子的讀書人不相同的。

後來，魯迅被迫著拋開這戀戀不捨的荒園，送到全城中稱為最嚴厲的書塾中去，那便是三味書屋。從百草園到三味書屋，才一箭之路，出門向東走去，不過三百步吧，走過南北跨河的石橋，再往東一拐，一個朝北的黑油竹門，裡邊便是。在那兒設館的，有老壽先生鏡吾，小壽先生洙鄰，魯迅便是跟著老壽先生的。魯迅描寫那老壽先生是一個高而瘦的老人，鬚髮都花白了，還戴大眼鏡，他對他很恭敬，因為他早聽到他是本城中極方正、質樸、博學的人。但是一開頭，魯迅就失望了，因為他預想這位博學先生一定無所不知的；他曾聽說東方朔也很淵博，認識一種蟲，名曰「怪哉」，冤氣所化，用酒一澆，就消釋了。他很想詳細知道這一故事，但阿長（他們的老女工）是不知道的，因為她畢竟不淵博。那知問了老壽先生，也說不知道，臉上還有怒色，他於是大失望了。

三味書屋只是讀書，老壽先生、小壽先生在大聲朗讀，這些學生們也在大聲朗誦。他們的活動範圍，也在書房以外的一個園，在那裡可以爬上花壇去折臘梅花，在地上或桂花樹上尋蟬蛻，最好的工作是捉了蒼蠅餵螞蟻，靜悄悄地沒有聲音。先生讀書入神的時候，於他們最相宜，有幾個便用紙糊的盔甲套在指甲上做戲。魯迅呢，他是畫畫兒，用一種叫荊川紙的，蒙在小說的繡像上一個個描下來，像習字時候的影寫一樣。讀的書多起來，畫的畫也多起來，他自謂：書沒有讀成，畫的成績卻不少了。這是他的幼年藝術修養的底子。

四　少年時代的文藝修養

　　許多人，歡喜說五四時代那幾位傑出的文藝作家，怎麼受中國古典文學的影響；照一般的說法，舊文學還是新文藝的根底，直到而今，還有人用作提倡讀古書的有力根據。他們所據的例證，魯迅也是其中之一。魯迅最反對這一種說法，事實上，我們受古書與古文之累，比受它們的好處重得多；像魯迅這樣能從舊的牛角尖中鑽出來，接受了舊的知識而不為舊知識所拖累，原是不容易的。不過，我們說魯迅的作品中，還有著濃重的傳統思想，這也是真實的。

　　周作人說到魯迅的學問藝術上的工作，可以分為兩部：甲、為收集輯錄校勘研究，乙、為創作，這些工作的成就有大小，但無不有其獨到之處，而其起因亦往往很是久遠；其治學與創作的態度，與別人頗多不同，他以為這是最可注意的事。魯迅從小就喜歡書畫，這並不是書家畫師的墨寶，乃是普通的一冊一冊的線裝書與畫譜。最初買不起書，只好借了綉像小說來看。光緒癸巳，祖父因事下獄，一家分散，魯迅和他寄居在大舅父家裡，住在皇甫莊，後來搬住小皋步。「這大約還是在皇甫莊的時候，魯迅向他的表兄借來一冊《蕩寇志》的綉像，買了些叫作吳公紙的一種毛太紙來，一張張的影描，訂成大本，隨後彷彿記得以一二百錢的代價賣給畫房裡

的同窗了。他們回家以後，還影寫了好些畫譜，他還記得有一次魯迅在堂前廊下影描馬鏡江的詩中畫，或是王冶梅的三十六賞心樂事，描了一半，暫時他往，祖母看了好玩，就去畫了幾筆，卻畫壞了，魯迅扯去另畫，祖母有點悵然。後來壓歲錢等等略有積蓄，於是開於買畫，不再借抄了。頂早買到的，大約是兩冊石印本罔元鳳所著的《毛詩品物圖考》，這書最初也是在皇甫莊見到，非常歆羨。在大街的書店買來一部，偶然有點紙破或墨汙，總不能滿意，便拿去掉換，至再至三，直到夥計煩厭了，戲弄說：『這比姊姊的面孔還白吮，何必掉換。』乃憤然出來，不再去買書。這書店大約不是墨潤堂，卻是鄰近的奎照樓吧，這回換來的書，好像又有什麼毛病，記得還減價以一角小洋賣給同窗，再貼補一角去另買了一部。畫譜方面，那時的石印本，大抵陸續都買了，《芥子園畫譜》自不必說，可是卻也不曾自己學了畫。此外，陳淏子的《花鏡》，恐怕是買來的第一部書，是用了二百文錢從一文同窗的本家那裡得來的。家中也有些小說，如《聊齋志異》、《夜談隨錄》以至《三國演義》、《綠野仙蹤》等，其餘想看的須得自己來添買。我記得這裡邊有《酉陽雜俎》、《容齋隨筆》、《輟耕錄》、《池北偶談》、《六朝事蹟類編》、《二酉堂叢書》、《金石存》、《徐霞客遊記》等；新年出城拜歲，來回總要一整天，船中枯坐無聊，只好看書消遣，那時放在帽盒中帶了去的，大抵是遊記或金石存。《唐代叢書》買不起，托人去轉借來看過一遍，我很佩服那裡的一篇《黑心符》，抄了《平泉草木記》。魯迅則抄了三卷《茶經》和《五木經》。」誠如周作人所說的，這些事都很瑣屑，可是影響卻頗不小，它就奠定了魯迅平生學問事業的傾向，在趣味上，到了晚年，也還留下了好些明顯的痕跡呢！

　　魯迅在《朝華夕拾》中也提到他所渴慕的繪圖《山海經》，那是他的一個遠房叔祖所惹起來的。這老人是個寂寞者，在他們聚族而居的宅子裡，只有他書多，而且特別。魯迅就在的書齋裡，看見

過陸璣的《毛詩鳥獸草木蟲魚疏》，還有許多名目很生的書籍。那老人告訴魯迅，曾經有過一部繪圖的《山海經》，畫著人面的獸，九頭的蛇，三腳的鳥，生著翅膀的人，沒有頭而以兩乳當作眼睛的怪物，可惜他現在不知道放在那裡了。這一份渴望，還是他們的女佣人阿長來滿足了，她替他買了一部來，那是魯迅最初得到最為心愛的書。其後他就更其搜集繪圖的書了，他的藝術傾向就是這麼養成的。

　　一八九八年，魯迅到南京去進水師學堂，這是他少年時代的一大轉變。那時子弟讀書目的是在趕考，看看科舉沒有希望，大抵降一等去學幕，吃師爺飯，再不然則學生意，其等級是當鋪、錢店以至布店；此外還有兩樣自由職業，即是做醫生和教書，不過這不大穩固，而且也要起碼是個秀才，才可以稱儒醫，坐家館，否則有時候還不如去開豆腐店了。他們其時真是所謂低不就來高不湊，看看這幾條路都走不來，結果便想到了學堂，那在當時算不得什麼正路，但是沒有別的法子，也就只有這最後的一著了。所以魯迅自己說：「我要到南京進水師學堂了，彷彿是想走異路，逃異地，去尋求別樣的人們。我的母親沒有法，辦了八元的川資，說是由我的自便；然而伊哭了，這正是情理中的事，因為那時讀書應試是正路，所謂學洋務，社會上便以為是一種走投無路的人，只得將靈魂賣給鬼子，要加倍的奚落而且排斥的。」周作人也曾說，當時學堂裡教算學以至格致還不要緊，因為這可以算古已有之的東西；唯獨洋文最是犯忌，中西學堂以此成為眾矢之的。南京的學堂，不但教授夷語，而且有些根本上就是武備性質的，紹興人自然更要看不起。所以當魯迅進了南京學堂的時候，本家叔伯輩便有人直斥之曰：「這乃是兵！」因為好男不當兵，這就十足表示其人之不足道了。

　　魯迅往南京去，第一個進去的學校是江南水師學堂，到了第二年，改進了江南陸師學堂附設的礦路學堂。（礦路學堂的功課，以開礦為主，造鐵路為副，都用本國文教授，三年畢業。就只辦了他

們那一班，到了辛丑冬季，他們畢業，就停辦了。）他們的祖父，本來從杭州寫信叫他們進杭州的求是書院去，但書院除了膳宿免費以後，還得籌點別的用度的錢，他們還是沒有辦法，只好到南京去了。「水師」和「礦路」學堂，當初雖然要住膳費，但甄別及格補缺之後，一切均由公家供給，且發給贍銀，這於窮學生是很適宜的。魯迅自言在水師學堂時，一星期功課，幾乎四整天均是英文，一整天是漢文，一整天是做漢文（後來改為五整天是洋文），這對於他們接受外來文化，開拓文藝的境界，大有裨益的。我們且看周作人辛丑日記所記載，當時他們已經在看《包探案》、《長生術》、《巴黎茶花女遺事》這一類的書了。周作人曾說：他們所看漢文書於後來有點影響，乃是當時書報，如《新民叢報》、《新小說》，梁任公著任，以及嚴幾道、林琴南的譯書，這些東西，那時如不在學堂也難得看到的。他又說到《天方夜譚》所引起的興趣，這是他們所開闢的文藝新天地。

魯迅在南京的回憶有一段生動的描述：「看新書的風氣便流行起來，我也知道了中國有一部書叫《天演論》。星期日跑到城南去買了來，白紙石印的一厚本，價五百文正。翻開一看，是寫得很好的字，開頭便道：──「赫胥黎獨處一室之中，在英倫之南，背山而面野，檻外諸境，歷歷如在機下。乃懸想二千年前，當羅馬大將凱撒未到時，此間有何景物？計唯有天造草昧……，哦！原來世界上竟還有一個赫胥黎坐在書房裡那麼想，而且想得那麼新鮮？一口氣讀下去，『物競』『天擇』也出來了，蘇格拉第、柏拉圖也出來了，斯多噶也出來了。學堂裡又設立了一個閱報處，《時務報》不待言，還有《譯學滙編》，那書面上的張廉卿一流的四個字，就藍得很可愛。」這就帶他進入現代化的世界中去了。

從前，劉半農曾經送過魯迅一副聯語，是「托尼學說，魏晉文章」。當時的朋友都認為這副聯語很恰當，魯迅自己也不反對。孫伏園也曾替這副聯語下過詳細的注解，他說魯迅研究漢魏六朝思想

文藝最有心得，而且他所憑借的材料都是以前一般學人不甚注意的，例如小說、碑文、器銘等等。尤其對於碑文，他所手抄的可以說是南北朝現存碑文的全部，比任何一家搜集的都豐富。而且工作態度最為精審，《寰宇訪碑錄》和續錄所收的，他都用原拓本一一校勘過，改正許多差訛以外，還增出不少材料。因此在他的寫作上，特別受有魏晉文章的影響。我想除了他所說的這種因由以外，魯迅的愛好魏晉文章，蓋受章太炎先生的影響，太炎認為魏晉的論文最高，「持誦文還不如取《三國志》、《晉書》、《宋書》、《弘明集》觀之，縱不能上窺九流，猶勝於滑澤者。」他的文體，已經是魏晉文章，所以他的弟子，多少都受他的影響，不獨黃侃、朱希祖如此的。近來，看了周作人所引用的舊日記，覺得魯迅的舊文學修養，也和他的藝術修養一樣，有著幼年時期的底子的。

　　魯迅的祖父，介孚公是有名的翰林，上文已提及。他所藏的書雖沒有玉田那麼多，就周作人所開的看來，也有《十三經注疏》、《四史》和《綱鑑易知錄》、《說文新附考》，此外還有《王陽明全集》、《謝文節集》、《文史通義》、《癸巳類稿》；我們看了周作人的文學，可以知道《文史通義》、《癸巳類稿》這兩種書對他思想的影響。（他也說到經策統纂中所收的丁晏校本，陸璣《詩疏》和郝懿行的《爾雅義疏》，他們幼年時，已經接受了《說文》、《爾雅》的知識了。）他的庚子年日記中，保留了一篇魯迅《祭書神》文：

　　　　上章困敦之歲，賈子祭詩之夕，會稽戛劍生等謹以寒泉冷華，祀書神長恩而綴之以俚詞曰：「今之夕兮除夕，香焰氤氳兮燭焰赤。錢神醉兮錢奴忙，君獨何為兮守殘籍。華筵開兮臘酒香，更點點兮夜長。人喧呼兮入醉鄉，誰薦君兮一觴。絕交阿堵兮尚剩殘書，把酒大呼兮君臨我居。紬旗兮芸輿，挈脈望兮駕蠹魚。寒泉兮菊菹，狂誦離騷兮為君娛。君之來兮毋徐

徐。君友淬妃兮管城侯，向筆海而嘯傲兮，倚文塚以淹留。不妨導脈望而登仙兮，引蠹魚之來遊。俗丁償父兮為君仇，勿使履閾兮增君羞。若弗聽兮止以吳鉤，示之丘索兮棘其喉。令管城脫穎以出兮，使彼惄惄以心憂。寧召書癖兮來詩囚。君為我守兮樂未休，他年芹茂而稚香兮，購異籍以相酬。

這是他早期的文字，當然沒有什麼新的見地，卻使我們了解他的初期文字，已經受了《楚辭》、《文選》的影響了。

以周作人的日記中，我們又可以看到他們兄弟二人戊戌以後所愛好的書。他們當時所買的，有《世說新語》、《壺天錄》、《淞隱漫長》、《閱微草堂筆記》、《徐霞客遊記》、《唐人全集》、（三味書屋時期，魯迅已把十一經讀完了，他也曾學過八股文及試帖詩。）王漁洋《唐人萬首絕句選》、《漢魏叢書》、《漁洋精華錄》、《池北偶談》、《曲園墨戲》、《李長吉昌谷集》。他們的興趣，除了吸取當時西方的文化，古代中國文藝，他們已經接受傳奇、筆記的知識，屬於非正統派的異端思想呢！

魯迅曾在一篇《重三感舊》雜文中說到清末的風氣：「所謂過去的人，是指光緒末年的所謂『新黨』，民國初年，就叫他們『老新黨』。甲午戰敗，他們自以為覺悟了，於是要『維新』，便是三四十歲的中年人，也看《學算筆談》，看《化學鑒原》，還要學英文，學日文，硬著舌頭，怪聲怪氣的朗誦著，對人毫無愧色，那自的是要看『洋書』，看洋書的緣故是要給中國圖『富強』。……連八股出身的張之洞，他托繆荃孫代做的《書目答問》，也竭力添進各種譯本去，可見這『維新』風潮之烈了。」魯迅乃是維新時期的人物，他所接受的舊文藝傳統，就融化在維新的新氣氛中了。

五　在日本

　　魯迅到了南京，呼吸了「洋務」的維新空氣，也可說是多可喜亦多可悲。他眼見當時所謂辦洋務的當局，那麼短視淺見，他們那所礦路學堂，就是一幅諷刺畫。而他們就在屢傳裁撤聲中畢了業，他們一到了畢業，卻又有些爽然若失。「爬了幾次桅，不消說不配半個水兵；聽了幾年講，下了幾回礦洞，就能掘出金銀銅鐵錫來麼？在連自己也茫無把握，沒有做『工欲善其事必先利其器論』的那麼容易。所餘的，還只有一條路：到外國去。」

　　不過，在魯迅去國赴日本以前，並不是如他所自謙的「一無所能」的，他那時已經接受了赫胥黎、斯賓塞、孟德斯鳩的思想，而且對於囂俄（即雨果）、小仲馬的小說戲曲有所體會，已經比一般維新志心高了一著了。他到日本去留學，也有著救國的雄心的。他到日本，開頭學的是醫學；那時留學界的空氣，偏重實用，十之八九學法政，其次是理工，對於文學都很輕觀，對於醫學也很少興趣。魯迅曾經眼見他父親病中所受的磨折，（他父親病了一年，死時只有三十七歲。）後來到南京進洋式的學堂，才知道世上還有所謂格致、算學、地理、歷史、繪圖和體操。生理學並不教，但他們卻看到些木版的《人體新論》、《化學衛生論》之類。他說：「我還記得先前的醫生的議論和方藥，和現在所知道的比較起來，便漸

漸的悟得中醫不過是一種有意或無意的騙子，同時又很起了對於被騙的病人和他的家族的同情；而且從譯出的歷史中，又知道了日本維新是大半發端於西方醫學的事實。因為這些幼稚的知識，後來便使我的學籍列在日本一個鄉間的醫學專門學校裡了。我的夢很美滿，預備卒業回來，救治像我父親似的被誤的病人的疾苦，戰爭時候便去當軍醫，一面又促進了國人對於維新的信仰。」他學醫的動機，也和當時談革命準備流血一樣偉大的。他在仙台醫學專門的學習成績，非常之好，好到籐野先生把傳他一家之學的希望存在魯迅身上，好到仙台醫專的同學對他妒忌，以為他獨得籐野先生的照顧；然而他忽然又拋棄了醫學，轉到文學這邊來了。

　　這一曲折，魯迅自己有過很沉痛的追憶：他在仙台醫專讀書時，教師教授生物學，已用電影來顯示微生物的形狀的，因此有時講義的一段落已完，而時間還沒有到，教師便映些風景或時事的畫片給學生看，以用去這多餘的光陰。其時，正當日俄戰爭的時候，關於戰爭的畫片，自然也就比較的多了。「我在這一個講堂中，便須常常隨著我那同學們的拍手和喝彩。有一回，我竟在畫片中忽然會見我久違的許多中國人了，一個綁在中間，許多站在左右，一樣是強壯的體格，而顯出麻木的精神。據解說，那綁著的，是替俄國做了軍事上的偵探，正要被日軍砍下頭顱來示眾，而圍著的便是來賞鑒這示眾的盛舉的人們。這一學年沒有完畢，我已經到了東京了，因為從那一回以後，我便覺得醫學並非一件緊要的事，凡是愚弱的國民，即使體格如何健全，如何茁壯，也只能做毫無意義的示眾的材料和看客，病死多少是不必以為不幸的。所以我們的第一要著，是在改變他們的精神，而善於改變精神的是，我那時以為當然要推文藝，於是想提倡文藝運動了。」魯迅當時是站在愛國的民族主義觀點上學習醫學，也就站在同一觀點上變而為提倡文藝運動了。周作人說：「魯迅那時的思想，我想差不多可以民族主義包括之，如所介紹的文學，亦以被壓迫的民族為主，或則取其反抗壓制

也。」這話是不錯的。

魯迅第二次到東京，為了要從文藝運動來救中國，第一步就是要辦雜誌。那時，在日本的留學生，辦了許多雜誌，但是沒有一種是講文學的，所以發心想要創辦，名字定為《新生》。這名詞，多少和但丁的《新生》有點關係，含有文藝復興的意味。其時，留東學生多輕視文學，《新生》的消息傳出去時，大家頗以為奇。當時，他們也找了些志同道合的朋友，如許季黻（壽裳）、袁文藪等等，可是《新生》還不及出版，朋友又分散了，大概他們都準備了一些稿子，只是不曾發刊。據周作人說：《新生》終於沒有辦成，但計劃早已定好，有些具體的辦法也已有了。第一期的插畫也已擬定，是英國十九世紀畫家瓦支的油畫，題云「希望」，畫作一個詩人，包著眼睛，抱了豎琴，跪在地球上面。雜誌擱淺的最大原因是經費，這一關通不過，便什麼都沒有辦法，第二關則是人力，實在也是一個很大的問題。

他們辦雜誌不成功，第二步計劃是來譯書。翻譯比較通俗的書賣錢是別一件事，賠錢介紹文學又是一件事，他們所做的是後面的一種。他們經營了好久，才印出了兩冊《域外小說集》，第一冊上的序言，魯迅說明宗旨，云：

> 「域外小說集為書，詞致樸訥，不足方近世名人譯本，特收錄至審慎，移譯每期弗失文情。異域文術新宗，自此始入華土。使有士卓特，不為常俗所囿，必將犁然有當於心，按邦國時期，籀讀其心聲，以相度神思之所在。則此雖大濤之微漚與，而性解思惟，實寓於此。中國譯界，亦由是無遲莫之感覺矣。」

他們工作十分辛勤，選擇也非常精當，可是社會的反應非常冷落。直到十一年後以後，那已經是五四運動以後，才重新為文化界

所認識。《域外小說集》重版時，魯迅寫了一篇新序，敘述當初的情形：「我們在日本留學的時候，有一種茫漠的希望：以為文藝是可以轉移性情，改造社會的。因為這意見，便自然而然的想到，介紹外國新文學這一件事。但做這事業，一要學問，二要同志，三要工夫，四要資本，五要讀者。第五樣逆料不得，上四樣在我們卻幾全無：於是又自然而然只能小本經營，姑且嘗試，這結果便是譯印《域外小說集》。當初的計劃，是籌辦了連印兩冊的資本，待得賣回本錢，再印第三第四，以至第多少冊的。如此繼續下去，積少成多，也可以約略介紹了各國名家的著作了。於是準備清楚，在一九〇九年二月，印出第一冊，到六月間，又印出了第二冊。寄售的地方，是上海和東京。半年過去了，先在就近的東京寄售處結了賬。計第一冊賣去了二十一本，第二冊是二十本，以後可再也沒有人買了。（第一冊多賣一本，那是他們自己去買來的，實際上只有二十位讀者。）……至於上海，是至今還沒有詳細知道。聽說也不過賣出了二十冊上下，以後再沒有人買了。」（第一冊印一千本，第二冊印五百本。）當時，這一類小說所不受讀者歡迎，魯迅自己曾說了一個主要原因，說：「初出的時候，見過的人，往往搖頭說：『以為他才開頭，卻已完了。』那時短篇小說還很少，讀書人看慣了一二百回的章回體，所以短篇便等於無物。」阿英則謂周氏弟兄的翻譯，雖用的是古文，但依舊保留了原來的章節格式，這對於當時的中國讀者是不習慣的，既沒有林紓意譯「一氣到底」的文章，又有些詰屈聱牙，其得不到歡迎，是必然的。

　　《域外小說集》兩冊中，共收英美法各一人一篇，俄四人七篇，波蘭一人三篇，波思尼亞一人二篇，芬蘭一人一篇。從這上邊，可以看出一點特性來，即一是偏重斯拉夫系統，一是偏重被壓迫民族也。（那時日本翻譯俄國文學，也不甚發達。）這許多作家中間，魯迅所最喜歡的是安特來夫，或者這與愛好李長吉有點關係罷。此外有伽爾洵；高爾基雖已有名，《母親》也有各種譯本了，

但魯迅不甚注意。他所最受影響的卻是果戈里，《死魂靈》還居第二位，第一重要的還是短篇小說《狂人日記》、《兩個伊凡尼打架》，喜劇《巡按》等。波蘭作家最重要是顯克微支。如周作人所說的：「用幽默的筆法寫陰慘的事跡，這是果戈里與顯克微支二人得意的事；《阿Ｑ正傳》的成功，其原因亦在於此。」

　　周氏兄弟都在日本求學，都接受了西洋文學的薰陶，有如上述；至於他們所受日本文學的影響，究竟怎樣一種深度？我看，啟明所受的比魯迅深得多。依啟明的說法是：「魯迅對於日本文學當時殊不注意。森鷗外、上田敏、長谷川、二葉亭諸人，差不多只重其批評或譯文，唯夏目漱石作俳諧小說《我是貓》有名，魯迅候其印本出即陸續買讀，又熱心讀其每日在《朝日新聞》上所載的《虞美人草》。至於島崎藤村等的作品，則始終未過問，自然主義盛行時，亦只取田山花袋的《棉被》，佐籐紅綠的《鴨》一讀，似不甚感興味。魯迅日後所作小說，雖與漱石作風不似，但其嘲諷中輕妙的筆致，實頗受漱石的影響，而其深刻沉重處，乃自果戈里與顯克微支來也。」

　　前幾年，周作人曾在上海《亦報》刊載《魯迅在東京》的故實，一連串三十五篇（後來又補寫了幾節）。從這些故實，我們可以知道魯迅那一時期的文藝修養，正是中西兼修，古今交融的。那時，他於一九○六年秋天再往東京，先住伏見館，後住東竹町中越館，後來又隨著許壽裳住在西片町的伍舍（五人同住的房子）。他住在伍舍，由龔未生發起，往小石川到民報社請章太炎先生講《說文》，那是一九○八～一九○九年的事，太炎在東京一面主持《民報》，一面辦國學講習會，借神田的大成中學講堂定期講學，在留學界很有影響。魯迅與許壽裳和龔未生談起，想聽章先生講書，怕大班太雜沓；未生去和章先生說，請他可否星期日午前在民報社另開一班，章先生便答應了。伍舍方面去了四人（周氏兄弟、許壽裳和錢均甫），龔未生和錢夏（玄同）、朱希祖、朱宗萊都是原來在

大成聽講的，也來參加。民報社的一間八席的房子，當中放了一張矮桌子，先生坐在一面，學生圍著三面廳，用的書是《說文解字》，一個字一個字的講下去，有的沿用舊說，有的發揮新義。太炎對於闊人要發脾氣，可是對學生卻極好，隨便談笑，同家人朋友一樣，夏天盤膝坐在席上，光著膀子，只穿一件長背心，留著一點泥鰍鬚，笑嘻嘻的講書，莊諧雜出，看去好像一尊廟裡的哈喇菩薩。魯迅的舊文學，本來很淵博，很篤實，經過這一番啟發，境界更進一階了。

魯迅從章氏問學的動機，據他自述，主要是為了向往章氏的革命人格，他說：「我的知道中國有太炎先生，並非因為他的經歷和小學，是為了他駁斥康有為和作鄒容的《革命軍序》，竟被監禁於上海的西牢。……一九〇六年六月出獄，即日東渡，到了東京，不久就主持《民報》。我愛看這《民報》，但並非為了先生的文筆古奧，索解為難，或說佛法，談『俱分進化』，是為了他和主張保皇的梁啟超鬥爭，『××』的×××鬥爭，和『以《紅樓夢》為成佛之要道』的×××鬥爭，真是所向披靡，令人神往。前去聽講也在這時候，但又並非因為他是學者，卻為了他是有學問的革命家。」這倒是他們師弟二人一生共同的特點，他們都是有學問的革命家。

這兒留著一件待考定的公案，即魯迅曾否在東京參加革命組織——光復會——的問題。周作人說：「魯迅始終不曾加入同盟會，雖然時常出入民報社，所與往來者，多是同盟會的人。他也沒有入光復會；當時陶煥卿也亡命來東京，因為同鄉的關係常來談天，未生大抵同來。煥卿正在聯絡江浙會黨計劃起義，以浙東人的關係，魯迅該是光復會中人了，然而又不然。」我以為他的話是可信的。但林辰替這件事作考證，卻認為魯迅曾參加過光復會，他引用了許壽裳的《魯迅年譜》作證明。究竟如何，還待再行考定。

六 辛亥革命前後

　　要替魯迅寫上一段革命的光榮歷史，也未始不可的；但我們看了《阿Q正傳》，看了趙秀才、假洋鬼子和阿Q的盤辮子革命，說魯迅也是辛亥革命的戰士，就幾乎等於諷刺他了。本來，構成辛亥革命的勢力，原有袁世凱所領導的北洋派軍人、憲政運動以及康梁派維新人士和同盟會革命分子，這三種，並不能讓同盟會獨占革命的功績。而同盟會，乃是合孫中山所領導的興中會和章太炎所領導的光復會而成的。（光復會成立於一九○三年頃，是清末一部分進步的知識分子和會黨分子所組織的，它的會員，以浙江人為最多。）章太炎和汪精衛一同主持同盟會的宣傳刊物《民報》，在宣傳工作上，雙方所賣的氣力是相等的，並不如後來國民黨的史書所載，只把辛亥革命歸功於孫中山的同盟會的。

　　不管魯迅是否參加同盟會或光復會，他時常出入民報社，所與往來者多是同盟會的人，則是事實。魯迅是一個熱情的民族主義者，光復會首領之一陶煥卿（成章），和他往還甚密。（光復會的實力派，有竺紹唐、王金發、陶成章、陳子英等人，後來徐錫麟失敗了，竺、王逃回山裡，陶、陳溜到了東京。辛亥革命成功，滬軍都督陳其美忌陶成章派的實力，遣蔣介石在上海廣慈醫院，暗殺了陶成章，乃為黨人所不齒。）周作人說：「陶煥卿亡命來東京，因

為同鄉的關係，常來談天。那時煥卿正在聯絡江浙會黨，計劃起義，太炎先生每戲呼喚強盜或喚皇帝，來寓時大抵談某地不久可以『動』，否則講春秋時外交或戰爭情形，口講指畫，歷歷如在目前。嘗避日本警吏注意，攜文件一部分來寓，囑來代收藏，有洋抄本一，係會黨的聯合會章，記有一條云；凡犯規者以刀劈之。又有空白票布，紅布上蓋印。又一枚紅緞者，云是『龍頭』。煥卿嘗笑語曰：填給一張正龍頭的票布如何？數月後煥卿移居，乃復來取去。」我們看了這一段記載，可以知道當時黨人的浪漫氣氛，也可見魯迅和光復會人關係的密切，也許這一類浪漫氣氛，不合魯迅的口味，所以他就不正式參加革命的組織了。

清末革命黨之中，那位有名的「女俠」秋瑾，也是浪漫氣氛很重的。秋瑾與魯迅同在日本留學。取締規則發表後，留學生大起反對，秋瑾為首，主持全體回國，老學生多不贊成，因為知道取締二字的意義，並不怎樣不好，因此，這些人被秋瑾在留學生會館宣告了死刑，有魯迅、許壽裳在內。魯迅還看見她將一把小刀拋在桌上，以示威嚇。不久她歸國，在江浙一轉，回到故鄉去，主持大通體育學堂，為革命運動機關。及徐錫麟案發被捕，只留下「秋風秋雨愁煞人」的口供，在古軒亭口的丁丁街上被殺。革命成功六七年以後，魯迅在《新青年》上發表了一篇《藥》，紀念她的事情，夏瑜這名字是很明顯的，荒草離離的墳上有人插花，表明中國人不曾忘記了她。

從魯迅的《藥》，可以了解他對「革命」的看法。這一篇小說，「他描寫群眾的愚昧，和革命者的悲哀；或者說，因群眾的愚昧而來的革命者的悲哀；更直捷說，革命者為愚昧的群眾奮鬥而犧牲了，愚昧的群眾並不知道這犧牲為的是誰，卻還要因了愚昧的見解，以為這犧牲可以享用，增加群眾中的某一私人的福利。」革命黨人的「浪漫」觀點，浪漫主義的革命行為，也是時代的悲劇。

魯迅之不曾成為革命黨人，許景宋（他的夫人，即許廣平）曾

經引用了魯迅自己的話有所解釋。魯迅對於革命的舉動，因為自然的耳濡目染，雖則知道得很清楚，似乎還沒有肯參加過實際行動。他總說：「革命的領袖者，是要有特別的本領的，我卻做不到。」有一回，看見某君泰然自若地和朋友談天說地，而當時當地就有他的部下在實際行動著丟炸彈，做革命暗殺事情。當震耳的響聲傳到的時候，他想到那實際工作者的可能慘死的境遇，想到那一幕活劇的可怖，就焦躁不堪。的確是這樣脾氣的，他對於相識的人，怕見他們的冒險。而回顧某君都神色不變，好似和他絕不生關係的一般，使他驚佩不置。所以魯迅又說：「革命者叫你去做，你只得遵命，不許過問。我卻要問，要估量這事的價值，所以我不能夠做革命者。」在《兩地書》中，魯迅也曾說過：「凡做到領導的人，一須勇猛，而我看事情太仔細，一仔細，即多疑慮，不易勇往直前。二須不惜用犧牲，而我最不願使別人做犧牲，（這其實還是革命以前的種種事情的刺激結果。）也就不能有大局面。」所以景宋說魯迅終生是一個思想領導者，而不是實際行動者。

一九〇九年（清宣統元年）六月間，魯迅從日本歸國，任浙江兩級師範學堂生理學、化學教員。第二年八月間改任紹興中學堂教員兼監學。又明年，辛亥，暑假後離紹中，和孫德欽辦報。九月間，紹興光復，任紹興師範學校校長。辛亥革命前，魯迅的經歷，就是如此如此。許壽裳曾說他自己因為學費無著，歸國任浙江兩級師範學堂教務長（沈衡山任監督）魯迅是他向沈氏推薦，延攬來杭的。他說：「魯迅在東京不是好好的正在研究文藝，計劃這樣，計劃那樣嗎？為什麼要歸國，任浙江兩級師範學堂生理學化學教員呢？這因為周作人那時在立教大學還未畢業，卻已經和羽太信子結了婚，費用不夠了，必須由阿哥資助，所以魯迅只得自己犧牲了研究，回國來做事。」魯迅教書和研究學問那麼認真，那是大家所知道的。他在紹興中學堂教書，學生中如胡愈之，孫伏園、宋紫佩，後來都在教育文化界卓然有所立的。

辛亥革命到來那一時期，魯迅十分興奮，在紹興尚未光復之頃，城中人心浮動，他曾經召集了全校學生們，整隊出發，在市面上遊行了一通，鎮靜人心，結果大家當作革命軍已經來了，成為唾手可得的紹興光復。關於這一段經過，魯迅在《追憶范愛農》一文中，有生動的描寫：

　　「到冬初，我們（他和范愛農）的景況更拮据了，然而還喝酒，講笑話。忽然是武昌起義，接著是紹興光復。第二天，愛農就上城來，戴著農夫常用的氈帽，那笑容是從來沒有過的。我們便到街上去走了一通，滿眼是白旗，然而貌雖如此，內骨子是依舊的，因為還是幾個舊鄉紳所組織的軍政府，什麼鐵路股東是行政司長，錢店掌櫃是軍械司長。……這軍政府也到底不長久，幾個少年一嚷，王金發帶兵從杭州進來了，但即使不嚷或者也會來。他進來以後，也就被許多閑漢和新進的革命黨所包圍，大做王都督。在衙門裡的人物，穿布衣來的，不上十天也大概換上皮袍子了，天氣還並不冷。我被擺在師範學校校長的飯碗旁邊，王都督給了我校款二百元。愛農做監學，還是那件布袍子，但不大喝酒了，也很少有工夫談閑天。」

　　這便是他們所身經的辛亥革命。當時，有幾位年青的學生，辦了一種報紙，對軍政府有所攻擊，頂的還是魯迅的招牌，但是青年們的居心和王都督的手法，都使他十分痛心。

　　辛亥革命的使人失望，幾乎到處都是一樣的。許季茀從南京來請魯迅到南京教育部去，范愛農對他說：「這裡又是那樣，住不得，你快去吧！」這是很淒涼的話頭！魯迅自己也說：見過辛亥革命，見過二次革命，見過袁世凱稱帝，見過張勳復辟，看來看去，就看得懷疑起來，於是失望，頹唐得很。他用諷刺的筆法來寫阿Ｑ的革命，才勾出了真實的一面。《阿Ｑ正傳》第七章開頭便標明宣統三年九月十四日，舉人老爺送箱子來趙家寄存，把革命消息帶給了未莊，使得阿Ｑ興奮起來，在街上發出造反的口號，嚇得全村的

人十分驚惶。他的警句是:「我要什麼就要什麼,我歡喜誰就是誰。」買了他搭連的趙白眼想探他的口氣,問道:「阿Q哥,像我們這樣窮朋友是不要緊的吧?」阿Q回答道:「窮朋友,你總比我有錢。」據周作人說:這一個場面乃是實有的,確實是阿桂自己的事。那時,杭州已經反正,縣城的文武官員都已逃走,城防空虛,人心惶惶,阿桂在街上掉臂走著嚷道:「我們的時候來了,到了明天,我們錢也有了,老婆也有了。」有破落的大家子弟對他說:「我們這樣人家可以不要怕。」阿桂對答得好,「你們總比我有。」有即是說有油水,不一定嚴格的說錢。在那一天的夜裡,嵊縣的王金發由省城率隊到來,自己立起了軍政分府,阿Q一覺醒來,已經失掉了他的機會,他的成功便只是上邊所說的那一個時期,這之後他想革命只有靜修庵一路,但是那裡也已經給秀才與洋鬼子去革過了。

周作人說阿Q在靜修庵革命失敗,原因是趙秀才與錢假洋鬼子先下了手,這裡顯示出來他們三人原是一伙兒,不過計劃與手段有遲早巧拙之分罷了。正傳裡寫士大夫階級絕不多費筆墨,卻可以看出這對於革命有保守與進取兩派,也可以說甲是世故派,乙是投機派。舉人老爺與錢太爺不曾露面,趙太爺的態度,可以對阿Q的話為證,他反對秀才驅逐阿Q的主張,以為怕要結怨。這是舊的投機派。新的便要更有計劃了,第一步是靜修庵,第二步則是「柿油黨」;有了這銀桃子的黨章掛在胸前,在鄉間就成了土皇帝,什麼人都看不在眼裡,何況是阿Q呢?阿Q想要投效,前去拜訪假洋鬼子,遇著正講催促洪哥動手的故事,看見阿Q便吆喝滾出去,阿Q從哭喪棒底下逃了出來,不曾被打;但假洋鬼子既然不許可他革命,他的前途便完全沒有了。

依鄭振鐸的說法:「像阿Q那樣的一個人,終於要做起革命黨來,終於受到那樣大團圓的的結局,似乎連作者他自己在最初寫作時也是料不到的。至少在人格上似乎是兩個。」魯迅卻不贊同這一

種說法，他說：「據我的意思，中國倘不革命，阿Ｑ便不做，既然革命，就會做的；我的阿Ｑ的命運，也只能如此，人格也恐怕並不是兩個。民國元年已經過去，無可追蹤了，但此後倘再有改革，我相信還會有阿Ｑ似的革命黨出現。我也很願意如人們所說，我只寫出了現在以前的或一時期，但我還恐怕我所看見，並非現代的前方，而是其後，或者竟是二三十年之後。其實也不算辱沒了革命黨；阿Ｑ究竟已經用竹筷盤上他的辮子了。」

《阿Ｑ正傳》第八章開頭便說：「未庄的人心日見其安靜了。根據傳來的消息，知道革命黨雖然進了城，倒還沒有什麼大異樣。」這樣簡單的一句話裡，便包括了辛亥革命後社會上換湯不換藥的混沌情形，雖然王金發做了軍政分府都督，總攬民政軍事之權，本文中說知縣和把總還是原官，並不是事實；但見舉人老爺也做了什麼官的話卻是真的，因為當時投機派搖身一變，做了新的的確不少。一群舊人都擁上了台，與清朝不同的，便只是少了一根辮子。這是魯迅筆下的辛亥革命。（他在《阿Ｑ正傳》之前，曾寫了《懷舊》，立意相同。）

七　民初的潛修生涯

　　辛亥革命，說穿來只是「盤辮子」與「剪辮子」的革命，其使我們失望，那是必然的。那時的魯迅，已經到了北京，看了走馬式的政治局面，他摸到了病根所在，便沉默下去了。《兩地書》中，他在一封覆許廣平的信中提到了他自己的看法。他說：「說起民元的事來，那時確是光明得多，當時我也在南京教育部，覺得中國將來很有希望。自然，那時惡劣分子固然也有的，然而他總失敗。一到二年二次革命失敗之後，即漸漸壞下去，壞而又壞，遂成了現在的情形。其實這也不是新漆的壞，乃是塗飾的新漆剝落已盡，於是舊相又顯了出來。使奴才主持家政，那裡會有好樣子。最好的革命是排滿，容易做到的，其次的改革是要國民改革自己的劣根性，於是就不肯了。所以，此後最要緊的是改革國民性，否則，無論是專制，是共和，是什麼什麼，招牌雖換，貨色照，全不行的。但說到這類的改革，便是真叫做『無從措手』。不但此也，現在雖只想將『政象』稍稍改善，而且非常之難。在中國活動是現有兩種『主義者』，外表都很新的，但我研究他們的精神，還是舊貨，所以我現在無所屬，但希望他們自己覺悟，自動的改良而已。例如世界主義者而同志自己先打架，無政府主義者的報館而用護兵守門，真不知是怎麼回事。土匪也不行，河南的單知道燒搶，東三省的漸趨於保

護鴉片，總之是抱『發財主義』的居多，梁山泊劫富濟貧的事，已成為書本子上的故事了。軍隊裡也不好，排擠的風甚盛，勇敢無私的一定孤立，為敵所乘，同人不救，終至陣亡，而巧滑騎牆，專圖地盤者反很得意。我有幾個學生在軍中，倘不同化，怕終不能占得勢力但若同化，則占得勢力又於將來何益。……我又無拳無勇真沒有法，在手頭的只有筆墨，能寫這封信一類的不得要領的東西而已。但我總還想對於根深蒂固的所謂舊文明，施行襲擊，令其動搖，冀於將來有萬一之希望。而且留心看看，居然也有幾個不問成敗而要戰鬥的人。雖然意見和我並不盡同，但這是前幾年所沒有遇到的。……要成聯合戰線，還在將來。」

他對於中國的民族性從社會根柢上看，可說是十分悲觀的。而民初的社會政治，都使他十分失望。

他在另外一篇《燈下漫筆》中，有更深切的剖析，他說：實際上，中國人向來就沒有爭到過「人」的價格，至多不過是奴隸，到現在還如此；然而下於奴隸的時候，卻是數見不鮮的。中國的百姓是中立的，戰時連自己也不知道屬於哪一面，但又屬於無論哪一面。強盜來了，就屬於官，當然該被殺掉；官兵既到，該是自家人了吧，但仍然要被殺掠，彷彿又屬於強盜似的。這時候，百姓就希望有一個一定的主子，拿他們去做百姓，——不敢，是拿他們去做牛馬，情願自己尋草吃，只求他決定他們怎樣跑。假使真有誰能夠替他們決定，定下什麼奴隸規則來，自然就「皇恩浩蕩」了。可惜的是往往暫時沒有誰能定。舉其大者，則如五胡十六國的時候，黃巢的時候，五代的時候，宋末元末的時候，除了老例的服役納糧以外，都還要受意外的災殃。張獻忠的脾氣更古怪了，不服役納糧的要殺，服役納糧的也要殺，敵他的要殺，降他的也要殺，將奴隸規則毀得粉碎。這時候，百姓就希望來一個另外的主子，較為顧及他們的奴隸規則的，無論仍舊，或者新頒，總之，是有一種規則，使他們可以上奴隸的軌道。「時日曷喪，余及汝偕亡！」憤言而已，

決心實行的不多見。實際上，大概是群盜如麻，紛亂至極之後，就有一個較強，或較聰明，或較狡猾，或是外族的人物出來，較有秩序地收拾了天下。規定規則：怎樣服役，怎樣納糧，怎樣磕頭，怎樣頌聖。而且這規則是不像現在那樣朝三暮四的。於是便「萬姓騰歡」了；用成語來說，就叫作「天下太平」。因此，他下十分沉痛的結論：任憑你愛排場的學者們怎樣鋪張，修史時候設些什麼「漢族發祥時代」，「漢族發達時代」，「漢族中興時代」的好題目，好意誠然是可感的，但措辭太繞彎子了。有其更直截了當的說法在這裡：一、想做奴隸而不得的時代；二、暫時做穩了奴隸的時代。這一種循環，也就是先儒之所謂「一治一亂」。

　　魯迅在他的《吶喊》自序中，說過民初那一時期的境：「這寂寞又一天一天的長大起來，如大毒蛇，纏住了我的靈魂了。……這於我太痛苦。我於是用了種種法，來麻醉自己的靈魂，使我沉入於國民中，使我回到古代去，後來也親歷或旁觀過幾樣更寂寞，更悲哀的事，都為我所不願追懷，甘心使他們和我的腦一同消滅在泥土裡的，但我的麻醉法卻也似乎已經奏了功，再沒有青年時候的慷慨激昂的意思了。S會館裡有三間屋，相傳是往昔曾在院子裡的槐樹上縊死過一個女人的，現在槐樹已經高不可攀了，而這屋還沒有人住；許多年，我便寓在這屋裡抄古碑。客中少有人來，古碑中也遇不到什麼問題與主義，而我的生命卻居然暗暗的消去了，這也就是我唯一的願意。」這段話的暗示性非常強，因此，有人要討論魯迅抄碑文的心境如何？目的何在？方法如何？等等了。

　　民初，袁世凱政權下的政治空氣，那是十分低沉的；魯迅那時在教育部做事，住在S會館補樹書屋，抄點古碑，表示對世務不聞不問，這種消極方式，可以避免當局的注意，也是我們所了解的。S會館，便是紹興縣館，原名山（陰）會（稽）邑館，在北京宣武門外南半截胡同北頭，這地段不算很少，因為接近菜市口（編按‧清代的刑場），幸而民國以後不在那裡殺人了，所以出入總還是自

由清淨的。會館在路西，進門往南是一個大院子，正面朝東一大間，供著先賢牌位，便是仰蕺堂。堂屋南偏有一條小弄堂，通到堂後的小院子，往北跨過一個圓洞門，那裡邊便是補樹書屋了。補樹書屋本身是朝東一排四間房屋，在第二間中間開門，南首住房一間，北首兩間相連。魯迅住時，只使用迤南的三間。魯迅抄碑就在補樹書屋那兩間房裡，當初是在南偏，後來移到北邊的一間去了。

據周作人的說法，洪憲帝制活動時，袁世凱的特務如陸建章的軍警執法處，大概繼承的是東廠的統系，也著實可怕，由它抓去失踪的人至今無可計算。北京文官大小一律受到注意，生恐他們反對或表示不服，以此人人設法逃避耳目，大約只要有一種嗜好，重的嫖賭蓄妾，輕則玩古董書畫，也就多少可以放心。教育部裡魯迅的一班朋友，如許壽裳等等如何辦法，是不得而知，但他們打麻將總是在行的，那麼即此也已可以及格了。魯迅卻連「挖花」（編按・即花將牌，民初流傳於江浙的傳統骨牌遊戲）都不會，只好假裝玩玩古董，又買不起金石品，便限於紙張，收集些石刻拓本來看。單拿拓本來看，也不能敷衍漫長的歲月，又不能有這些錢去每天買一張，於是動手來抄。這樣一塊漢碑的文字，有時候可供半個月的抄寫，這是很合算的事。因為這與滕清草稿不同，原本碑大字多，特別漢碑又多斷缺漫漶，拓本上一個字若有若無，要左右遠近的細看，才能稍微辨別出來，用以消遣時光，是再好也沒有的，就只是破費心思也不少罷了。

後來帝制失敗了，袁世凱也死了，魯迅還是繼續抄下去，因為他最初抄碑雖是別有目的，但是抄下去，他也發生了一種校勘的興趣，這興趣便持續了好幾年，後來才被創作和批評的興趣替代了去。他抄了碑文，拿來和王蘭泉的《金石萃編》對比，看出書上錯誤的很多，於是他立意要來精密的寫成一個可信的定木。這是他抄碑的進一步的成就。

魯迅校勘碑文的方法，是先用尺量定了碑文的高廣，共幾行，

每行幾字，隨後按字抄錄下去，到了行末，便畫上一條橫線，至於殘缺的字，昔存今殘，昔缺而今微的形影，也都一一分別注明。（從前吳山夫的《金石存》，魏稼孫的《績語堂碑錄》，大抵也用此法。）這樣的校碑工作，不僅養成他的細密校勘修養，而且有積極的一面。

我們且看魯迅生平知己許壽裳先生的追憶：自民二以後，他常常看見魯迅伏案校書，單是一部《嵇康集》，不知道校過多少遍，參照諸本，不厭精詳，所以成為校勘最善之書。其序文有云：「今此校定，則排擯舊校，力存原文，其為濃墨所滅，不得已而從改本者，則曰字從舊校，以著可疑。義得兩通，而舊校輒改從刻本者，則曰各本作者，以存其異。」並作《逸文考》、《著餘考》各一卷附於末尾，便可窺見他的功夫的邃密。許氏說：「魯迅對於魏漢文章素有愛誦，尤其稱許孔融和嵇康的文章，我們讀《魏晉風度及文章與藥及酒之關係》，便可得其梗概。為什麼這樣稱許呢？就因為魯迅的性格，嚴氣正性，寧願覆折，憎惡權勢，視若蔑如，皜皜焉堅貞如白玉，懍懍焉勁烈如秋霜，很有一部分和孔嵇二人相類似的緣故。」此外，魯迅蒐輯並考證歷代小說史料，計有《古小說鉤沉》、《唐宋傳奇集》、《小說舊聞鈔》三部，是他的中國小說史略的副冊，搜羅的勤劬，考證的認真，允推獨步。近年來研究小說者雖漸次加多了，宋以後的史料雖有所獲了，但是蒐輯古逸之功，還未見有能及魯迅的呢！

許氏說到魯迅中年研究漢代畫像，晚年則提倡版畫，工作的範圍很廣；搜集並研究漢魏六朝石刻，不但注意其文字，而且研究其畫像和圖案，是舊時代的考據家賞鑒家所未曾著手的。即就碑文而言，也是考證精審，一無泛語，如《南齊呂超墓志跋》，便見例。這一篇墓志跋，乃是魯迅所編漢魏六朝石刻研究中的一節，書未完成，所以全集中未收入。據許氏所知，呂超墓志石出土以後，便為許氏至戚顧鼎梅所得，藏在杭州。顧氏及魯迅均有跋文，考證詳

明，兩人不謀而合。

　　考證校勘之學，在清代原是樸學家的主要功夫。宋明理學家治儒家的經學，考證校勘，乃其旁枝，不過朱熹弟子如王伯原，便在這方面有所表現。清初經學大師，如顧炎武、黃宗羲、王夫之，都於文字訓詁名物制度有所考訂，已開樸學之先河。到了皖學（戴東原）吳學（惠氏父子），對於考證，訓詁名物，尤見功夫。考證學所研究的雖是紙片上的文字，而其方法與近代科學邏輯相合。清代大師孫治讓，章太炎、王國維都是在考證校勘上下過功夫的。這一方面。魯迅也還是樸學家的正宗，繼承章太炎這一脈而來的。不獨他個人的興趣，在考索上有所表見，即其審慎嚴密的態度，也和清代樸學家相一致的。胡適從美歸國，從新考證學廣大了皖學的門庭，汲取西方科學方法以充實考證的技術；他深深佩服魯迅的考訂功夫，魯迅也推許胡氏的小說考證，這都不是政治偏見所可抹消的。清代思想家，視野廣大了，宗派的偏見沖淡了，章太炎的弟子，如錢玄同、周作人、魯迅，都不拘於今古文的門戶之見，也可說是中國學術思想史的新頁。

八　托尼學說

　　孫伏園在《魯迅逝世五周年雜感》中，有這麼一段話：「從前劉半農先生贈給魯迅先生一幅聯語，是『托尼學說，魏晉文章』。當時的友朋，都認為這副聯語很恰當，魯迅先生自己也不加反對。所謂『托尼學說』，『托』是指托爾斯泰，『尼』是指尼采。這兩個人都是十九世紀思想界的巨星，著作都極宏富，對於社會的影響深而且大。魯迅先生的思想之博大精深，自然與他們相比也很恰當。而魯迅先生在學生時代，很受托尼二家學說的影響。托尼二家的學說，一般的說法，是正相反對的。尼采的超人論，推到極端，再加以有意無意的誤解，在德國，便成了第一次大戰前的裴倫哈特的好戰論，和這納粹主義的侵略論。魯迅先生卻特別喜歡他的文章，例如《蘇魯支語錄》，說是文字的剛勁，讀起來有金石聲。而他的學說的精髓則在鼓勵人類的生活、思想、文化，日漸向上，不長久停頓在瑣屑的、卑鄙的、只注意於物質的生活之中。至於托爾斯泰的大愛主義，那是導源於基督教的精神，與後來思想上的平民主義、民族自決主義、國際平等主義，都有精神上的聯繫。直到二次大戰時的反侵略陣線，例如對於歐洲被侵略的各小國，雖然它們的軍事勢力已在國內早被侵略國家所摧毀，還盡量的設法支持它們反侵略的微薄勢力，以期共同消滅侵略國家的暴力與野心，這還可

以說與托爾斯泰的大愛主義有密切的關係。托尼學說的內容既有很大的不同，而魯迅先生卻同受他們的影響，這在現在看來，魯迅先生確不像一個哲學家那樣，也不像一個領導者那樣，為別人了解與服從起見，一定要將學說組成一個系統，有意的避免種種的矛盾，不使有一點罅隙，所以他只是一個作家、學者，乃至思想或批評家。」這一段話，對於了解魯迅早期的思想是很重要的，不過筆者所知道所了解的，和孫氏的觀感頗有距離，因此，對於孫氏的說法作相當的保留。

原來，十九世紀的哲學，從叔本華到尼采這一派悲觀哲學，導源於佛學，脈絡非常鮮明。叔本華生於一七八八年，卒於一八六〇年，正當十九世紀前半葉，德國承康德之後，哲學鼎盛，名家輩出之時。「叔本華雖自命為康德嫡嗣，而其學乃似教外別傳，與同時哲人如黑格爾、費希特、謝林等相較，頗有空谷佳音、遺世獨立之慨。叔本華近承康德，遠紹柏拉圖，旁搜於印度佛說，遂自創為一家之言。其所以異於並世德國諸哲學家者，特徵有四：當時諸哲人，其思想淵源純出於西方，而叔本華則兼采佛學，有東方之色彩，此其一；當時哲學上傳統之假定，以為就根本言，人生乃諧合者，而叔本華則以為人生乃凌亂憂苦，故持悲觀，主解脫，此其二；當時哲人多為唯理主義者，重理智與概念，而叔本華則兼尊直覺，此其三；當時哲人，其天性率近科學，運思密栗，而文辭質樸，甚至於晦澀難讀，而叔本華則有文學之天才，其文章特為清美朗暢，亹亹動人，此其四。叔本華早年英發，才氣甚高，而稟性孤僻，與世寡諧，沉憂善感，易傷哀樂，其論述哲思之書中，時有郁輪之情，孤憤之語，故叔本華可謂待人式之哲學家。」我們仔細對比，魯迅的思想、性格，正有著叔本華的影子。魯迅接受尼采學說，也正是接受叔本華與佛家的悲觀哲學，那是不待言的。

章太炎先生以治佛學，講因明唯識，完成思想體系，也是人所共知的；這一方面，魯迅也受了太炎的影響。許壽裳說民三以後，

魯迅開始看佛經，用功很猛，別人趕不上。他曾對許氏說：「釋伽牟尼真是大哲，我平常對人生有許多難解決的問題，而他居然大部分早已明白啟示了，真是大哲！」他對於佛經，是當做人類思想發達的史料看，借以研究其人生觀的。

依筆者所了解的東西文化思想相互影響的跡象來說，十六世紀以後，泛濫於歐洲的自然主義哲學，導源乃由於老莊道家思想的西行，其影響所及，在政治則有法盧梭之《民約論》，在自然科學則有英達爾文、赫胥黎的《進化論》。十九世紀歐洲的社會主義思想，可說是無政府主義全盛時期，溯其源也和老莊思想有血緣上的關係，而叔本華、尼采的個人主義哲學，也和道家哲學相通。魯迅篤好魏晉文人的文字，其於嵇康阮籍的思想，有最深刻的研究；於對他的愛好赫胥黎《天演論》，篤信尼采學說，可說是相反而實相成的。至於托爾斯泰的大愛主義，出於佛家思想，也是治托氏學說共知的（印度的甘地主義，正是托氏大愛主義實踐）。無政府主義固是社會主義的一派，卻是極端尊重個人主義，和尼采思想相通。所以從馬克思主義觀點看來是矛盾的；從無政府主義觀點看來，卻正是相互發明的，這是筆者和孫伏園氏所了解的不同之點。

魯迅早期的宇宙論、社會觀、人生觀，略見於《墳》中所輯集的文字中（《墳》，魯迅的散文集，所集系一九〇七－一九二五年間的文字）。其中介紹進化論學說的有《人之歷史》；他說：進化之說，創始於希臘哲人德黎（Thales）至達爾文而定。他說，德國的黑格爾和赫胥黎一般，都是達爾文學說的謳歌者。關於這一方面思想的發展，他說到瑞典的林那（K. Linne）、法國的蘭麻克（J.D. Lamarck）和德國的歌德（Goethe）。他是研究生物科學的，所以條秩源流，非常明白，並不像若干社會科學家，或主黑格爾（如陳獨秀），或主達爾文（如胡適）建立不要融合的宗派的。

魯迅並不自悔其少作的，他的《文化偏至論》，便是提倡極端個人主義的。他　說：「個人一語，入中國未三四年，號稱識時之

士，多引以為大詬，苟被其謚，與民賊同。意者未遑深知明察，而迷誤為害人利己之義也歟？夷為其實，至不然矣。……蓋自法蘭西大革命以來，平等自由，為凡事首，繼而普通教育及國民教育，無不基是以遍施。久浴文化，則漸悟人類之尊嚴；既知自我，則頓識個性之價值；加以往之習慣墜地，崇信蕩搖，則其自覺之精神，自一轉而為極端之主我。且社會民主之傾向，勢亦大漲，凡個人者，即社會之一分子，夷隆實陷，是為指歸，使天下人人歸於一致，社會之內，蕩無高卑。此其為理想誠美矣，顧於個人特殊之性，視之蔑如，既不加之別分，且欲致之滅絕。更舉黯暗，則流弊所至，將使文化之純粹者，精神益趨於固陋，頹波日逝，纖屑靡存焉。蓋所謂平社會者大都夷峻而不湮卑，若信至程度大同，必在前此進步水平以下。況人群之內，明哲非多，傖俗橫行，浩不可卿，風潮剝蝕，全體以論於凡庸。非超越塵埃，解脫人事，或愚屯罔識，惟眾是從者，其能緘口而無言乎？物反於極，則先覺善鬥之士出矣；德大斯蒂納爾（M. Stirner）乃先以極端之個人主義現於世。謂真之進步，在於己之足下，人必發揮自性，而脫觀念世界之執持。惟此自性，即造物主。惟有此我，本屬自由；既本有矣，而更外求也，是曰矛盾。自由之得以力，而力即在乎個人，亦即資財，亦即權利。故苟有外力來被，則無間出於寡人，或出於眾庶，皆專制也。國家謂吾當與國民合其意志，亦一專制也。眾意表現為法律，吾即受其束縛，雖曰為我之輿台（編按・輿台即指被奴役的人），顧同是輿台耳。去之奈何？曰：在絕義務。義務廢絕，而法律與偕亡矣。意蓋謂凡一個人，其思想行為，必以己為中樞，亦以己為終極：即立我性為絕對之自由者也。」這是魯迅五十年前所說的話，到今天看起來，不是更切中時弊，批評得最切當嗎？

個人主義哲學，自以叔本華為宗匠；魯迅說：「叔本華（A. Schopenhauer）則自既以兀傲剛愎有名，言行奇觚，為世稀有；又見夫盲瞀鄙之眾，充塞兩間，乃視之與至劣之動物並等，愈益主我

揚己而尊天才也。那時至丹麥哲學家契開迦爾（S. Kierkegaard）憤發疾呼，以發揮個性為至高之道德，而顧瞻他事胥無益焉。其後有挪威文學家易卜生（Henrik. Ibsen）便發揮契氏的學說，見於文界，瑰才卓識，以契開迦爾之詮釋者稱。易卜生說：「我所最期望於你的，是一種真實純粹的為我主義。要使你有時覺得天下只有關於我的事最要緊，其餘的都算不得什麼。你要想有益於社會，最好的法子莫如把你自己這塊材料鑄造成器。有的時候，我真覺得全世界都像海上撞沉了船，最要緊的，還是救出自己。」後來胡適在《新青年》介紹易卜生主義，也就是這一種個人主義。

魯迅推尼采為個人主義哲學的傑出之士。他說：「希望所寄，惟在大士天才，而以愚民為本位，則惡之不殊蛇蝎。意蓋謂治任多數，則社會元氣，一旦可瀉，不若用庸眾為犧牲，以冀一二天才之出世，遞天才出而社會之活動亦以萌。」這便是震驚歐洲思想的超人學說，對於民主主義、社會主義作最猛烈的抨擊的。因此，反唯物主義的傾向，也和反社會主義、民生主義相呼應。魯迅介紹主觀主義，說：「如尼采，易卜生諸人，皆據其所信，力抗時俗，示主觀傾向之極致；而契開迦爾則謂真理準則，獨在主觀；惟主觀性，即為真理。至凡有道德行為，亦可弗問客觀之結果若何，而一任主觀之善惡為判斷。」這種說法，和其他學說一樣，各有所獨至，卻也是一偏之論。清末民初，紹介歐西學說，幾乎各宗各派都介紹過來，有的提倡社會主義的，骨子裡還是個人主義；有的以民主政治相號召的，滿腦子仍是英雄觀念，這都是不足為異旳。魯迅的思想，受叔本華、尼采學說的影響，在他自己乃是順理成章、井然有其一貫體系的。

另外一篇，題名《摩羅詩力說》，提倡浪漫主義的文學，也是魯迅的前期文藝觀。（「天竺古有《韋陀》四種，瑰麗幽瓊，和世界大文；其《摩訶波羅多》暨《羅摩衍那》二賦，亦至美妙。厥後有詩人加黎陀薩者出，以傳奇鳴世，間染抒情之篇，日耳曼詩人歌

德至崇為兩間之絕唱。」）浪漫主義，本來和返諸自然的人文哲學精神相吻合。魯迅說：「尼采（Fr. Nietzsche）不惡野人，謂中有新力，言亦確鑿不可移。蓋文明之聯，固孕於蠻荒，野人猶據其形，而隱曜即伏於內。文明如華，野蠻如蕾，文明如實，野蠻如華，上征在是，希望亦在是。」他說：「由純文學上言之，則以一切美術之本質，皆在使觀聽之人，為之與感怡悅。文章為美術之一，質當亦然，與個人暨邦國之存，無所系屬，實利離盡，究理弗存。故其為效，益智不如史乘，誠人不如格言，致富不如工商，弋功名不如卒業之券。特世有文章，而以乃以幾於具足。」

這一說法，和他晚年的文藝觀，頗有出入；但其發揮文藝的一方面意義，也和晚年所發揮的另一方面意義，同為真理之一面，有同樣的價值的。

晚清文藝界，最激動國人心靈的詩篇，乃是英國詩人拜倫的《哀希臘》，而拜倫的浪漫主義色彩及其傳奇性的行為，尤足以鼓舞人心。魯迅也是推介拜倫的浪漫文學的，他說：「拜倫既喜拿破崙之毀世界，亦愛華盛頓之爭自由，既心儀海賊之橫行，亦孤援希臘之獨立，壓制反抗，兼以一人矣。雖然，自由在是，人道亦在是。」「其平生，如狂濤如厲風，舉一切偽飾陋習，悉與蕩滌，瞻顧前後，素所不知；精神鬱勃，莫可制抑，力戰而斃，亦必自救其精神；不克厥敵，戰則不止。而復率旨行誠，無所諱掩，謂世之毀譽褒貶是非善惡，皆緣習俗而非誠，因悉措而不理也。」這是民初的文藝空氣，也是魯迅性格的一面呢！

九　《新青年》時代

　　《新青年》（原名《青年雜誌》）創刊於一九一五年，這是現代中國文化運動的紀程碑。他們倡導思想革命、文學革命；中國的新文化，也就以五四運動為分水線。不過一般人以為《新青年》一開頭就提倡白話文運動，那是錯誤的，《新青年》本來是用文言體寫的，和當初的《甲寅》雜誌、《新民叢報》差不多的。（張資平曾對郭沫若批評到《新青年》，說是「還差強人意，但都是一些啟發的普通的文章，一篇文字的密圈胖點和字數比較起來還要多。」）那兒所刊載的蘇曼殊小說，也還是才子佳人、鴛鴦蝴蝶派的風格。胡適翻譯的小說，如都德的《柏林之圍》，也是文言體的，連胡適的《文學改良芻議》，也還是用文言體寫的。進入思想革命、文學革命階段，那是一九一七年以後的事。魯迅的《狂人日記》，才是第一篇白話體的小說。

　　這些掌故，我們還是依照周作人的說法，更為真實些。他說：在張勳復辟之前，魯迅繼續在抄碑，別的什麼事都不管，但在這事件以後，漸漸發生了一個轉變。這事，魯迅自己說過，是由金心異的一場議論起來的。金心異即是林琴南送給錢玄同的別名。錢玄同和魯迅同是章太炎的學生。魯迅住在北京紹興會館，如魯迅自己所敘記的，「那時，偶或來談的是一個老朋友金心異，將手提的大皮

夾放在桌上，脫下長衫，對面坐下了，因為怕狗，似乎心房還在怦怦的跳動。有一夜，他翻著我那古碑的抄本，發了研究的質問了：『你抄了這些有什麼用？』我說：『沒有什麼用。』『那麼你抄它是什麼意思呢？』我說：『沒有什麼意思。』『我想，你可以作點文章……』我懂得他的意思了，他們正辦《新青年》，然而那時彷彿不特沒有人來贊同，並且也還沒有人來反對，我想，他們許是感到寂寞了，但是說：『假如一間鐵屋子，是絕無窗戶而萬難破毀的，裡面有許多熟睡的人們，不久都要悶死了，然而是從昏睡入死滅，並不感到就死的悲哀。現在你大嚷起來，驚起了較為清醒的幾個人，使這不幸的少數者來受無可挽救的臨終的苦楚，你倒以為對得住他們麼？』『然而幾個人既然起來，你不能說決沒有毀壞這鐵屋的希望。』是的。我雖然自有我的確信，然而說到希望，卻是不能抹殺的，因為希望是在於將來，決不能以我之必無的證明，來折服了他之所謂可有；於是我終於答應他也做文章了，這便是最初的一篇《狂人日記》。」

　　在與金心異談論之前，魯迅早知道了《新青年》的了，可是他並不怎麼看得起它，周作人就說他初到北京，魯迅就拿幾本《新青年》給他看，說這是許壽裳告訴的，近來有這麼一種雜誌，頗多謬論，大可一駁，所以買了來的，但是他們翻了一回之後，也看不出什麼特別的謬處，所以也隨即擱下了。他也說那時《新青年》還是用的文言文，雖然漸漸你吹我唱的在談文學革命，其中有一篇文章還是文言所寫，在那裡罵封建的貴族的古人，總結的說一句，對於《新青年》總是態度很冷淡的，即使並不如許壽裳的覺得它謬。但是在夏夜那一夕談之後，魯迅忽然積極起來，這是什麼緣故呢。周作人說：魯迅對於文學革命，即是改寫白話文的問題，當時無甚興趣，可是對於思想革命，卻看得極重，這是他從想辦《新生》那時代起所有的願望，現在經錢君來舊事重提，好像是在埋著的火藥線上點了火，便立即爆發起來了。這旗幟是打倒吃人的禮教，錢君也

是主張文學革命的，可是他的最大志願如他自己所說，乃是打倒綱倫斬毒蛇，這與魯迅的意思正是一致的，所以簡單的一場話，便發生了效力了。

《狂人日記》是魯迅的第一篇小說，（魯迅寫小說，並不始於《狂人日記》，辛亥冬天，他在家鄉時，曾寫過一篇《懷舊》的小說，以東鄰的富翁為典型，寫革命前夜的故事，情質不明的革命軍將要進城，富翁與清客閑漢商議迎降，頗富於諷刺的色彩。便是後來《阿Q正傳》的底子。）作於一九一八年四月。篇首有一節文言的附記，說明寫日記的本人是什麼人，這當然是一種烟幕，但模型卻也實有其人；不過並不是「余昔日在中學校時良友」，病癒後也不曾「赴某地候補」，只是安住在家裡罷了。據周作人說：這人乃是魯迅的表兄弟，我們姑且稱他為劉四，向在西北遊幕，忽然說同事要謀害他，逃到北京來躲避，可是沒有用。他告訴魯迅他們怎樣的追蹤他，住在西河路客棧裡，聽見樓上的客深夜橐橐行走，知道是他們的埋伏，趕緊要求換房間，一進去，就聽到隔壁什麼唧唧的聲音，原來也是他們的人，在暗示給他知道，已經到處都佈置好，他再也插翅難逃了。魯迅留他住在會館，清早就來敲窗門，問他為什麼這樣早，答說今天要去殺了，怎麼不早起來，聲音十分淒慘。午前帶他去看醫生，車上看見背槍站崗的巡警，突然失驚，面無人色，據說他那眼神非常可怕，充滿了恐怖，陰森森的顯出狂人的特色，就是常人臨恐也所沒有的。魯迅給他找妥了人護送回鄉，這病後來就好了。因為親自見過「迫害狂」的病人，又加了書本上的知識，所以才能寫出這篇文字。

接著，周作人解釋《狂人日記》的中心思想是禮教吃人。這是魯迅在《新青年》上所放的第一炮，目標是古來的封建道德，以後的攻擊便一直都集中在那上面。第三節中云：「我翻開歷史一查，這歷史沒有年代，歪歪斜斜的每頁上都寫著『仁義道德』幾個字。我橫豎睡不著，仔細看了半夜，才從字縫裡看出字，滿本都寫著兩

個字是『吃人』！」章太炎在東京時，表彰過戴東原，說他不服宋儒批評理學殺人之可怕，但那還是理論。魯迅是直截的從書本上和社會上看了來的，野史正史裡食人的記載，食肉寢皮的衛道論；近時徐錫麟心肝被吃的事實，證據更是確實了。此外如把女兒賣作娼妓，清朝有些地方的宰白鴨，便是把兒子賣給富戶，充作凶手去抵罪，也都可以算作實例。魯迅說李時珍在《本草綱目》說人肉可以做藥，這自然是割股的根據；但明太祖反對割股，不准旌表，又可見這事在明初也早已有了。禮教吃人，所包含甚廣，這裡借狂人說話，自然只可照題目實做，這是打倒禮教的一篇宣傳文字，文藝與學術問題都是次要的事。

果戈里有短篇小說《狂人日記》，魯迅非常喜歡，這裡顯然受它的影響，如題目便是一樣的。果戈里自己犯過精神病，有點經驗，那篇小說的主人公是發花呆的，原是一個替科長修鵝毛管筆尖的小書記，單相思的愛上了上司的小姐，寫得很有意思。魯迅當初大概也有意思要學它，如說趙貴翁家的狗看了他的兩眼，這與果戈里小說裡所說小姐的吧兒狗有點相近，後來又拉出古文先生來，也想弄到熱鬧點，可是寫下去時要點集中於禮教，寫的單純起來了。附記中說「以供醫家研究」，也是一句幽默話；因為那時報紙上喜歡登載異聞，如三隻腳的牛，兩個頭的胎兒等，末了必云「以供博物家之研究」，所以這裡也來這一句。這篇文章，雖然說是狂人的日記，其實思路清澈，有一貫的條理，不是精神病患者所能寫得出來的；這裡迫害狂的名字，原不過是作為一個樣子罷了。（這一節議論觀點，多採用周作人先生的話。）

如許壽裳氏所說的，周樹人開始用魯迅的筆名，在《新青年》上寫小說，這是魯迅生活的一個大發展，也是中國文學史上塵該大書特書的一章。（魯迅自言，魯迅這筆名，因為《新青年》編輯者不願意有別號一般的署名，我從前用過迅行的別號，所以臨時命名如此。理由是（一）母親姓魯；（二）周魯是同姓之國；（三）取

愚魯而迅速之意。）不過魯迅自己，在當時只是一種助陣的意思。他說：「在我自己，本以為現在是已經並非一個切迫而不能已於言的人了，但或者也還未能忘懷於當日自己的寂寞的悲哀罷，所以有時候仍不免吶喊幾聲，聊以慰藉那在寂寞裡奔馳的猛士，使他不憚於前驅。……但既然是吶喊，則當然須聽將令的了，所以我往往不恤用了曲筆，在《藥》的瑜兒的墳上平空添上一個花環，在《明天》裡也不敘單四嫂子竟沒有做到看見兒子的夢，因為那時的主將是不主張消極的。至於自己，卻也並不願將自以為苦的寂寞，再來傳染給也如我那年青時候似的正做著好夢的青年。」

他在《自選集》的自序中，說得更明白些：「《新青年》上提倡文學革命，這種運動，現在固然已經成為文學史上的陳跡了，但在那時，卻無疑地是一個革命的運動。我的作品在《新青年》上，步調是和大家大概一致的，所以我想，這些確是算作那時的『革命文學』。然而我那時對於『文學革命』，其實並沒有怎樣的熱情。……既不是直接對於『文學革命』的熱情，又為什麼提筆的呢？想起來，大半倒是為了對於熱情者們的同感。這些戰士，我想，雖在寂寞中，想頭是不錯的，也來喊幾聲助助威罷。首先，就是為此。自然，在這中間，也不免夾雜些將舊社會的病根暴露出來，催人留心，設法加以療治的希望。但為達到這希望計，是必須與前驅者取同一的步調的，我於是刪削些黑暗，裝點些歡容，使作品比較的顯出若干亮色，那就是後來結集起來的《吶喊》。（他的本意，只是「吶喊」。）這些也可以說是『遵命文學』。不過我所遵奉的，是那時革命的前驅者的命令，也是我自己所願意遵奉的命令，決不是皇上的聖旨，也不是金元和真的指揮刀。」

魯迅發表在《新青年》上的，另外幾篇小說：《孔乙己》、《藥》、《一件小事》、《風度》……我們從文章風格的發展上看，他是比其他作家更跨遠了一步，一開頭便採取寫實主義的筆觸了。《孔乙己》，乃是魯迅所自以為最稱心的作品。《孔乙己》，

這名字定得很巧妙，對於小說裡這主人公是十分合適的。他本來姓孟，大家叫他作孟夫子，他的本名因此失傳。這本來也是一個綽號，但只是挖苦讀書人而已，沒有多大意思。小說裡用姓「孔」來影射「孟」字，本來也是平常，又因孔字聯想到描紅紙上的名子，拿來做他的諢名，妙在半懂不懂，比勉強生造兩個字要好得多了。他是一個破落大人家的子弟和窮讀書人的代表，著者用了他的故事，差不多就寫出了這一群人的末路。他讀過書，但終於沒有進學，又不會營生，以至窮得幾乎討飯。他替人家抄書，可是喜歡喝酒，有時候連書籍紙筆賣掉了，窮極時混進書房裡去偷東西，被人抓住，硬說是「竊書」不能算偷，這些都是事實。他常到咸亨酒店來吃酒，可能住在近地，卻也使終沒有人知道，後來他用蒲包墊著坐在地上，兩手撐了走路，也還來吃過酒，末了便不見了。魯迅在本家中間也見類似的人物，不過只是一鱗一爪，沒有像他那麼整個那麼突出的，所以就描寫了他；而且說也奇怪，周家的那些人，似乎氣味更是惡劣，這大概也是使他選取孟夫子的一個原因吧！（關於魯迅作品的批判，另見專章，此不具論）魯迅是首先描寫知識階級的暮景，指點時代變動的一面。

十　在北京

　　魯迅跟著南京政府搬到北京，那是一九一二年的事。民初那一段時期，他的苦悶，也許比一般青年更甚。他有一回，在覆許廣平的信中說：「大同的世界，怕一時未必到來，即使到來，像中國現在似的民族，也一定在大同的門外。所以我想，無論如何，總要改革才好。但改革最快的還是火與劍，孫中山奔波一世，而中國還是如此者，最大原因還在他沒有黨軍，因此不能不遷就有武力的別人。近幾年似乎他們也覺悟了，辦起軍官學校（編按‧即黃埔軍校）來，惜已太晚。中國國民性的墜落，我覺得並不是因為顧家，他們也未嘗為「家」設想。最大的病根，是眼光不遠，加以「卑怯」與「貪婪」，但這是歷久養成的，一時不容易去掉。我對於攻打這些病根的工作，倘有可為，現在還不想放心；但即使有效，也恐很遲，我自己看不見。由我想來——這只是如此感到，說不出理由，目下的壓制和黑暗還要增加，但因此也許可以發生了較激烈的反抗與不平的新分子，為將來的新的變動的萌　。」

　　他的觀點，帶著很濃厚的虛無主義色彩，那是很顯然的。他自己的家鄉，正在敗落中的周家子弟，以及北洋派分崩離析所召致的動亂，在他的眼前，都是漆黑一團，這是他所以悲觀的主因。他是期待著武力革命的新局勢的到來，也和一般人一樣，對國民黨的建

軍革命，寄以希望的。（孫伏園說：「魯迅的內心生活是始終熱烈的，彷彿地球一般，外面是地殼，內面是熔岩。這熔岩是一切偉大事業的源泉，有自發的力，有自發的光，有自發的熱，決不許較甚麼毀譽。」這也是虛無主義者的人生觀。）

在那一段苦悶的長時期中，魯迅一直住在北京。開頭，他們兄弟倆都住在紹興會館。到了一九一九年，他把紹興東昌坊口的老屋和同住的本家共同售去以後，就在北京購得公用庫八道灣大宅，特地回南去迎接老母及全家來住人。這宅子不但房間多，而且空地極大。魯迅說：「我取其空地很寬大，宜於兒童的遊玩。」那時，他自己並無子息，這空地，可說是為了侄兒們著想的。魯迅對於兩弟非常友愛，因為居長，所以家務，統由他自己一人主持。

據許壽裳所說：後來魯迅搬出了八道灣，那是周作人的妻子羽太信子所迫成的。他說：「羽太信子對於魯迅，外貌恭順，內懷忮忌；作人則心地糊塗，輕聽婦人之言，不加體察，我雖竭力解釋開，毫無效果。從此兩人不和，成為參商，一變從前兄弟怡怡的情態。這是作人一生的大損失。」

魯迅搬出之後，就借錢購得西三條的房子，是一所小小的三開間的四合式。此屋的東間是母太夫人的房，西間是朱夫人的房。北屋的中間，後面接出一間房子去，魯迅稱它為「老虎尾巴」，乃是他的工作室，《徬徨》的全部以及其他許多的譯著，皆寫成於此。它的北窗用玻璃，光線充足、望後園牆外，即見《野草》第一篇《秋夜》所謂「在我的後園，可以看見牆外有兩株樹，一株是棗樹，還有一株也是棗樹」。（南屋是他的藏書室。）關於老虎尾巴，許廣平曾有過這樣一段描寫：「覺得熄滅了通紅的燈光，坐在那間一面滿鑲玻璃的室中時，是時而聽雨聲的淅瀝，時而窺月光的清幽，當棗樹發葉結實的時候，則領略它微風振枝，熟果墜地。」（替魯迅設計這一寓所，是他的教育部同事李先生，這老虎尾巴近乎畫室，也是李先生所設計的。）

魯迅在北京十四年，主要的職務，是教育部檢事；先後兼任北京大學、北京師範大學、北京女子師範大學的講師。後來參加《新青年》的新文化運動，從事寫作，先後在北京《晨報》副刊、《京報》副刊、《語絲》、《莽原》這些報刊上寫稿，後面這兩種刊物，他是主要的領導者。

　　他在教育部的工作，外人知道的很少；只有他的知友許壽裳提到他的「提倡美術」。許氏說：蔡元培先生任職教育部長，竭力提倡以美育代宗教，因為美感是普遍性，可以破人我彼此的偏見；美感是超越性，可以破生死利害的顧忌，在教育上應特別注重。這種教育方針，當時能夠體會的還很廖廖，惟魯迅深知其原意；蔡先生也知道魯迅研究美學和美育，富有心得，所以請他擔任社會教育司第一科科長，主管圖書館、博物館、美術館等事宜。魯迅在民元教育部暑期演講會，曾演講美術，深入淺出，要言不煩，恰到好處（他的講演，曾刊在教育部的《滙報》）。民元以後的北洋政府，一直不曾安定過，而官僚主義的政府，也用不著什麼作為，所以魯迅不一定有所表現。（魯迅有一篇《又談所謂『大內檔案』》，乃是官僚主義的最好注釋。）此外提到魯迅在教育部時期的工作時，實在很少，只有周作人說到周瘦鵑翻譯《歐美小說譯叢》三冊，由教育部審定登記，那條贊許周氏的批覆，是魯迅所做的；那時他在社會教育司任科長，知道譯介西方文藝的重要，很希望周氏能繼續譯下去，給新文學增加些力量的。

　　魯迅在北京大學，教中國小說史，那是周作人所推介的。關於這一經過，周氏有很好的追記。他說：「魯迅所輯錄的古小說逸文已完成，定名為《古小說鉤沈》。他因為古小說逸文的搜集，後來能夠有小說史的著作，說起緣由來很有意思。他對於古小說雖然已有十幾年的用力，但因為不喜誇示，平常很少有人知道。那時，我在北京大學中國文學系做票友，馬幼漁君正當主任，有一年他叫我講兩小時的小說史，我冒失的答應了回來，同魯迅說起，或者由他

去教更為方便，他說去試試也好，於是我去找幼漁換了別的什麼功課，請魯迅教小說史。後來把講義印了出來，即是那一部書。其後研究小說史的漸多，如胡適之、馬隅卿、鄭西諦、孫子書諸君，各有收穫，有後來居上之概。但那些似只在後半部，即宋以來的章回小說都有，若是唐以前古逸小說的稽考，恐怕還沒有更詳盡的著作，這與古小說鈎沉的工作正是極有關係。」

魯迅是有志於寫成一部完整的中國文學史全書的，可是在那社會動蕩的生活不安定的情況是無法成書的。他生前曾寫信給筆者說：

> 「中國學問，待從新整理者甚多，即如歷史，就須另編一部。古人告訴我們唐如何盛，明如何佳，其實唐室大有胡氣，明則無賴兒郎，此種物件，都須褫其華袞，示人本相，庶青年不再烏煙瘴氣，莫名其妙。其他如社會史、藝術史、賭博史、娼妓史、文禍史……都未有人著手。然而又怎能著手？居今之世，縱使在決堤灌水，飛機擲彈範圍之外，也難得數年糧食，一屋圖書。我數年前，曾擬編中國字體變遷史及文學史稿各一部，先從作長編入手，但即此長編，已成難事，剪取歟？無此許多書，赴圖書館抄錄歟，上海就沒有圖書館，即有之，一人無此精力與時光，請書記又有欠薪之懼，所以直到現在，還是空談。」

魯迅在北京那一時期中，有幾場重大事件，筆者且分別追敘一下。我們知道《新青年》積極推動新文化的進程中，魯迅已經參加了他們的戰鬥行列；可是，到了一九二四年，《新青年》本身有了分化了，五四運動帶來的文化高潮，已經慢慢地退落了，所以，他在《徬徨》的序詩中說：「寂寞新文苑，平安舊故場；兩間餘一卒，荷戰獨徬徨。」「《新青年》的團體散掉了，有的高升，有的

退隱有的前進，我又經驗了一回同一戰陣中的夥伴還是會這麼變化，並且落得一個作家的頭銜，依然在沙漠中走來走去。

《新青年》內部的分化，我們從陳獨秀、胡適的往來通信中可以看得很明白了。一九二〇年年底，陳獨秀從上海到廣州去了，《新青年》的編務，交給了陳望道手中。那時的《新青年》，宣傳社會革命的氣味很濃，社內外人士都不十分滿意。所以獨秀寄給胡適的信中也說：《新青年》色彩過於鮮明，弟近亦不以為然。陳望道亦主張稍改內容，以後仍以趨重哲學文學為是。」胡適的覆言，提到三個辦法：「（一）聽《新青年》流為一神有特別色彩之雜誌，而別創一個哲學文學的雜誌，篇幅不求多，而材料必求精。（二）若要《新青年》改變內容，非恢復我們不談政治的戒約，不能做到。我主張趁兄離滬的機會，將《新青年》編輯的事，自九卷一號移到北京來，由北京同人發表一個新宣言，聲明不談政治。孟和說，《新青年》既被郵局停寄，何不暫時停辦，此是第三辦法。」當時，在北京同人，都贊成歸北京編輯，可是，到了結局，《新青年》還是分裂了。當時魯迅曾表示意見：「贊成北京編輯，但我看現在《新青年》的趨勢是傾於分裂的，不容易勉強調和統一。無論用第一、第二條辦法，結果還是一樣。所以索性任它分裂，照第一條做或者倒還好一點。」這是他從《吶喊》到《徬徨》的經過。他說他自己是已經並非一個切近而不能已於言的人了！

魯迅後來準備從廈門離開時，也曾說到他心頭的徬徨：「我對於此後的方針，實在很有些徘徊不決，那就是：做文章呢，還是教書？因為兩件事，是勢不兩立的：作文要熱情，教書要冷靜。兼做兩樣的，倘不認真，便兩面都油滑淺薄，倘都認真，則一時使熱血沸騰，一時使心平氣和，精神便不勝困憊，結果也還是兩面不討好。看外國，兼做教授的文學家，是從來很少有的。我自己想，我如果寫點東西，也許於中國不無小好處，不寫也可惜；但如果使我研究一種關於中國文學的事，大概也可以說出一點別人沒有見到的

話，所以放下也似乎可惜。但我想，或者還不如做些有益的文章，至於研究，則於餘暇時做，不過倘使應酬一多，可又不行了。」他在北京時期的徬徨情緒，也是這樣的。

在黑漆一團的當時，教育界的混沌，也和政治圈子差不多的，而且無分於南北東西。一九二五年春間，北京女子師範大學有反對校長楊蔭榆事件，楊校長便不到校，後來任意將學生自治會職員六人除名，並且引警察及打手蜂擁入校，學生們不服。迨教育總長章士釗復出，遂有非法解散學校的事，並且命司長劉百昭，雇用流氓女丐毆曳學生們出校。女師大的許多教職員，本極以章楊二人的措置為非，復痛學生的無端失學，遂有校務維持會的組織，魯迅本是女師大的講師，所以成為該會的委員之一，而章士釗視作眼中打，竟倒填日子，將他的教育部僉事職免去了。女師大被解散後，師生在校外重新升學，經過了三個月的相持，女師大就復校了。這其同，就有著「新與舊」「復古」與「進步」鬥爭的痕跡，而魯迅表現了最積極的態度。

十一　《阿Q正傳》

　　魯迅的第一個短篇小說集《吶喊》之中,《阿Q正傳》可說是代表作,也可說是魯迅一生作品中的代表作。這一篇小說,已經翻譯了好幾國文字,足與世界名著分庭抗禮。(羅曼羅蘭說:「這是世界的。裡面許多譏諷語言,我永遠也不會忘記阿Q那副憂愁的面孔。」)那位對魯迅最反感,卻又最佩服魯迅的筆法的蘇雪林女士說:「現在阿Q二字還說在人們口頭,寫在人們筆下。自新文學發生以來,像《阿Q正傳》魔力之大的,還找不出第二例子呢,《阿Q正傳》這樣打動人心,這樣傾倒一世,究竟是什麼緣故?說是為了它描寫一個鄉下無賴漢寫得太像了麼?這樣文字現在也有,何以偏讓它出名?說是文章輕鬆滑稽,令人發笑麼?為什麼人們不去讀《笑林廣記》,偏愛讀《阿Q正傳》?告訴你理由吧,《阿Q正傳》不單單以刻畫多下無賴漢為能事,其中實影射中國民族普遍的劣根性。《阿Q正傳》也不單單叫人笑,其中實包蘊著一種嚴肅的意義。」這的確是《阿Q正傳》最好的注解。

　　這篇小說,最初發表在北京《晨報》的副刊上。這件事與本文的性格很有些關係。在一九二一年以前,各報都還沒有副刊,《晨報》在第五版上登載些雜感小文,比較有點新氣象,大約在那年秋冬之交,蒲伯英(《晨報》社長)發起增加附張,稱之曰「副

鑴」，由孫伏園管編輯的事。蒲伯英又出主意，星期日那一張副刊要特別編得多樣出色，讀起來輕鬆，他自己動手寫散文隨筆，魯迅便應邀來寫小說，這便是《阿Q正傳》。在這中間有幾種特點：其一為星期特刊而寫的，筆調比平常輕鬆，卻也特別深刻。其二因為要與青年的小說作者有別，署名改用巴人，一時讀者多誤是蒲伯英所寫；他雖是四川人，與「巴」字拉得上，其實文筆是全不相同的。其三，小說裡地點不用魯鎮，改用未莊，那裡也出現酒店，並無名字，不叫作咸亨了。「正傳」共分九節，每星期登一載一節，計共歷九個星期，小說末後注云：「一九二一年十二月」。

我們還是接上作者自己的話罷：「孫伏園……正在《晨報》館編副刊。不知是誰的主意，忽然要添一欄稱為『開心話』的了，每周一次。他就來要我寫一點東西。阿Q的影像，在我心目中似乎確已有了好幾年，但我一向毫無寫他出來的意思。經這一提忽然想起來了，晚上便寫了一點，就是第一章：序。因為要切『開心話』，這題目，就胡亂加上些不必有的滑稽，其實在全篇裡也是不相稱的。署名是『巴人』，取『下里巴人』，並不高雅的意思。誰料這署名又闖了禍，但我卻一向不知道，（有人疑心『巴人』是蒲伯英，以為正傳所寫的，是其人的陰私。因為他和蒲伯英是熟人。）……第一章登出之後，便『苦』字臨頭了，每七天必須做一篇。……伏園每星期來一回，……於是只得做，……終於又一章。但是，似的漸漸認真起來了；伏園也覺得不很『開心』，所以從第二章起，便移在『新文藝』欄裡。這樣地一周一周挨下去，於是乎就不免發生阿Q可以做革命黨的問題了。據我的意見，中國倘不革命，阿Q便不做，既然革命，就會做的。我的阿Q的命運，也只能如此，人格也恐怕並不是兩個。……《阿Q正傳》大約寫了兩個月，我實在很想收束了，但我已經記不大清楚，似乎伏園不贊成，或者是我疑心倘一收束，他會來抗議，所以將大團圓藏在心裡，而阿Q卻已漸漸向死路上走。到最末的一章，伏園倘在，也許會壓

下，而要求放阿Q多活幾星期的罷。但是『會逢其適』，他回去了，代庖的是何作霖君，於阿Q素無愛憎，我便將『大團圓』送去，他便登出來。待到伏園回京，阿Q已經槍斃了一個多月了。《阿Q正傳》的創作經過，就是這樣的。

從《阿Q正傳》所發生的社會意義說：「阿Q」是一個中華民族「乏」的方面的典型人物，我們中國人，誰都有點「阿Q」相，連魯迅自己也在內。他並不一定諷刺什麼人，可是若干人，連我們自己都在內，都在被諷刺之列。高一涵（涵廬）曾鏗在《現代評沱》上有這這麼一段閒話：

> 「……我記得坐《阿Q正傳》一段一段陸續發表的時候，有許多人都很栗栗危懼，恐怕以後要罵到他的頭上。並且有一位朋友，坐我面說，昨日《阿Q正傳》上某一段彷彿就是罵他自己。因此，便猜《阿Q正傳》是某人作的，何以呢？因為只有某人知道他這一段私事。從此疑神疑鬼，凡是《阿Q正傳》中所寫的，都以為就是他的陰私；凡是與登載《阿Q正傳》的報紙有關係的投稿人，都不免做了他所認為《阿Q正傳》的作者的嫌疑犯了！等到他打聽出來《阿Q正傳）的作者名姓的時候，他才知道他和作者素不相識，因此，才恍然自悟，又逢人聲明說不是罵他的。」

可見《阿Q正傳》所刺痛的乃是一般人的瘡疤，而不是特指的某一個人的痘皮。所以，直到這一篇收在《吶喊》裡，也還有人問魯迅：你實在是罵誰和誰呢？魯迅只能悲憤地說：「自恨不能使人看得我不至於如此下劣。」魯迅又說：「我所寫的事跡，大抵有一點見過或聽到過的原由，但決不全用這事實，只是採取一端，加以改造，或生發開去，到足以幾乎完全發表我的意思為止。人物的模特兒也一樣，沒有專用過一個人，往往嘴在浙江，臉在北京，衣服

在山西，是一個拼湊起來的腳色。有人說，我的那一篇是罵誰，某一篇又是罵誰，那是完全胡說的。」

不過，從另一方面，即從對《阿Q正傳》的藝術欣賞與分析說，既然魯迅所選取的事跡是用了某人某事的一端，加以改造，或生發開去，所拼合的嘴臉，是怎樣地甲乙丙丁的來由的，那我們也不妨說一說了。照周作人的說法：在正傳裡有兩三件事情的阿桂，假如真是阿Q本人，那麼他是有姓的，他姓謝，他有一個哥哥叫做謝阿有。可是這正傳中所要的，並不是呆板的史實，本文說他似乎是姓趙，這樣可以讓秀才的父親叫去打嘴巴，說他不配姓趙，從第二日起，他的姓趙的事便又模糊了，所以終於不知道姓什麼。其實如說阿Q姓謝，自誇與謝太爺原是本家，被謝太爺打了之後，不准姓謝，也是可以的，但這樣也就沒有多大意思了。

為什麼呢？秀才的父親是趙太爺，這與那假洋鬼子的父親是錢太爺都是特別有意義的，這百家姓的頭兩名的姓氏，正代表著中國士大夫的新舊兩派，如改為姓謝姓王，意思便要差得多了。社會上有一神遊手好閒的人，他們橫行鄉里，在他們職業上常有挨打的可能；因此在這一方面需要相當的修煉，便是經得起打。魯迅的一個本家伯父名叫四七，在祠祭時自述的故事，「打翻又爬起，爬起又打翻」，是一個好例，起碼要有這樣不屈的精神，方才進得他們的一夥裡去。在這一點上，阿Q卻是不夠的。他是一個北方所謂「乏人」，什麼勇氣力氣都沒有，光是自大，在這裡魯迅正是借了暗指那士大夫的「乏相」。

《阿Q正傳》中的戀愛悲喜劇，自有一位主人公，原來是桐少爺，他是魯迅的同高祖的叔輩，是衍太太的親侄兒，譜名鳳桐，號桐生。有一天桐少爺在他們的灶頭，不知怎的忽然向老媽子跪下道：「你給我做了老婆，你給我做了老婆！」那老媽子吵了起來，伯文（他的族兄）便趕來，拿了大竹杠在桐生的背梁上敲了好幾下，這事件便是這樣的完結了。至於阿Q與小D的龍虎鬥，小D也

就是指桐生。至於阿桂本人，雖說是打短工為生，實在還是遊手好閒，便用種種方法弄點錢用。其一是做捐客，其次是兼做小偷。這都在魯迅記憶中有點影子的。可是，阿Q的真實性，不在真有阿桂其人，而在他代表了中國人的「乏相」。

《阿Q正傳》，勾畫出中華民族的劣根性；這是，魯迅所表現的最深切的愛，也是最無情的剝露。許壽裳氏說到年輕時，他們在日本，魯迅就常常談到三個相聯的同題：（一）怎樣才是理想的人性？（二）中國民族中最缺乏的是什麼？（三）它的病根何在？

當時他們覺得中國民族最缺乏的東西是誠和愛；換句話說，便是深中了詐偽無恥和猜疑相賊的毛病。口號只管很好聽，標語和宣言只管很好看，書本上只管說得冠冕堂皇，天花亂墜，但按之實際，卻完全不是這回事。魯迅曾在一篇《論睜了眼看》的雜感中說：「中國人的不敢正視各方面，用瞞和騙，造出奇妙的逃路來，而自以為正路。在這路上，就證明著國民性的怯弱、懶惰，而又巧滑。一天一天的滿足著，即一天一天的墮落著，但卻又覺得日見其光榮。在事實上，亡國一次，即添加幾個殉難的忠臣，後來每不想光復舊物，而只去讚美那幾個忠臣；遭劫一次，即造成一群不辱的烈女，事過之後，也每每不思懲凶，自衛，卻只顧歌頌那一群烈女。……中國人向來因為不敢正視人生，只好瞞和騙，由此也在生出瞞和騙的文藝來，由這文藝，更令中國人更深地陷人瞞和騙的大澤中，甚而至於已經自己不覺得。」看了這段話，我們可以知道《阿Q正傳》為什麼會變成我們的共同鏡子，照出自己的「乏」相來的了。

替《阿Q正傳》寫講義的，有張天翼、蘇雪林和周作人，都寫的不錯；這兒且及引了蘇雪林的說法，她以為《阿Q正傳》所影射的中國民族劣根性，犖犖大端，則有：

一、卑怯──阿Q最喜與人吵嘴打架，但必估量對手。口訥的他便罵，氣力小的他便打。與王胡打架輸了時，便說君子動口不動

手；假洋鬼子哭喪棒才舉起來，他已伸出頭顱以待了。對抵抗力稍為薄弱的小D，則揮拳露臂，擺出挑戰的態度；對毫無抵抗力的小尼姑，則動手動腳，大肆其輕薄。都是他卑怯天性的表現。徐旭生與魯迅討論中國人的民族性，結果說中國人的大毛病是聽天任命與中庸，這毛病，大約是由惰性而來的。魯迅回答他道：「這不是由於惰性，是由於卑怯性。」

二、精神勝利法——阿Q與人家打架吃虧時，心裡就想道：「我總算被兒子打了，現在世界真不像樣，兒子居然打起老子來了。」於是他也心滿意足，儼如得勝地回去了。中國人的精神勝利法發明固然很早，後來與異族周旋失敗，這方法便更被充分的利用著。（周作人關係「精神勝利」，也有一段注解：如辜鴻銘極力擁護辮子和小腳，專制和多妻；又說中國人髒，那就是髒得好；《新青年》上登過一首林損的新詩，頭兩句云：「美比你不過，我和你比醜。」魯迅時常引了來說明士大夫的那種怪思想，骯髒勝過於潔淨，醜勝過美，因此失敗至少也總就是勝利。）

三、善於投機——阿Q本來痛恨革命。等到辛亥革命大潮流震盪到未莊，趙太爺父子都盤起辮子贊成革命，阿看得眼熱，也想做起革命黨來了。但阿Q革命的目的，不過為了他自己的利益，所以一為假樣鬼子所拒斥，就想到衙門裡去告他們謀反的罪名，好讓他滿門抄斬，魯迅在《忽然想到》的雜感中，也曾說：「中國人都是伶俐人，也都明白中國雖完，自己決不會吃苦的；因為都變出合式的態度來，這流人是永遠勝利的，大約也將永遠存在。」

四、誇大狂與自尊癖——阿Q雖是極卑微的人物，而未莊人全不在他眼裡，甚至趙太爺的兒子進了學，阿Q也不表示尊敬，以為我的兒子將比他闊得多。加之進了幾回城，更覺自負，但為了城裡油煎大頭魚的加蔥法，和條凳的稱呼異於未莊，又瞧不起城裡人了。他將自己頭上的癩頭瘡疤，當做高尚光榮的符號，當別人嘲笑他時，就說「你還不配」呢！在自尊的對面，阿Q又那麼自卑，給

小 D 揪住辮子在牆上碰頭，而且要他自認為「人打畜生」時，他就說「打蟲豸！好不好？我是蟲豸」了。

魯迅賦予阿 Q 以若干劣根性，他若「色情狂」、「薩滿教式的衛道精神」、「多忌諱」、「狡猾」、「愚蠢」、「貪小利」、「富幸得心」、「喜歡湊熱鬧」、「糊塗昏憒」、「麻木不仁」，也是中國民族的普遍存在的病根。他以嘻笑之態出之，其沉痛乃逾於怒罵。茅盾說：「如果想在《吶喊》裡找一點刺激，得一點慰安，求一條引他脫離『煩悶』的大路：那是十之九要失望的。因為《吶喊》所能給你的，不過是你平日所唾棄——像一個外國人對於中國人的唾棄一般的——老中國的兒女們的灰色人生。說不定，你還在這裡面看見了自己的影子！……或者你一定不肯承認那裡面也有你自己的影子，那最好是讀一讀《阿 Q 正傳》。這篇內的冷靜宛妙的諷刺，或者會使人忘了——忽略了篇中的精要的意義，而認為只有『滑稽』，但如你讀到兩遍以上，你總也要承認那中間有你的影子。你沒有你的『精神勝利的法寶』麼？你沒有曾善於忘記受過的痛苦像阿 Q 麼？你潦倒半世的深夜裡有沒有發過『我的兒子會闊得多啦』的阿 Q 式的自負？算了，不用多問了。」

總之，阿 Q 是『乏』的中國人的結晶；阿 Q 雖然不會吃大菜，不會說洋話，也不知道歐羅巴，阿美利加，不知道……然而會吃大菜，說洋話……的『乏』的『老中國的新兒女』，他們的精神上思想上不免是一個或半個阿 Q 罷了。不但現在如此，將來——我希望這將來不會太久——也還是如此。所以，《阿 Q 正傳》的詼諧，即使最初使你笑、但立刻我們失卻了笑的勇氣，轉而為惴惴的不自安了。

不過，會做小說的人，既賦作品中人物以「典型性」，同時也必賦之以「個性」，否則那人物便會流為一種公式主義，像中國舊劇裡的臉譜一樣。魯迅的另一位敵手陳西瀅說：「阿 Q 不但是一個 Type（典型），同時又是一個活潑的人，他大約可以同李逵、劉姥

姥姥同垂不朽了。」這就是說阿Q雖然是個典型人物，同時也是個個性人物。《阿Q正傳》之所以獲得絕大的成功，這也是主要因素之一。

　　張天翼氏，曾在論形象化的隨筆中說過，阿Q之癩，說「兒子打老子」，不能反抗未莊那夥鳥男女而只欺侮小尼姑以及痛惡假洋鬼子及其哭喪棒等等，這的確是《阿Q正傳》裡的那個阿Q才有的花頭，這些，只是屬於一個阿Q的。這些是特殊的東西。但這些只是使抽象阿Q具體化，使之形象化的一種手段。這是表現阿Q性本質的一種藝術手段。換言之，那麼，這篇作品裡關於阿Q的這些形象雖然是特殊的，是僅僅屬於「這一個」阿Q，但它倒正是為了表現一般的阿Q性而有的。例如「癩」用來表現忌諱毛病，「兒子打老子」是用來表現「精神勝利法」，而調笑小尼姑則用來表現欺軟怕硬，以及排斥異端，諸如此類，所以作品裡表現出來的典型人物，又有特殊性，又有許多現實阿Q的一般性。而後者則居於主要地位，這是那個典型人物的靈魂，是作者在這作品中所含的哲學，是這作品的內在精神。但那些表現成「這一個」人物的諸形象，藝術家也決不把它忽略過去。要是忽略了這些，僅僅寫出一個不可感覺的靈魂，沒有血肉，那麼就不像一個人了。不能使我們得到一個印象，不能使我們當作真有這麼一個阿Q似的那樣感受了。並且，要是忽略了這些形勢，或者隨意處置這些形象的話，那就連那個靈魂都不能充分表現出來，或是不能適如其分地表現出來。所以，《阿Q正傳》的成功，在他的表現技術上也是很重要的。

　　朱自清先生說：「沒有什麼題旨的，當然不成其為小說；雖有題旨，而並不具有其真實性的，不是好小說；題旨雖不錯而形象化不夠充分的，也不是好小說。」魯迅的小說，就夠上了這個水準了。

十二 《北晨》副刊與《語絲》

　　魯迅的《阿Q正傳》，原是按期刊在北京《晨報》的副刊上的，上文我們已經說到了。他的文藝創作和雜感文，也就從北晨副刊作多方面的發展；後來，才有《語絲》和京報副刊。《晨報》副刊，原由孫伏園主編，到一九二一年十月十二日起，擴充篇幅，每日增出半張，改成橫幅。這便是新型副刊的開頭。（那時，上海《民國日報》有《覺悟》，《時事新根》有《學燈》，也是這一型的副刊。）

　　據魯迅自述：他是孫伏園個人來約投些稿件的人。「似乎也頗受優待，一、是稿子一去，刊登得快；二、是每千字二元至三元的稿費，每月底大抵可以取到。三、是短短的雜評，有時也送些稿費來。」可是，如他所說的好景不常，因為有一位留學生新從歐洲回來，和晨報館有深關係，甚不滿意於副刊，決計加以改革，並且為戰鬥計，已經得了學者的指示。（晨報館原是研究系的政論機構）。

　　後來，孫伏園的離開《北晨》副刊以及創辦《語絲》週刊，和轉入《京報》副刊，依照魯迅自述，和孫伏園的追記，都說和魯迅的一首小詩《我的失戀》有關的。（孫伏園曾於《從〈晨報〉副刊到〈京報〉副刊》詳詳細細說到這件事。）據魯迅說：「有一夜，

伏園來見面第一句話：『我辭職了，可惡！』那原是意料中事，不足異的。第二步，我當然要問問辭職的原因，而不料竟和我有了關係。他說，那位留學生（劉勉已）乘他外出時，到排字房去將我的稿子抽掉，因此爭執起來，弄到非辭職不可了。但我並不氣忿，因為那稿子不過是三段打油詩，題作《我的失戀），是看見當時『啊呀啊唷，我要死了』之類的失戀盛行，故意做一首用《由她去罷》收場的東西，開開玩笑的。這詩後來又添了一段，登在《語絲》上，再後來就收在《野草》中。（這首詩的諷刺意味，孫伏園有一大段解釋的文字；還有，他為了這首詩的被抽，和劉勉已大鬧一場，也是很熱鬧的。）

　　以下，便是魯迅說到《語絲》的產生了，他說：「我很抱歉伏園為了我的稿子而辭職，心上似乎壓了一塊沉重的石頭。幾天之後，他提議要自辦刊物了，我自然答應願意竭力『吶喊』。至於投稿者，倒全是他獨力邀來的，記得是十六人，不過後來也並非都有投稿。於是印了廣告，到各處張貼，分散，大約又一星期，一張小小的週刊便在北京——尤其是大學附近——出現了。這便是《語絲》。那名目的來源，聽說，是有幾個人，任意取一書本，將書任意翻開，用指頭點下去，那被點到的字，便是名稱。……即此已可知道這刊物本無所謂一定的目標，統一的戰線；那十六個投稿者，意見態度也各不相同。……有些人們，大約開初是只在敷衍和伏園的交情的罷，所以投了兩三回稿，便取『敬而遠之』的態度，自然離開。連伏園自己，據我的記憶，自始至今，也只做過三回文字，末一回是宣言從此要大為《語絲》撰述，然而宣言之後，卻連一字也不見了。於是《語絲》的固定的投稿者，至多便只剩了五六人，但同時也不意中顯了一種特色，是：任意而淡，無所顧忌，要催促新的產生，對於有害於新的舊物，則竭力加以排擊——但應該產生怎樣的『新』，卻並無明白的表示，而一到覺得有些危急之際，也還是故意隱約其詞。」

《語絲》週刊在中國新文學進程上，的確是一方紀程碑；《語絲》所無意中形成的文體，也給新文學以清新的風格。周氏兄弟，的確是《語絲》的支柱，（實際上，周作人在編稿。）不過，當時攻擊周氏兄弟的，稱之為《語絲派》，稱之為青年思想導師，所以魯迅故意把自己寫得不足輕重似的。他說：「因為那時還有一點讀過尼采（Zarthustr）的《蘇魯支語錄》的餘波，從我這裡只要能擠出──雖然不過是擠出──文章來，就擠了去罷，從我這裡只要能做出一點『炸藥』來，就拿去做了罷。」在五四文化運動低潮之際，《語絲》是填上了《新青年》的地位了。（魯迅的《野草》中文字，大都在這週刊刊載的。）

從一九一八年到一九二六年，這八年間可說是魯迅創作力最旺盛的時期。《吶喊》、《徬徨》中的短篇小說，都是這一時期的作品。那時期，他在《北晨》副刊、《京報》副刊、《語絲》、《莽原》這些報刊上所發表的散文小品，也是他一生的力作，雖不像他晚年所作雜文那樣尖銳，卻是十分圓熟，晶瑩可愛。他晚年所投擲的是匕首，那時期，卻是孫大娘所舞的長劍。

《語絲》這小小刊物，它是那一時代的標誌，也創造了時代。有人說他是青年導師，他是討厭這頂紙糊帽子的。他曾經這麼說過：「倘說為別人引路，那就更不容易了，因為連我自己還不明白應當怎麼走。中國大概很有些青年的『前輩』和『尋師』罷，但那不是我，我也不相信他們。我只很確切地知道一個終點，就是，墳。然而這是大家都知道的，無須誰指引，問題是在從此到那的道路。那當然不只一條，我可正不知那一條好，雖然至今有時也還在尋求。在尋求中，我就怕我未熟的果實，偏偏毒死了偏愛我的果實的人。……我的譯著的印本，最初，印一次是一次，印一次是一千，後來加五百，近時是二千至四千，每一增加，我自然是願意的，因為能賺錢，但也伴著哀愁，怕於讀者有害，因此作文就時常更謹慎，更躊躇。有人以為我信筆寫來，直抒胸臆，其實是不盡然

的，我的顧忌並不少。我自己早知道畢竟不是什麼戰士了，而且也不能算前驅，就有這麼多的顧忌和回憶。還記得三四年前，有一個學生來買我的書，從衣袋掏出錢來，放在我手裡，那錢上還帶著體溫。這體溫便烙印了我的心，至今要寫文字時，還常使我怕毒害了這類青年，遲疑不敢下筆。我毫無顧忌地說話的日子，恐怕要未必有了罷。但也偶爾想，其實到還是毫無顧忌的說話，對得起這樣的青年。但至今也還沒有決心這樣做。」

這可以說是魯迅在《語絲》時期的態度，也可以說是《語絲》的共同態度。他們並無意於做青年的導師，和後來有人儼然要做青年導師，要改造別人的思想，那是大不相同的。

魯迅的思想，以及文章風格，受尼采的影響那麼深切，這也是我所說過的。也許各人對於魯迅的作品，各有所好，我的選擇，卻要舉出《野草》和《朝華夕拾》來。前者便是刊在《語絲》上的散文（近於詩的散文），後者則在《莽原》上連載的；而他的《野草》，可說是最近於尼采的，也正是和《蘇魯支語錄》相比並的哲理雜感文。

魯迅只是一個凡人，他怎麼能夠預言？他是抓住了一時代的氣氛，反映在他的作品中，他的作品也就成為時代的啟示。這一點，也是在《野草》中最可以體味到。那篇《好的故事》，正是我們這今時代的歷史。而《淡淡的血痕中》則是時代的漫畫，他說：

「目前的造物主，還是一今怯弱者。

他暗暗地使天變地異，卻不敢毀滅這一個地球；暗暗地使生物衰亡，卻不敢長存一切屍體；暗暗地使人類流血，卻不敢使血色永遠鮮濃；暗暗地使人類受苦，卻不敢使人類永遠記得。

他專為他的同類——人類中的怯弱者——設想，用廢墟荒墳來襯托華屋，用時光來沖淡苦痛和血痕；日日斟出一杯微甘

的苦酒，不太少，不太多，以能微醉為度，遞給人間，使飲者可以哭，可以歌，也如醒，也如醉，若有知，若無知，也欲死，也欲生。他必須使一切也欲生；他還沒有滅盡人類的勇氣。幾片廢墟和幾個荒墳散在地上，映了淡淡的血痕，人們都在其間咀嚼著人我的渺茫的悲苦。但是不肯吐棄，以為究竟勝於空虛，各各自稱為『天之僇民』，以作咀嚼著人我的渺茫的悲苦的辯解，而且悚息著靜待新的悲苦的到來。新的，這就使他們恐懼，而又渴欲相遇。這都是造物主的良民。他就需要這樣。」

魯迅在那一時期，有這麼一個「預見」與「期待」：

「叛逆的猛士出於人間；他屹立著，洞見一切已改和現有的廢墟和荒墳，記得一切深廣和久遠的苦痛，正視一切重疊淤積的凝血，深知一切已死，方生，將生和未生。他看透了造物的把戲，他將要起來使人類甦生，或者使人類滅盡，這些造物主的良民們。

造物主，怯弱者，羞慚了；於是伏藏。天地在猛士的眼中，於是變色。」

這是道地道地的尼采精神，我們用不著曲解為社會戰士的！

那時，《新青年》的一部分戰士，就在這一旗幟下集合攏來。魯迅在追記《語絲》社的始末，就說：「《語絲》的銷路可只是增加起來，……收支已足相抵，後來並且有了盈餘。於是（李）小峰就被尊為『老闆』，……從此市場中的茶居或飯鋪的一或一房門外，有時便會看見掛著一塊上寫『語絲社』的木牌。倘一駐足，也許就可以聽到疑古玄同先生的又快又響的談吐。但我那時是在避開宴會的，所以毫不知道內部的情形。」（魯迅的話，筆者以為不要

呆看，他那時和周作人的情感不很好，所以故意避開說他的弟弟主持編務的話。）

　　那時，劉夏（半農）有一信寫給周作人，就說：「《語絲》畢竟把諸位老友的真吐屬，送到我面前；雖然其中也有幾位是從前不相識的，但將來總是很好的朋友。」「就《語絲》的全體看，乃是一個文學為主，學術為輔的小報。這個態度，我很贊成，我希望你們永遠保持著，若然，《語絲》的生命能垂於永遠。我想當初《新青年》，原也應當如此，而且頭幾年已經做到如此。後來變了相，真是萬分可惜。」他們當時的想法的確如此。

　　我說魯迅當時還是一個堅強的個人主義者（至少是《語絲》社那一群人有這麼一種趨向）。我們且從錢玄同回答劉半農的信中可以看到所引用易卜生的一段話：「我所最期望於你的是一種真正純粹的為我主義。要使你有時覺得天下只有關於我底事最要緊，其餘的都算不得什麼。你要想有益於社會，最好的方法，莫如把你自己這塊材料鑄造成器。有的時候，我真覺得全世界都像海上撞沉了船，最要緊的，還是救出自己。」

　　我們不要以為個人主義的戰士，就比社會主義戰士遜色些。魯迅所歡息的，乃是戰士們不夠強韌，他對於《語絲》社朋友也有同樣的感想。他說：「《語絲》雖總想有反抗精神，而時時有疲勞的顏色，大約因為看得中國的內情太清楚，所以不免有失望之故罷。由此可知見事太明，做事即失其勇，莊子所謂『察見淵於者不祥』，蓋不獨謂將為眾所忌，且於自己的前進，亦復大有妨礙也。我現在還要找尋生力軍，加多破壞論者。」

　　當時林語堂對於《語絲》，也有過評語，他說：「半農想念啟明之溫文爾雅，先生——即玄同之激昂慷慨，尹默之大棉鞋與厚眼鏡。此考語甚好，先生何必反對。但是我覺得這正合拿來評近出之三種週刊：溫文爾雅，《語絲》也，激昂慷慨，《猛進》也，穿大棉鞋與帶厚眼鏡者，《獨立評論》也。」

《語絲》原是溫文爾雅一路。那時，《語絲》已經開始提倡「幽默」，尚未成為林語堂的專賣品。此所以他於《語絲》以外，幫著青年們創辦更激進一點的《莽原》半月刊了。那時林語堂的主張：（一）非中庸，（二）非樂天知命，（三）不讓主義，（四）不悲觀，（五）不怕洋習氣，（六）必讀政治，並未提倡閒適情調的。

十三　南行──在廈門

　　一九二六年八月底，魯迅從北京南下，到了上海，九月初四，他乘輪到了廈門。第二年一月間，他又從廈門到廣州；到了九月，他又從廣州北歸上海。這一年，正是北洋軍閥政權總崩潰，國民革命軍北伐成功的時期；他又一度看到了大革命的浪潮。體味到《好的故事》的新悲哀！（這一部分史料，保留在他和許廣平的《兩地書》中，最近，陳夢韶編次了《魯迅在廈門》的小冊子，可供參考。）

　　魯迅到廈門大學去擔任教職（國文系教授兼國學院研究教授），原是應林語堂的邀請。他遠離了北京那個政治紛擾的圈子，投入這樣景物宜人的海濱小城，而且生活比較安定，如他自己所說的：「背山面海，風景絕佳……四面幾無人家，離市約有十里，要靜養倒是好的。」他初到那裡，覺得還不壞，打算在那兒住兩年，想把先前已經集成的《漢畫象考》和《古小說鉤沉》印出來。可是，他一住下去，便覺得不對了。後來勉強住滿了一學期；他當時的心境，可以下得「淡淡的哀愁」的考語。他說：「記得還是去年躲在廈門島上的時候，因為太討人厭了，終於得到『敬鬼神而遠之』的待遇，被供在圖書館樓上的一間屋子裡。白天還有館員，釘書匠，閱書的學生，夜九時後，一切星散，一所很大的洋樓裡，除

我之外，沒有別人。我沉靜下去了。寂靜濃到如酒，令人微醺。望後窗外骨立的亂山中許多白點，是叢塚；一粒深黃色火，是南普陀寺的琉璃燈。前面則海天微茫，黑絮一般的夜色，簡直似乎要撲到心坎裡。我靠了石欄遠眺，聽得自己的心音，四遠還彷彿有無量悲哀，苦惱，零落，死滅都雜入這寂靜中，使它變成藥酒，加色，加味，加香。這時我曾經要寫，但能不能寫，無從寫。這也就是我所謂『當我沉默著的時候，我覺得充實，我將開口，同時感到空虛。』莫非這就是一點『世界苦惱』麼？我有時想。然而大約又不是的，這不是淡淡的哀愁，中間還帶些愉快。我想接近它，但我愈想，它卻愈渺茫了，幾乎就要發見僅只我獨自倚著石欄，此外一無所有。必須待到我忘了努力，才又感到淡淡的哀愁。」

這一份心境，我們是體會得到的，筆者曾經和他談起，其間有著不可解消的隔膜。

魯迅是從北京到廈門去的；北京的學術空氣和上海已經不相同，海派的學術研究，在京派已覺得過於浮淺，若拿這一尺度來衡量其他城市的學術空氣，那當然更差一截了。海外人士心目中的國學，尚未脫離「四書五經」階段，那時的中山大學教授力主讀經，提倡《古文觀止》，和陳濟棠一鼻孔出氣，要驅逐胡適出境，對於魯迅的輯佚書工作更不能賞識了。那時廈門大學校長林文慶，對國學也是外行，所期待於國學研究所的，也和魯迅的預想差得很遠。一開頭便格格不相入，也是勢所必至的。

魯迅有一封寫給景宋的信，說：「這裡的學校當局，雖出重資聘請教員，而未免視教員如變把戲者，要他空拳赤手，顯出本領來。即如這回升展覽會，我就吃苦不少。當開會之前，兼士要我的碑碣拓片去陳列，我答應了。但我只有一張小書桌和小方桌，不夠用，只得攤在地上，伏著，一一選出。及至拿到會場去時，則除孫伏園自告奮勇，同去陳列之外，沒有第二人幫忙。……兼士看不過去，便自來幫我……。」彼此隔膜之情，便是如此。

魯迅在廈門住了半年，幾乎近於不歡而散。固然廈門大學不了解魯迅，不認識魯迅；魯迅呢，也並不認識廈門大學，了解廈門大學。（魯迅曾經在海上通信這麼說過：「校長林文慶博士，他待我實在是很隆重，請我吃過幾回飯，單是餞行，就有兩回。」實在他們之間是很隔膜的。）不過，魯迅雖是操守很嚴的人，待人有時實在過於苛刻，尤其是他的筆尖；《兩地書》乃是他們情侶間的信件，罵起人來更是不留情。筆者特地要提請讀者注意，並不是魯迅所罵的都是壞人，如陳源（西瀅）、徐志摩、梁實秋，都是待人接物很有分寸，學問很淵博，文筆也不錯，而且很謙虛的。有人看了魯迅的文章，因而把陳西瀅、梁實秋，看作十惡不赦的四凶，也是太天真了的！當時，魯迅離開廈門大學，外間有魯迅派和胡適派爭鬥之說，魯迅也出來否認了；但，我們看了《兩地書》，就會明白魯迅派確有和胡適派交惡的事實；這樣的門戶之見，也是不足取的。在魯迅的筆下，顧頡剛是十足的小人，連他的考證也不足道。其實，顧頡剛也是篤實君子，做考證，十分認真；比之魯迅，只能說各有所長，不必相輕。其他，魯迅提到的人，我也認識了好多，他們文士的習氣雖所不免，學者派頭，或許十足，卻也不是什麼小人。（魯迅有一封信形容顧頡剛在廣州時的猥瑣樣兒，也是有點過分的。）魯迅有一封十月十六日寫給許廣平的信，對於這一回門戶之爭，說得很明白。他說：「我的情形，……大約一受刺激，便心煩，事情過後，即平安些。可是，本校情形實在太不見佳，朱山根之流，已在國學院大占勢力裡，□□（□□）又要到這裡來做法律系主任了，從此《現代評論》色彩，將彌漫廣大。在北京是國文系對抗著，而這裡的國學院，卻一大批胡適、陳源之流，我覺得毫無希望。」這不能不說是他的偏見，他當時還怪沈兼士糊塗呢。

　　中國士大夫黨同伐異，氣量褊狹，魯迅最為瞭解，但他也不能跳出這一圈子，所以，他十分敏感。我覺得魯迅寫廈大歡宴太虛法師那一幕，倒是我所說的「隔膜」二字的最好注釋。太虛法師本來

是政治性和尚，和天主教之有于斌，伯仲之同。他在中國官場的地位很高，對於佛法研究，卻淺薄得很。太虛到南普陀來講經，佛教青年會提議，擬令童子軍捧鮮花，隨太虛行踪而散之，以示步步生蓮花之意。世俗人的心目中，太虛便是如此人物。有一天下午，南普陀寺和閩南佛學院分宴太虛，邀魯迅作陪，廈大方面硬要他去，否則外間會說以為廈大看不起他們；顧及團體，魯迅只得從命。

　　魯迅寫道：「羅庸說太虛『如初日芙蓉』，我實在看不出這樣，只是平平常常。入席，他們要我與太虛並排上坐，我終於推掉，將一位哲學教員供上完事。太虛倒並不專講佛事，常論世俗事情，而作陪之教員們，偏好向他佛法，什麼；『唯識』呀，『涅槃』呀，真是其愚不可及。……其時又有鄉下女人來看，結果是跪下大磕其頭，得意之狀可掬而去。」這明明是三種境界，要他們合攏來，也是不可能的。

　　魯迅在廈大，原是林語堂的關係，上文已提到過了。他和林氏的關係究竟怎樣呢？他在另一封信中說：「這學校就如一部《三國志演義》，你槍我劍，好看煞人。北京的學界在都市中擠軋，這裡是在小島上擠軋，地點雖異，擠軋則同。但國學院內部的排擠現象，外間卻還未知道，……將來一知道，就要樂不可支。我於這裡毫無留戀，吃苦的還是語堂，但我和語堂的交情，還不到可以向他說明這些事情的程度，即使說了，他是否相信，也難說的。我所以只好一聲不響。」這顯然又是一重隔膜。

　　從魯迅和許廣平的通信，和他的回憶文字中，我們體味到他那一時期的寂寞與哀愁。魯迅本來是一個不甘寂寞的人；不甘寂寞，不一定是「熱中」，「熱中」不一定是想做官。為了戀愛和人世同的掙扎，也可以熱中的。以北京的廣大複雜來和這一孤島的單凋來對比，當然是十分寂寞了；何況那一時期，又是他和許廣平正在熱戀的時期。（魯迅對於山水之勝，素來不感到興趣；他在杭州一年多，也只遊過一回西湖。）所以，廈門的南普陀寺，可以容下弘一

法師那樣高僧在那一海角上終其晚年，卻容不下魯迅這樣一個不甘寂寞的人。他曾寫道：「今夜周圍這麼寂靜，屋後面的山腳下騰起野燒的微光，南普陀寺還在做牽絲傀儡戲，時時傳來鑼鼓聲，每一間隔中，就更加顯得寂靜。電燈自然是輝煌著，但不知怎地忽有淡淡的哀愁來襲擊我的心。」這便是他的心境。

北京和上海，雖是壞境很壞，卻是大海，可以容得下他這一大魚，不至於那麼無意義的攪擾他的。筆者曾勸他到青島去養病，他說，且不說別的，他有了廈門的經驗，那些山明水秀之鄉，對於他並不是很好的溫床，因為那些地方，對於世事太隔絕了。魯迅在廈門時期，他雖說脫去了北京那個複雜的政治環境，但廈門這一角上，比北京更遠離著革命，像他這樣一個現代頭腦的人，要他遠離了世事，也是不可能的。他有一封寄許廣平的信中說：「此地對於外面的情形，也不大了然。看今天的報紙，刊有上海電（但這些電報是什麼來路，卻不明）。總結起來，武昌還未降，大約要攻擊；南昌猛撲數次，未取得；孫傳芳已出兵，吳佩孚似乎在鄭州，現在與奉天方面暗爭保定、大名。」在那個國民革命的白熱狂潮中，他這個人，不也等於羲皇上人（編按・即伏羲氏，原意是指想像中的上古時代過著閒適生活的人們）了嗎？對外的狂烈戰鬥，不把他捲進去，他這羲皇上人，也只好在小圈子中間鬧小鬥爭了。

把他那一段時期的生活，放在他的一生中去看，卻也不一定如他當時所慨嘆的冷落的。他那兩部最好的散文集：《朝華夕拾》和《野草》，都是這一時期編成的，還有一部最富啟示意味的散文集：《墳》，也是這一時期出版的。（《朝華夕拾》的後面五篇，都是這一時期在集美樓上寫的。）他開始寫歷史小品，那部有名的《故事新編》中，《鑄劍》和《奔月》兩篇，便是這一時期所寫的。

魯迅編訂《古小說鉤沉》，這是《中國小說史略》的原料的一部分，原已列入《國學研究院叢書》。這部史料，雖不曾在廈大出

版（後來由北新書局出版），卻是那一時期整理完成的。他的中國文學史講義，也在那兒開了頭，那部有名的《漢文學史綱要》，便是這時期寫成的。依比例來說，他這一時期的成就並不算少。

　　就是因為地方小，一般人的眼界也小，所以把他當作四腳蛇、獨角牛看待。他在學校，誰都可以直衝而入，並無可談，而東拉西扯，坐著不走，浪費時光，自是可惜的。他曾向許廣平訴苦說：「將來如到廣州去，應該在校中取得一間屋，算是住室，作為預備功課及會客之用，另在外面覓一相當的地方，作為創作及休息之用，庶幾不至於起居無節，飲食不時，再踏在北京時之覆轍。」這又是他耐不住世俗生活的一面呢！

十四　廣州九月

　　一九二七年一月十八日，魯迅從廈門到了廣州，在中山大學任教；就在那年九月底，又離開廣州北行，到上海去，他在廣州差不多住了九個月。這九個月，他的精神也不怎麼愉快。最近，上海《文藝月報》發表了一封魯迅那時寫給章川島的信，倒可以簡括悅明他的處境。信中這麼說：

> 「我在這裡，被抬得太高，苦極。作文演說的債，欠了許多。陽曆正月三日從毓秀山跳下，跌傷了，躺了幾天。十七日到香港去演說，被英國人禁止在報上揭載了。真是釘子之多，不勝枚舉。我想不做『名人』了，玩玩。一變『名人』，『自己』就沒有了。」

　　他在廣州的生活，他自己寫的《怎麼寫》、《在鐘樓上》兩篇夜記說得很有趣，也很悲涼。他在中大的職務是中國文學系教授兼主任，本來想做點事，他曾對許廣平說：「到中大後，也許不難擇一並不空耗精力而較有益於學校或社會的事。只要中大的文科辦得還像樣，我的目的就達到了。我還想與創造社聯合起來，造一條戰線，更向舊社會進攻，我再勉力寫些文字。」當然，這一希望也就

很快地幻滅了。

他到中大，住在最中央而最高的處所，通稱大鐘樓。一到夜間便有十多隻，也許二十多隻罷，老鼠出現，馳騁文案，什麼都不管。只要可吃的，它就吃，並且能開盒子蓋。攪得他晚上不能夠睡覺。到清晨時，就有「工友」們大聲唱歌，他聽不懂的歌。那時，訪問他的青年很多，有幾個熱心於改革的，還希望他對於廣州的缺點加以激烈的攻擊。他回答得很技巧，說他還未熟悉本地的情形，而且已經革命，覺得無甚可以攻擊之處。我們且回想一下，那一年春天，國民革命軍已擊潰了孫傳芳的軍隊，攻佔了南京、上海，廣州這個革命的後方根據地，其實已經十分沉寂了。

他當時的廣東印象是這樣：「我於廣州無愛憎，因而也就無欣戚、無褒貶。我抱著夢幻而來，一遇實際，便被從夢境放逐了，不過剩下些索漠。我覺得廣州究竟是中國的一部分，雖然奇異的花果，特別的語言，可以淆亂遊子的耳目，但實際是和我們走過的別處都差不多的。倘說中國是一幅畫出的不類人間的圖，則各省的圖樣實無不同，差異的只在所用的顏色。黃河以北的幾省，是黃色和灰色畫的，江、浙是淡黑和淡綠，廈門是淡紅和灰色，廣州是深綠和深紅。我那時覺得似乎其實未曾遊行，所以也沒有特別的罵詈之辭，要專一傾注在素馨和香蕉上……到後來，卻有些改變了，往往斗膽說幾句壞話。然而有什麼用呢？在一處演講時，我說廣州的人民並無力量，所以這裡可以做『革命的策源地』，也可以做反革命的策源地。……當譯成廣東話時，我覺得這幾句話似乎被刪掉了。……廣東的花果，在『外江佬』的眼裡，自然依然是奇特的。我們最愛吃的是『楊桃』，滑而脆，酸而甜，做成罐頭的完全失卻了本味。汕頭的一種較大，卻是『三廉』，不中吃了。我常常宣傳楊桃的功德，吃的人大抵贊同，這是我這一年中，最卓著的成績。」這又是一份淡淡的哀愁。

魯迅在廣州的不快意的生活，由於《現代評論》派人士的參加

中山大學，重開「廈大」式小圈子裡的派系爭鬥，他只能先離開中山大學的鐘樓，接著便離開廣州了。不過，魯迅在廣州，有幾回雖是並非出於他的樂意的演講，卻是十分出色的。一回是在黃埔軍官學校所講演的《革命時代的文學》；一回是在廣州暑期學術演講會所講的《魏晉風度及文章及藥與酒之關係》，都是獨抒卓見，為一般文士所想不到、說不出，而且也不敢說的。那年二月間，魯迅還到香港講演過二次，二次都在青年會；一次題為《無聲的中國》，一次是《老調子已經唱完》，都是針對著現實的批評。我以為魯迅的文字，就批評現實的匕首作用說，晚年的雜文自是強韌有力。但要理解他的思想體系，說得完整一點的，還得看他的幾篇長的論文和講稿的。

那時，魯迅對於革命和文學，有著他自己的看法，並不如後來那些所謂魯迅的信徒一般，硬拉入另一種面孔中去的。在廣州的青年，引了拉狄克的話：「在一個最大的社會改變的時代，文學家不能做旁觀者！」來鞭策他，他說：「拉狄克的活，是為了葉遂宇和梭波里的自殺而發的。他那一篇《無家可歸的藝術家》譯載在一種期刊上時，曾經使我發生過暫時的思索。我因此知道凡有革命以前的幻想或理想的革命詩人，很可能碰死在自己所謳歌希望的現實上的運命；而現實的革命倘不粉碎了這類詩人的幻想或理想，這革命也還是佈告上的空談。但葉遂寧和梭波里是未可厚非的，他們先後給自己唱了挽歌，他們有真實。他們以自己的沉沒，證明著革命的前行。他們到底並不是旁觀者。」

這一看法，他在後來另一講演，題名《文藝與政治的歧途》中，有更詳切的說明（這一篇講稿，係筆者所記錄，魯迅認為可收入他的文集，見《魯迅書簡》）。他說：「我每每覺到文藝和政治時時在沖突之中；文藝和革命原不是相反的，兩者之間，倒有不安於現狀的同一。惟政治是要維持現狀，自然和不安於現狀的文藝處在不同的方向。……政治想維繫現狀使它統一，文藝催促社會進化

使它漸漸分離；文藝雖使社會分裂，但是社會這樣才進步起來。文藝既然是政治家的眼中釘，那就不免被擠出去。」必我們從他這一觀點來看他當時的言論，那就可以了解得清楚一點了。

魯迅在廣州所看到的是「奉旨革命」，雖說，前幾年他在北方常常看到壓迫黨人，看見捕殺青年，到那裡就看不見。後來他才悟到這不過是「奉旨革命」的現象，廣州和其他城市一樣，「革命」後也並沒有多大的進步。他說：「我聽人家說，廣東是很可怕的地方，並且赤化了，既然這樣奇，這樣可怕，我就要來看，看看究竟怎樣；我到這裡不過一禮拜，並沒看見什麼，沒有看見什麼奇怪的、可怕的。據我兩隻眼睛所看見的，廣東比起舊的社會，沒有什麼特別的情形，並不見得有兩樣，我只感覺著廣東是舊的。」

他對黃埔軍官學校的學生說：「在這革命地方的文學家，恐怕總喜歡說文學和革命是大有關系的，例如可以用這來宣傳，鼓吹，煽動，促進革命和完成革命。不過我想，這樣的文章是無力的，因為好的文藝作品，向來多是不受別人命令，不顧利害，自然而然地從心中流露的東西；如果先掛起一個題目，做起文章來，那又何異於八股，在文學中並無價值，更說不到能否感動人了。為革命起見，要有『革命人』，『革命文學』倒無須急急，革命人做出東西來，才是革命文學。所以我想：革命，倒是與文章有關係的。」這些話，都說得很切實，很對症，但和一般人的想法都是相反的。

那一時期的魯迅情懷，我們倒可以從他的另外幾篇短文中體會更深刻一點。他到了廣東，看見了所謂革命策源地，有了種種感慨。他說：「其實是『革命尚未成功』的。革命無止境，倘使世上真有什麼『止於至善』，這人間世便同時變了凝固的東西了。不過，中國經了許多戰士的精神和血肉的培養，卻的確長出了一點先前所沒有的幸福的花果來，也還有逐漸生長的希望。倘若不像有，那是因為繼續培養的人們少，而賞玩，攀折這花、摘食這果實的人們倒是太多的緣故。」這是一針見血的批評。他有幾句辛辣的諷刺

的話：

> 「革命，反革命，不革命。
>
> 革命的被殺於反革命的。反革命的被殺於革命的。不革命的或當作革命的而被殺於反革命的，或者當作反革命的而被殺於革命的，或並不當作什麼而被殺於革命的或反革命的。」

這是一部中華民國革命史的總結論，哀哉，可憐中國老百姓的劫運！

他對於中華民族的前途是頗悲觀的。他在香港青年會的第一次演講，說到：「我們此後實在只有兩條路：一是抱著古文而死掉！一是捨掉古文而生存。」他知道大家正在走前一條路。他在第二次演講，就指出老調子沒有唱完。他說：「中國的文章是最沒有變化的，調子是最老的，裡面的思想是最舊的。但是很奇怪，卻和別國不一樣。那些老調子，還沒有唱完。這是什麼緣故呢？有人說，我們中國是有一種『特別國情』。——中國人是否真是這樣『特別』，我是不知道，不這我聽得有人說，中國人是這樣。——倘使這話是真的，那麼，據我看來，這所以特別的原因，大概有兩樣。第一，是因為中國人沒有記性，所以昨天聽過的話，今天忘記了，明天再聽到，還是覺得很新鮮。做事也是如此，昨天做壞了的事，今天忘記了，明天做起來，也還是『仍舊貫』的老調子。第二，是個人的老調子還未唱完，國家卻已經滅亡了好幾次了。何以呢？我想，凡有老舊的調子，一到有一時候，是都應該唱完的，凡是有良心，有覺悟的人，到一個時候，自然知道老調子不該再唱，將它拋棄。但是，一般以自己為中心的人們，卻決不肯以民眾為主體，而專圖自己的便利，總是三翻四覆的唱不完。於是，自己的老調子固然唱不完，而國家卻已被唱完了。」他是希望一般青年首先是拋棄了老調子，那些舊文章舊思想，都已經和舊社會毫無關係了。生在

現今的時代，捧著古書是沒有用處了。這句話，直到今天，還是逆耳之言呢？

那回，魯迅在香港的遭遇是有趣的，他說：「我去講演的時候，主持其事的人大約很受了許多困難，但我都不大清楚。單知道先是頗遭干涉，中途又有反對者派人索取入場券，收藏起來，使別人不能去聽，後來又不許將講稿登報，經交涉的結果，是削去和改竄了許多。」（他講演中幾次提到了元朝，有人就有些不高興了。）至於，魯迅在廣東，他自己也有了幽默的譬說：「回想起我這一年的境遇來，有時實在覺得有味。在廈門，是到時靜悄悄，後來大熱鬧；在廣東，是到時大熱鬧，後來靜悄悄。肚大兩頭尖，像一個橄欖。我如有作品，題這名目是最好的，可惜被郭沫若先生佔先用去了。」他在寂寞的南方，又經歷了一番世故。他也曾幽默地寫信給李小峰說：「照那時的形勢看來，實在也足令認明了我的『紙糊的假冠』的才子們生氣。但那……只是報上所表見的，乃是一時的情形；此刻早沒有假冠了，可惜報上並不記載。」

他指出（一）戰鬥和革命，先前幾乎有修改為搗亂的趨勢，現在大約可以免了。（二）要他做序的書，已經托故取回。期刊上他的題簽，已經撤換。（三）報上說他已經逃走或者說他到漢口去了。——他就是這麼寂寞地離開廣州了。

十五　上海十年間

一九二七年秋間，魯迅從廣州北歸上海，便在那兒定居著，一直到一九三六年秋間，他在上海逝世。這十年中，他就在那兒過著半安定的生活。其間，他只於一九二九年五六月間到過北平一次，很快就南歸的。北平的朋友，留他在那兒教書，他說他已經心野了，不能教書了。

其實，他是不十分甘於寂寞的人，所以住不下去。他曾在寫給許廣平的信中說：「為安閒計，住在北平是不壞的，但因為和南方太不相同了，所以幾乎有『世外桃源』之感。我來此雖已十天，卻毫不感到什麼刺激，略不小心，卻有『落伍』之懼的。上海雖煩憂，但也別有生氣。」這是他心頭的真話。

後來，他的病情已重，筆者曾寫信勸他到山水勝處休養一些時日，他的回信說：

> 「倘能暫時居鄉，本為夙願；但他鄉不熟悉，故鄉又不能歸去。自前數年『盧布說』流行以來，連親友竟亦有相信者，開口借錢，少則數百，時或五千；倘暫歸，彼輩必以為將買肥田，建大廈，輦『盧』榮歸矣。萬一被綁架，索價必大，而無法可贖，則將撕票也必矣，豈不冤哉。」這雖是帶詼諧的話，

卻真是天地雖大，無可容身，只能在上海塵囂中過下去的。
（一二八戰役後，他也曾有往北平的打算，看看局勢日緊，也
就作罷了。）

他在上海那十年中，正是國民政府建都南京，蔣介石漸次穩定
他的政權之時。國民黨這一政權，本來的領導人孫中山，他是有意
建立社會主義的國家，他決定了聯俄容共政策，自負為代表農工利
益的政黨。這一黨的決策，孫氏期望在建立黨軍以後，逐次推行起
來。因此，國民革命軍的北伐，對北方文化人是極大的誘導力量。
哪知就在北伐推進途中，蔣介石已經拋棄黨的原定政策，首先和資
產階級攜手，促成國共分裂，國民黨內部也發生了許多次分裂，引
起了幾次大規模內戰。這一來，文化人對政府的離心傾向，越來越
明顯了。魯迅自始不曾對革命寄予以過多的希望，不過他到了廣
州，那個革命策源地，只是失望而已；回到了上海，卻看見了許多
痛心的現狀。他在北洋軍閥時代的北京是被迫害的，他在上海卻受
到了蔣政權的迫害。

蔣介石的統治，一方面接受了蘇聯的集權方式，以黨統軍，以
軍統政，他在政府中的地位，雖有變動，而其掌握黨軍的實力，則
自始不曾變動。一方面接受了德意志的法西斯主義，推行特務政
治。在他控制下的權力機構，屬於黨的有中央黨部的調查統計局
（簡稱中統）；屬於軍方的，有軍事委員會調查統計局（簡稱軍
統）。而他這個軍事委員會委員長侍從室，即以相當於清廷軍機處
的地位操縱軍政大權。那時「中統」方面，便派員長駐上海，和上
海市社會局相聯繫，普遍地對上海文化人監視、逮捕，甚至暗殺。
特務機關處置共黨分子，手段非常殘酷，趙平夏（柔石）等被捕之
後，外間傳魯迅也被拘或已死了。那樣大規模的秘密槍決，到處都
有，當局也在找尋魯迅，也可能遇誰的。他受著這沉痛的刺激，曾
賦有小詩：

慣於長夜過春時，挈婦將雛鬢有絲。
夢裡依稀慈母淚，城頭變幻大王旗。
忍看朋輩成新鬼，怒向刀叢覓小詩。
吟罷低眉無寫處，月光如水照緇衣。

　　有一部《魯迅傳》（王士菁編），他是把魯迅在上海的十年，當作被圍攻的時期，那是錯誤的；而另一位寫《新文學史稿》的王瑤，把那一段時期，當作魯迅領導文學運動的時期，也是錯誤的。國民黨主政時期，他對魯迅的迫害是有的，帶恐怖性的謠傳也是有的；但，國民政府是官僚主義的政府，上海租界又帶上幾分洋大人的氣息，所以他們的鬥爭手法常是十分可笑的，他們對左翼文人，普遍加以打擊，筆者也曾身與其痛，但對有組織的中共文化人，是鞭長莫及的。但魯迅的聲名與地位，一方面既受中共組織所掩護，一方面又為國民黨特務所不敢觸犯（投鼠忌器），所以那十年間，有驚無險，太嚴重的迫害，並不曾有過。而他到上海後，便由許壽裳推介，由蔡元培聘任為大學院（即後來教育部）特任著作員，迄「一‧二八」戰役後國民黨政府改組為止，凡五年之久；說起來，他還是國民政府教育部的工作人員之一呢！

　　國民政府建都南京以後，中國的新文化、新文學運動，也隨著南移，上海的文化地位，也可說是取北京而代之了。魯迅的領導地位，他自己既辭了又辭，不曾自居，而在文人相輕的環境中，各以所長，相輕所短，也未必甘於奉魯迅為盟主，那些被魯迅稱為民族主義文學家，連王平陵在內，都是毛頭小夥子，都是不足數的。

　　那時，《北晨》副刊和《現代評論》社派的人士，大部分被國民政府所吸引，參加了蔣介石政權的中樞工作，已經退出文化集團的戰鬥陣線了。一部分也到了廣州、上海，在《新月》旗幟之下集合起來的，有胡適、梁實秋、羅隆基、徐志摩等。他們和魯迅辯論

過了一陣，但《新月》社本身，也受蔣政權的迫害，胡適的處境在那時期，並不比魯迅更自由些。至於受魯迅所攻擊的第三種人，即神州國光社的《讀書雜誌》派（王禮錫所主持），和《現代雜誌》派（施蟄存主編），也只是和左聯文人對辯，沒有圍攻魯迅的作用的。

中共在上海的文化工作，無論左翼作家聯盟，或是社會科學工作者聯盟，或戲劇工作者聯盟，都有主要負責人，如瞿秋白、周揚、潘漢年，他們對於魯迅，只當作同路人看待，處於尊而不親的地位。他們有其領導文化運動路線，並非要魯迅來領導。我們且看魯迅和徐懋庸的往來信件，就可以明白魯迅與中共之間也不一定十分協調。不過，中共懂得爭取群眾，爭取魯迅這樣一個文化鬥士，有時頗遷就他迎合他的意向的。

至於林語堂由《論語》而《人間世》而《宇宙風》）時期，提倡幽默，提倡閒適文學，並不有意與魯迅為敵，卻也不曾尊崇魯迅。他們所推尊的，乃是周氏另一兄弟周作人。當林語堂抬出袁中郎的公安派文體時，魯迅批評得很多，林氏也很少還手的。其他如鄒韜奮之主辦《生活》、《新生週刊》，陳望道之主辦《太白》半月刊，黎烈文之主編《自由談》，謝六逸之主編《立報・言林》，也只是和魯迅相接近，並未奉魯迅力盟主的。魯迅一生，總是「荷戰獨徬徨」的日子為多，他是天空的飛鷲，並非蟻群的首領呢！

真正圍攻過魯迅的，倒是創造社的後起小夥子，《洪水》、《太陽》社那一群提倡革命文學的人。上文筆者提到魯迅到廣州，原想找郭沫若及其他創造社朋友談合作的事。那知他到了廣州，成仿吾、郭沫若都已隨軍北伐了。等到魯迅回到了上海，《太陽》社已開始圍攻魯迅，魯迅又因所作《上海文藝界之一瞥》的講演，刺痛了郭沫若那一群人。魯迅和郭沫若便一生未見面，沒有合作之可能了。

一九二七年前後，當革命陣線破裂動亂之日，魯迅是一個比較懂得世故的文人，依舊想退出陣線，沉默下去，這也是可能的。（他的確不想傻得像秋瑾一般，給一陣拍手鼓勵得勇於上斷頭台，做烈士去的。）他在廣州時，宋雲彬就問過：「魯迅往哪裡躲？」他說：「噫！嘻！異哉！魯迅先生竟跑出了現社會，躲向牛角尖裡去了。舊社會死去的苦痛，新社會生出的苦痛，多多少少放在他的眼前，他竟熟視無睹！他把人生的鏡子藏起來了，他把自己回復到過去時代去了。噫嘻！異哉！魯迅先生躲避了。」

　　這話，也不一定完全豁了邊。後來，他到了上海，創造社後期那些年輕作家，向魯迅挑戰，如錢杏邨（阿英）所說的：「在這時，魯迅是停滯在他原來的地方。他沒有牢牢的抓住時代的輪軸，隨著它的進展而進一步去把握這個已經展開了的新地，重行開始他的新的反封建的創作。這樣，顯然在魯迅作品中的世界被破壞了以後，他又進一步的失卻了強有力的創作的依據，他只有『吾將上下而求索』了。在什麼都求索不到的時候，他只有切斷了他的創作的生命，寫他的開始生長的悲觀哲學，和他的兒時的回憶了。魯迅在這時又感到了失卻了他自己的地球的悲哀。」錢杏邨那一群年輕人，對於時代的了解是不夠的，而對於魯迅的認識，尤其不夠。魯迅的確在那時停住腳來，「上下而求索」，他卻並未停滯在原來的地方，他是面對著現實，睜著眼睛在看的。

　　他對當時的革命文學家有這樣的批評：「各種刊物，無論措辭怎樣不同，都有一個共通之點，就是：有些朦朧。這朦朧的發祥地，由我看來，──也還在那有人愛，也有人憎的官僚和軍閥。和他們已有瓜葛，或想有瓜葛的，筆下便往往笑迷迷，向大家表示和氣，然而有遠見，夢中又害怕鐵錘和鐮刀，因此也不敢分明恭維現在的主子，於是在這裡留著一點朦朧。和他們瓜葛已斷，或則並無瓜葛，走向大眾去的，本可以毫無顧忌地說話了，但筆下即使雄赳赳，對大家顯英雄，會忘卻了他們的指揮刀的傻子是究竟

不多的，這裡也就留著一點朦朧。於是想要朦朧而終於透漏色彩的，想顯色彩而終於不免朦朧的，便都在同地同時出現了。」

這是明明指著創造社那些作家說的。（魯迅明明提出了成仿吾、馮乃超、錢杏邨這些人來。當時的革命文學家，如蔣光慈，的確把蔣介石、汪精衛的照片放在玻璃板下，稱為中國的列寧、托洛斯基的。）

魯迅先後在燕京大學和上海社會科學研究會所作的演講，論及《現今的新文學的概念》，說：「各種文學，都是應環境而產生的，推崇文藝的人，雖喜歡說文藝足以煽起風波來，但在事實上，卻是政治先行，文藝後變。」「至於創造社所提倡的，更徹底的革命文學——無產階級文學，自然更不過是一個題目。這邊也禁，那邊也禁的王獨清（編按・當時《泰鏡日報總編輯》）的從上海租界遙望廣州暴動的詩；『Pong PongPong』鉛字逐漸大了起來，只在說明他曾為電影的字幕和上海的醬園招牌所感動，有模仿勃洛克的《十二個》之志而無其力和才。郭沫若的《一隻手》，是很有人推為佳作的，但內容說一個革命者革命之後失了一隻手，所餘的一隻，還能和愛人握手的事，卻未免「失」得太巧。五體四肢之中，倘要失其一，實在還不如一隻手；一條腿就不便，頭自然更不行了。只準備失去一隻手，是能減少戰鬥的勇往之氣的；我想，革命者所不惜犧牲的，一定不只這一點。《一隻手》也還是窮秀才落難，後來終於中狀元，諧花燈的老調。」做在魯迅看來，浪漫主義的作家，即算提倡革命文學，也還是浪漫主義的幻想的。

魯迅的散文集，有一種稱之為《三閒集》，那就是應著成仿吾批評他的話而命名的。（成仿吾說「魯迅所持的是『閒暇，閒暇，第三個閒暇」，他們是代表著有閒的資產階級，或者睡在鼓裡的小資產階級。如果北京的烏煙瘴氣不用十萬兩無煙火花炸開的時候，他們也許永遠這樣過活的罷。」這是一句刺痛了魯迅的話。）魯迅曾在《三閒集》序言中說「我是在民國十六年被血

嚇得目瞪口呆離開廣東的，那些吞吞吐吐沒有膽子直說的話，都載在《而已集》裡。但我到了上海，卻遇見文豪們的筆尖的圍剿了，『創造社』、『太陽社』、『正人君子們』的『新月社』中人，都說我不好，連並不標榜文派的現在都升為作家或教授的先生們，那時的文字裡，也得時常暗暗地奚落我幾句，以表示他們的高明。我當初還不過是『有閒即是有錢』、『封建餘孽』或『沒落者』，後來竟被判為主張殺青年的棒喝主義者了。這時候，有一個從廣東自云避禍逃來，而寄住在我的寓裡的廖君，也終於忿忿地對我說道：『我的朋友都看不起我，不和我往來了，說我和這樣的人住在一處。』那時候，我是成了這樣的人的了。」（他曾幽默地說，要把那些攻擊他的文字編成一冊，名之《圍剿集》的。）

他是對創造社採取正面的攻擊的，他在《上海文藝之一瞥》的講演中說：「這後來，就有新才子派的創造社的出現。創造社是尊貴天才的，為藝術而藝術的，專重自我的，崇創作，惡翻譯，尤其憎惡重譯的，與同時上海的文學研究會相對立。……文學研究會卻也正相反，是主張為人生的而藝術的，是一面創作，一面也著重翻譯的，是注意於紹介被壓迫民族文學的，這些都是小國度，沒有人懂得他們的文字，因此也幾乎全都是重譯的。並且因為曾經聲援過《新青年》，新仇夾舊仇，所以文學研究會這時就受了三方面的攻擊。一方面就是創造社，……一方面是留學過美國的紳士派……第三方面，則就是以前說過的鴛鴦蝴蝶派，……創造社的這一戰，從表面看來是勝利的。……到了前年，『革命文學』這名目才旺盛起來了，主張的是從『革命策源地』回來的幾個創造社元老和若干新分子。革命文學之所以旺盛起來，自然是因為由於社會的背景，一般群眾、青年有了這樣的要求。……政治環境突然改變，革命遭了挫折，階級的分化非常顯明，國民黨以『清黨』之名，大戮共產黨及革命群眾，而死剩的青年們再人於被壓迫的境遇，於是革命文學在上海才有了強烈的活動。所以這革命文學的旺盛起來，在表面上

和別國不同，並非由於革命的高揚，而是因為革命的挫折；……他們，尤其是成仿吾先生，將革命使一般人理解為非常可怕的事，擺著一種極左傾的凶惡的面貌，好似革命一到，一切非革命者就都得死，令人對革命只抱著恐怖。其實革命是非教人死而是教人活的。這種令人『知道點革命的厲害』，只圖自己說得暢快的態度，也還是中了才子加流氓的毒。」

這一演講，也真刺痛了郭沫若的心，他特地寫了《創造十年正續編》，來說明他們的戰鬥歷程，前面還有一篇《引子》，針對魯迅的講演，而有所駁正。他說：「就這樣，我們魯迅先生自始至終是要把《創造社》的幾位流痞打進阿鼻地獄裡去的。在未革命以前，他們是流氓痞棍，在既革命以後，他們還是流氓痞棍，在以前的文學運動中沒有他們的分子，在以後的革命文學運動中也沒有他們的分子。我們魯迅先生真是有一手遮天一手遮地的大本領呀，而且文中的神髓更不好忽略地看過，那是在這樣說的：『中國的新文學中，無論革命與反革命的，都只有我魯迅一個人的！』」他們的爭辯，都已動了意氣，各以所長相輕所短了。

魯迅在上海曾經參加過「三盟」：「自由運動大同盟」、「左翼作家聯盟」及「民權保障同盟會」。（到他死去為止，他只是一個文化鬥士，從未參加政治組織。）一九三〇年春天，浙江省黨部呈請通緝魯迅，指他是「自由運動大同盟」的主持人。（若干魯迅傳記，都說浙江省黨部所以要呈請通緝魯迅，是因為省黨部常委之一的許某，係上海復旦大學畢業生，而魯迅主編的《語絲》刊載過揭發復旦大學的黑幕，所以懷恨於心。這一說法，似乎太好笑一點。其實，上海市黨部、江蘇省黨部、浙江省黨部乃是 CC 系的大本營，那些黨老爺最愛干涉文人行動，所以有此決議，和許紹棣及復旦大學無關。）

據魯迅說：「自由大同盟」並不是由他發起，當初只是請他去演說。他按時前往，則來賓簽名者已有一人，他記得是郁達夫，演

說次序是他第一，郁第二，他待郁講完，便先告歸。後來聞當場有人提議要有什麼組織，凡今天到會者均作為發起人，到了次日報上發表，則變成魯迅第一名了。魯迅又說：「浙江省黨部頗有我熟人，他們倘來問我一聲，我可以告之原委。今竟突然出此手段，那麼我也用硬功對付，決不聲明，就算由我發起好了。」（那時，朱家驊主浙政，係北京大學舊同事，魯迅往廣東任中山大學中國文學系主任，也是朱家驊任中山大學校長時所聘請的，所以他說頗有我的熟人。）

到了一九三三年，民權保障同盟會在上海成立，舉蔡元培、宋慶齡為正副會長，魯迅、楊杏佛、林語堂等為執行委員。這是適應那法西斯統治的黑色恐怖而產生，他們都是有社會地位的文化人，本著人道主義做救助的工作。那時，蔣介石正在敬慕希特勒、墨索里尼的極權政治，他的特務機構藍衣社初露鋒芒，中共的文化人迭遭殺害，自由主義文化人如申報館社長史量才，也被他們所暗殺。他們仇視這一機構，楊杏佛便於那年六月間被暗殺。（楊當時係中央研究院副院長，而死於執政的國民政府的特務之手。）那時，謠言紛傳，謂魯迅也在黑名單之列。楊氏下殮之日，魯迅親往弔唁。是日大雨，他祭吊回去，賦詩寫懷，句云：

> 豈有豪情似舊時，花開花落兩由之。
> 何期淚灑江南雨，又為斯民哭健兒。

魯迅是很理智很冷靜、卻又是一個性格剛強的人，所以並不感情衝突，也不臨難苟免的。

那一時期，筆者曾在上海《申報·自由談》寫了一篇雜感：《殺錯了人》，說「革命是社會的突變過程；在過程中，好人、壞人、與不好不壞的人，總要殺了一些。殺了一些人，並不是沒有代價的；於社會起了隔離作用，舊的社會和新的社會截然分成

兩段，惡勢力不會傳染到新的組織中來。中國每一回的革命，總是反了常態。許多青年因為參加革命運動，做了犧牲，革命進程中，舊勢力一時躲開去，一些也不曾劃除掉，革命成功以後，舊勢力重覆湧了出來，又把青年來做犧牲品，殺了一大批。這樣的革命，不但不起隔離作用，簡直替舊勢力作保鏢。因此民國以來，只有暮氣，沒有朝氣，任何事業，都不必淡改革，一談改革，必積重難返，其惡勢力一直注到現在。」便是指當時當局的恐怖政府而言，接著，魯迅也作進一步的推論：「我想，中國革命的鬧成這模樣，並不是因為他們殺錯了人，倒是因為我們看錯了人。」這話，當然說得更真切的了。（我們不僅看錯了袁世凱，也看錯了蔣介石了。）

他初住上海時，提倡革命文學的《創造社》、《太陽社》文人，對他的不斷攻擊，不獨見解很淺薄，動機也很無聊，有的正是借攻擊魯迅以自重。不過，這一種鬥爭，並非中共的決策。到了一九三〇年，左翼作家聯盟在上海成立，中共的文藝政策，有了一定的路向，而推行這一路向的瞿秋白，也是文學研究會會員，他和上海文壇人士的交誼頗廣，他是要爭取魯迅來做有力的支援。魯迅加人了「左聯」，「左聯」才顯得有力量，而魯迅的荷戰彷徨的孤立時期，由於有了「左聯」的衛護，也就過去了。

在「左聯」未成立以前，魯迅曾自述其處境。說：「從前年以來，對於我個人的攻擊是多極了，每一種刊物上，大抵總要看見『魯迅』的名字，而作者的口吻，則粗粗一看，大抵好像革命文學家。但我看了幾篇，竟逐漸覺得廢話太多了。解剖刀既不中腠理，子彈所擊之處，也不是致命傷。我於是想，可供參考的這樣的理論，是太少了，所以大家有些糊塗。對於敵人，解剖、咬嚼，現在是在所不免的。不過有一本解剖學，有一本烹飪法，依法辦理，則構造味道，總還可以較為清楚、有味。人往往把神話中的 Prometheus 比革命者，以為竊火給人，雖遭天帝之虐待而不悔，其

博大堅忍正相同。但我從別國裡竊得火來，本意卻在煮自己的肉的，以為倘能味道較好，庶幾在咬嚼者那一面也得到較多的好處，我也不枉費了身軀；出發點全是個人主義，並且還夾雜著小市民性的奢華，以及慢慢地措出解剖刀來，反而刺進解剖者的心臟裡去的報復。梁（實秋）先生說『他們要報復』，其實豈只『他們』，這樣的人在封建餘孽中也很有的。然而，我也願意於社會上有些用處，看客所見的結果仍是火和光。這樣首先開手的就是『文藝政策，因為其中含有各派的議論。」

　　「左聯」醞釀於一九二九年的冬間，成立於一九三〇年三月間。魯迅曾於「左聯成立大會」中發表意見，他說：「我以為在現在，『左翼』作家是很容易成為『右翼』作家的。為什麼呢？第一，倘若不知實際的社會鬥爭接觸，單關在玻璃窗內做文章，研究問題，那是無論怎樣的激烈，『左』，都是容易辦到的；然而一碰到實際，便即刻要撞碎了。關在房子裡，最容易高談徹底的主義，然而也最容易『右傾』。西洋的叫做 Salon 的『沙龍社會主義者』，便是指這而言。……第二，倘不明白革命的實際情形，也容易變成右翼。革命是痛苦，其中也必然混有污穢和血，決不是如詩人們所想像的那般有趣，這般完美；革命尤其是現實的事，需要各種卑賤的，麻煩的工作，決不如詩人所想像的那般浪漫；革命當然有破壞，然而更需要建設，破壞是痛快的，但建設卻是麻煩的事。所以對於革命抱著浪漫蒂克的幻想的人，一和革命接近，一到革命進行，便容易失望。……還有，以為詩人或文學家高於一切人，他底工作比一切工作都高貴，也是不正確的觀念。」接著他提出了今後應注意的幾點：「第一，對於舊社會和舊勢力的鬥爭，必須堅決，持久不斷，而且注重實力。……第二，我以為戰線應該擴大。在前年和去年，文學上的戰爭是有的，但那範圍實在太小，一切舊文學舊思想都不為新派的人所注意，反而弄成了在一角裡新文學者和新文學者的鬥爭，舊派的人倒能閒舒地在旁邊觀戰。……第三，

我們應當造出大群的新的戰士。……我們急於要造出大群的新的戰士，但同時在文學戰線上還要『韌』。……要在文化上有成績，則非韌不可。最後，我以為聯合戰線是以有共同目的為必要條件的。……如果目的都在工農大眾，那當然戰線也就統一了。」從那以後，他的路向就慢慢走穩了。

有一位和魯迅在上海時間往還很密切的馮雪峰，（他也是浙東人，和筆者也是浙江第一師範的先後同學。）他曾寫了一本《回憶魯迅》。

不過，雪峰對於魯迅的看法，以及他所說的魯迅與「左聯」的關係，卻不是一些勉強替魯迅戴紙糊帽子的人所能了解的。馮氏說他自己在北京過流浪生活時期，曾經在北京大學旁聽過魯迅的講課，他得了一些印象，又從別人那裡聽來了一些，他是一個很矛盾的人。他在心裡曾經這樣說他：「魯迅，確實非常熱情，然而又確實有些所謂冷得可怕的。我看見他號召青年起來反抗一切舊勢力和一切權威，並且自己就願意先為青年斬除荊棘，受了一切創傷也不灰心；可是我覺得他又好像蔑視一切，對一切人都懷有疑慮和敵意，彷彿青年也是他的敵人，就是他自己也是他的敵人似的。總之，我以為他是很矛盾的，同時也認為他是很難接近的人。」

凡是和魯迅相接近的朋友都有這樣的感覺，魯迅，是他自己那一環境所孕育成長的，我們不能忘記他自己所說：「有誰從小康人家而墮入困頓的麼，我以為在這路途中，大概可以看見世人的真面目」的話，這是使他成為「冷得可怕」的主因，我們實在不必為之隱諱的。（後來馮氏又否定他的看法了，也是政治觀點在作祟。）魯迅曾經這麼說過：「怎麼可以沒有希望呢。否則，人也活不下去了。我自然相信有將來，不過將來究竟如何美麗，光明，卻還沒有怎樣去想過。倘說是怎麼樣才能到達將來，我是以為要更看重現在；無論現在怎麼黑暗，卻不想離開。我向來承認進化論，以

為推翻了黑暗的現狀，改革現在，將來總會比現在好。將來實行什麼主義好，我也沒有去想過；但我以為實行什麼主義，是應該說現在應該實行什麼主義的。」這些話，都可以使我們了解他的本意的。

我在上文，已經說過「左聯」在上海爭取進步的文藝作家，那是有的，但「左聯」並不曾處於領導地位。「左聯」一直就爭取「魯迅」，但魯迅也不是左聯的領導者；這是寫《中國新文學史稿》的王瑤所不明白的。馮氏說：「左聯和魯迅先生是相互發揮的，如果左聯不是有魯迅參加發起，經過他的領導，那麼左聯是不會有像我們所看見的這樣的成績，也不會像我們所看見的這個樣子的。我們知道，左聯有過許多錯誤，但這些錯誤都不應由魯迅來負責。那些更重要的錯誤，我覺得和那時候，在上海的黨中央的『左』和『右』的錯誤傾向相聯繫著的，而那次要的錯誤，則我們簡直是常常犯的了。」從左聯這團體和它的活動來說，這還是更重要的原因，就因為魯迅在。在那時候，只要有魯迅存在，左聯就存在。只要魯迅不倒，左聯就不會倒。魯迅的鬥爭的頑強和他的權威實在地起了決定的作用。他在左聯被壓迫越來越厲害的時候，幾次說：『越困難，我們越要堅持！』那神情簡直天真到有如一個好鬥的兒童，好像對敵人說：『咱們試一試罷！』他的這種堅持的頑強態度，就給了大家以無限的力量和信心。」這是「左聯」依靠著魯迅，而不是魯迅領導「左聯」呢！

但魯迅和「左聯」也不一定十分和諧的，我們且看他寫給徐懋庸的信，說到他和周起應（周揚）見面那一幕（周起應也是中共派在上海執行文藝政策的），就可以明白了（此是後話）。

我們細看魯迅《華蓋集續編》，可以看到他和「正人君子」的《現代評論》派（也稱吉祥胡同派），有過短兵相接的長時期論爭；後來，他到了廈門、廣州，也還是和《現代評論》派及胡適之派有過近於派系的論爭。（從那一篇《我的『籍』和『系』》中，

看得很明白）。到了上海，這一份論爭的氣息，就從當時胡適所主編的《新月》上再次展開來。魯迅也就主編了在上海復刊的《語絲》週刊。

　　《新月派》文人，有徐志摩、胡適、梁實秋、沈從文、羅隆基等，（這些作家，都有他們的成就的，《語絲》和《現代評論》論爭的公案，也一直是結而不解的。）當年，陳西瀅寫信給徐志摩，曾經毒辣地諷刺了魯迅一陣，說：「魯迅先生一下筆就想構陷人家的罪狀。他不是減，就是加，不是斷章取義，便捏造些事實。他是中國『思想界的權威者』，輕易得罪不得的。有人同我說：魯迅先生缺乏的是一面大鏡子，所以永遠見不到他的尊容。我說他說錯了，魯迅先生的所以這樣，正因為他有一面大鏡子。你見過趙子昂畫馬的故事罷。他要畫一個姿勢，就對鏡伏地做出那個姿勢來。魯迅先生的文章也是對了他的大鏡子寫的，沒有一句罵人的話，不能應用在他自己的身上。要是你不信，我可以同你打一個賭。」自從這封毒辣的信刊出來以後，魯迅就和他們明譏暗諷對罵了一年半，而今又移到《新月》上來了。

　　《新月》的發刊詞，便是一封挑戰書，他們提出了「健康與尊嚴」原則說：「不幸我們正逢著一個荒歉的年頭，收成的希望是枉然的。這又是一個混亂的年頭，一切價值的標準是顛倒了的。先說我們這態度所不容的，我們不妨把思想比做一個市場，我們來看看現代我們這市場上看得見的是些什麼。如同在別的市場上，這思想的市場上，也是擺滿了攤子，開滿了店鋪，排滿了招牌，貼滿了廣告，這一眼看去，辨認得清的至少有十來種行業，各有各的色彩，各有各的引誘。（他們列舉了十三種派別。）商業上有自由，不錯，思想上言論上有充分的自由，不錯。但得在相當的條件下，最主要的條件是（一）不妨害健康的原則，（二）不折辱尊嚴的原則。」這段申明，可以說是很含混的，也可以說是很鮮明的。接著便是梁實秋那篇《文學與革命》，他認為革命的文學這個名詞根本

就不能成立，說：偉大的文藝乃是基於固定的普遍的人性，人性是測量文學的唯一的標準。文學就不是大多數的，絕無階級的分別。魯迅便起來應戰了，他說：「這樣的山羊……（指新月派的紳士），脖子還掛著一個小鈴鐸，作為知識階級的徽章。……能領了群眾穩妥平靜的走去，直到他們應該走的所在。……這是說：雖死也應該如羊，使天下太平，彼此省力。」

他批評梁實秋的論點說：「文學不借人，也無以表示『性』一用人，而且還在階級社會裡，即斷不能免掉所屬的階級性，無需加以『束縛』，實乃出於必然。自然『喜怒哀樂，人之情也』，然而窮人決無開交易所折本的懊惱，煤油大王那會知道北京撿煤渣老婆子身受的酸辛，飢區的災民，大約總不去種蘭花，像闊人的老太爺一樣，賈府上的焦大也不愛林妹妹的。『汽笛呀，列寧呀！』，固然並不就是無產文學，然而『一切東西呀！』，『一切人呀！』，『可喜的事來了，人喜了呀！』，也不是表現『人性』的『本身』的文學。倘以表現最普通的人性的文學為至高，則表現最普遍的動物性——營養，呼吸、運動、生殖——的文學，或者除去『運動』，表現生物性的文學，必當更在其上。倘說，因為我們是人，所以以表現人性為限，那麼，無產者就因為是無產階級，做無產文學。」這一場爭論，倒是不十分長久，便過去了。

魯迅初住上海那兩年，曾經應李小峰之請，編過《語絲》週刊的，（那時，李小峰已經把北新書局辦起來了，那時的北新頗有朝氣，和開明、生活書店鼎立為三。）這份時代記程碑的刊物，到了上海，內傷外感，卻也失去了初期的光芒了。魯迅曾以沉痛的心懷寫過那篇：《我和〈語絲〉的始終》，說到向來編法的「糟」「亂」。（凡社員的稿件，編轉者並無取捨之權，來則必用，只有外來的投稿，由編輯者略加選擇，必要時且或略有所刪改，所以他應做的，不過後一段事，而且社員的稿子實際上也十之九直寫，北新書局，由那裡運送印製局的，等到他看見時，已在印釘成書之後

了。所謂「社員」，也並無明確的界限，最初的撰稿者，所餘早已無多，中途出現的人，則在中途忽來忽去。）他說：「經我擔任了編輯之後，《語絲》的時運就很不濟了，受了一回政府的警告，遭了浙江省局的禁止，還招了《創造社》式『革命文學家』的拼命的圍攻。警告的來由，我莫名其妙，有人說是因為一篇戲劇；禁止的緣故也莫名其妙，有人說是因為登載了揭發復旦大學內幕的文字，而那時浙江的黨務指導委員老爺卻有復旦大學出身的人們。至於創造社派的攻擊，那是屬於歷史底的了，他們在把守『藝術之宮』，還未『革命』的時候，就已經將《語絲》派中的幾個人看作眼中釘的。……但《語絲》本身，確實也在消沉下去。一、是對於社會現象的批評，幾乎絕無，連這一類的投稿也少有，二、是所餘幾個較久的撰稿者，這時又少了幾個了。前者的原因，我以為是在無話可說，或者有話而不敢言，警告和禁止，就是一個實證。後者，我恐怕是其咎在我的。舉一點例罷，自從我萬不得已，選登了一篇極平和的糾正劉半農先生的《林則徐被俘》之誤的來信以後，他就不再有片紙隻字，江紹原先生紹介了一篇油印的《馮玉祥先生……》來，我不給編入之後，紹原先生也就從此沒有投稿了。並且這篇油印文章，不久便在也是伏園所辦的《貢獻》上登出，上有鄭重的小序，說明著我托詞不載的事由單。」在魯迅看來，這又是《新青年》的舊戲重演了。他有幾句沉痛的結語：「雖然因為毀壞舊物和戳破新盒子而露出裡面所藏的舊物來的一種突擊之力，至今尚為舊的和自以為新的人們所憎惡，但這力是屬於往昔的了。」

　　從那一時期的政治社會氣氛來說，魯迅之在上海，處於國民黨政權之下，也和北洋軍閥統治的北京時代，並無不同，甚至更低沉得多。他之所以轉向積極反抗的路，也還是這一種低沉的氣壓迫出來的。他曾經這麼說過：「倘若有人問我，可曾預料在『革命』的廣州也會有那樣的屠殺？我直說，我真沒有料到。姑不論我也是抱著『美夢』到廣州去的，在那裡，還在『合作』時候，我就親眼見

這那些嘴臉，聽過那些誓言。說我深於世故，一切世故都會沒有用的。……還是太老實、太相信了『做戲的虛無黨』，真上了大當……我終於嚇得口呆目瞪……，血的代價，得的教訓就只有明白了這上當。」

他說：「我只是弄弄文字的人，以為對於戰鬥的青年有些小幫助，有時還是特意為了滿足他們的希望而鞭策自己，政治上的事情不曾怎樣去細想過。到我那裡來的青年，有的大概真是共產黨員罷，但我也只是風聞，他自己不說，我是不去向的。頭幾天還見過面的，忽然知道他已經不在世上了。」「這回也還是青年教訓了我。……我相信進化論，以為青年總勝於老人，世間壓迫殺戮青年的大概是老人，老人要早死，所以將來總要好一些。但是不然，殺戮青年的，就是青年，或者告密，或者親自捕人。過去軍閥殺青年，我悲憤過，這回我還來不及悲憤，早已嚇昏了。我的進化論完全破產！。」他看見了新的阿Q時代，一切，一切，都是如此。

從一九二七年到一九三一年，這五年間，蔣介石所發動的內戰（所謂「剿共」以外的軍閥戰爭），以及國民黨內部的「苦迭打」，一直不曾停止過。其間有蔣汪合作時期，也有蔣胡合作時期，有改組派南走粵北走燕與地方軍閥合作反蔣的時期，也有西山會議派與地方軍合作反蔣的時期。就為政局動蕩不定，所以控制文化的力量有強有弱，有緊有鬆。對於魯迅大體是不利的，卻也沒有什麼大不利，因為他一直過著《且介亭》生活。（魯迅晚年的雜文，都以《且介亭》為名。《且介亭》即「租界」二字之半，意謂住在北四川路底，過著半租界生活。）上海以外，當然是國民黨黨老爺的天下，對於書報的檢查，各行其是，對於上海出版界是大不利的。

魯迅曾在《二心集》的序言，說到一九三〇年間他自己的生活。他說：當十九年的時候，期刊已漸漸的少見，有些是不能按期出版了，大約是受了逐日加深的壓迫。《語絲》和《奔流》，則常

遭郵局的扣留，地方的禁止，到底也還是敷衍不下去。那時，他能投稿的，就只剩了一個《萌芽》，而出到五期，也被禁止了，接著是出了一本《新地》。此外還有曾經在學校裡演講過兩三回，那時無人替他記錄，他說：當時講了些什麼，連他自己也記不清楚了。只記得在有一個大學裡演講的題目，是《象牙塔和蝸牛廬》。大意是說：象牙塔裡的文藝，將來決不會出現於中國，因為環境並不相同，這裡是連擺這「象牙之塔」的處所也已經沒有了；不久可以出現的，恐怕至多只有幾個蝸牛廬。蝸牛廬者，三國時所謂「隱逸」的在那焦先曾經居住的那樣的草窠，大約和現在江北窮人手搭的草棚相仿，不過還要小，光光的伏那裡面，少出少動，無衣無食無言。因為那時是軍閥混戰，任意殺掠的時候，心裡不以為然的人，只有這樣才可以苟延他的殘喘。但蝸牛角裡那裡會有文藝呢，所以這樣下去，中國的沒有文藝，是一定的。

自從魯迅加入了左聯，左翼作家拿著蘇聯的盧布之說，在當時的大小報上紛紛宣傳起來。他說：「盧布之謠，我是聽慣了的。……上海《晶報》上就發表過《現代評論》社主角唐有壬先生的信札，說是我們的言動，都由於莫斯科的命令，這又正是祖傳的老譜，宋末有所謂『通虜』，清初又有所謂『通海』，向來就用了這類的口實，害過許多人們的。所以含血噴人，已成了士君子的常經，實在不單是他們的識見，只能夠見到世上一切都靠金錢的勢力。」（唐有壬，汪精衛派要角之一。）

一九三一年春間，魯迅曾經替美國《新群眾》月刊寫過一篇報導文字，題為《黑暗中國的文藝界的現狀》曾經說過：「現在，在中國，無產階級的革命的文藝運動，其實就是唯一的文藝運動。因為這乃是荒野中的萌芽，除此以外，中國已毫無其他文藝。屬於統治階級的所謂『文藝家』，早已腐爛到連所謂『為藝術的藝術』以至『頹廢』的作品也不能生產，現在來抵制左翼文藝的，只有誣蔑、壓迫、囚禁和殺戮；來和左翼作家對立的，也只有偵探、走

狗、劊子手了。」（禁期刊、禁書籍，不但內容略有革命性的，而且連書面用紅字的，俄國的作品，連契訶夫和安特萊夫的有些小說，也都在禁止之列。）

他又說：「這樣子，左翼文藝仍在滋長。但自然是好像壓於大石之下的萌芽一樣，在曲折地滋長。所可惜的，是左翼作家之中，還沒有農工出身的作家。一者，因為農工歷來只被壓迫，榨取，沒有略受教育的機會；二者，因為中國的形象──……的方塊字，使農工雖是讀書十年，也不能任意寫出自己的意見。」他的話當然是帶憤激之情說的，可是十分真實的。

十六　晚年

　　魯迅在一九三六年十月十九日去世，那時還只有五十六歲。他患肺結核症，是一種可怕的病症。據肺病專家美國醫師的診斷，魯迅是最能抵抗疾病的人。關於這一點，魯迅在他的《死》中，有一段最有趣的記敘：「大約實在是日子太久，病象太險了的緣故罷，幾個朋友暗自協商定局，請了美國的D醫師來診察了。他是在上海的唯一的歐洲的肺病專家，經過打診，聽診之後，雖然譽我為最能抵抗疾病的典型的中國人，然而也宣告了我的就要滅亡；並且說，倘是歐洲人，則在五年前已經死掉。這判決使善感的朋友們下淚。我也沒有請他開方，因為我想，他的醫學從歐洲學來，一定沒有學過給死了五年的病人開方的法子。然而D醫師的診斷，卻實在是極準確的，後來我照了一張用 X 光透視的胸像，所見的景象，竟大抵和他的診斷相同。」那是那年五月間的事，再挨了四個月，他便去世了。

　　筆者就把一九三二年以後，魯迅在上海這五年，屬之於他的晚年。他晚年的第一件大事，便是淞滬戰爭爆發。原來，日本軍閥的侵略東北，發動於先一年的九月十八日。那晚，日軍攻陷了瀋陽，便是有名的「九一八」事件，那年冬天，整個東北都淪陷了，這一年的一月二十八日晚間，日軍突犯閘北，我駐防十九路軍總指揮蔣

光鼐，軍長蔡廷楷率部迎敵，也正是有名的「一・二八戰役」（這一戰役的經過，可參閱拙著《中國抗戰畫史》）。那時，魯迅的寓所正在火線中，他們一家的遭遇，見之他給許壽裳的信札中頗為詳盡。

（甲）二月二十二日信

季市兄：

因昨聞子英登報招尋，始知兄曾電詢下落。此次事變，殊出意料之外，以致突陷火線中，血刃塞塗，飛丸入室，真有命在旦夕之概。於二月六日始，得由內山君設法，攜婦孺走入英租界，書物雖一無取攜，而大小幸無恙，可以告慰也。現暫寓其支店中，亦非久計，但尚未定遷至何處。

（注）一月二十八日下午，日方所提要求條件，我方已完全接受，而日軍仍進攻閘北，故云「殊出意料之外」。

（乙）三月二日信

季市兄：

頃得二月二十六日來信，謹悉種種。舊寓至今日止，聞共中四彈，但未貫通，故書物俱無恙，且亦未遭劫掠。以此之故，遂暫蜷伏於書店樓上，冀不久可以復返，蓋重營新寓，為事甚煩，屋少費巨，殊非目下之力所能堪任。倘舊寓終成灰燼，則擬挈眷北上，不復居滬上矣。

被裁之事，先已得教部通知，蔡先生如是為之設法，實深感激。惟數年以來，絕無成績，所輯書籍，迄未印行，近方圖自印《嵇康集》，清本略就，而又突陷兵火之內，存佚益不可知。教部付之淘汰之列，固非不當，受命之日，沒齒無怨。現北新書局尚能付少許版稅，足以維持，希釋念力幸。

（注）魯迅原任國民政府大學院（後為教育部）著作

員，到此被裁。

（丙）三月十五日信

季市兄：

快函已奉到。諸事至感。在漂流中，海嬰忽生疹子，因於前日急遷大江南飯店，冀稍得溫暖，現視其經過頗良好，希釋念，昨去一視舊寓，除震破五六塊玻璃及有一二彈孔外，殊無所損失，水電瓦斯，亦已修復，故擬於二十左右，回去居住。但一過四川路橋，諸店無一開張者，入北四川路，則市廛家屋，或為火焚，或為炮毀，頗荒漠，行人亦復寥寥。如此情形，一時必難恢復，則是否適於居住，殊屬問題，我雖不憚荒涼，但若購買食物，須奔波數里，則亦居大不易耳。總之，姑且一試，倘不可耐，當另作計較，或北歸，或在英法租界另覓居屋，時局略定，租金亦想可較廉也。

（注）三月二日，淞滬戰線，我軍後退，雙方已入半休戰狀態。

一九三一年以後，魯迅並不想住在上海，他的心意中還是懷念著北京，北京的文化空氣比上海切實，但是長城戰役以及塘沽協定以後的華北，已經逐漸變色，文化人紛紛南下，他當然不能再北去了。上海以外的城市，他嘗試過廈門和廣州，也是不適合他的久住的，結果，只能在上海住下去。他所住的北四川路底山陽路大陸新村，乃是半租界範圍，屬於日本軍人的勢力。（日海軍陸戰隊建造一所堡壘式的司令部，恰在北四川路底，安陽路一帶甌在機槍掃設中）。在那樣惡劣的政治空氣中，他不能不在半租界地苟安著，幫著他的忙，有一個久住上海經營書業的內山完造。（他在北四川路底開了一家內山書店）。魯迅和內山交遊之密切，在一般朋友之上，我們從他們兩人的談話中可以看見。魯迅差不多在重大困難

時，總能獲得內山的幫助，而內山恰巧是一個日本人：在那個中日仇恨益深的時期，這樣的交誼，也是十分困難的。我們且看內山回憶錄中所說到的他們之間的談論片斷，其中最豐富的人情味。

有一天，魯迅對內山說：「老板，孔老夫子如果此刻還活著的話，那麼他是親日呢？還是排日呢？」內山笑道：「大概有時親日，有時排日吧。」魯迅聽了，他就哈哈大笑起來了。他們接著又談到時事上去，魯迅問他：「老闆，你以為胡漢民到不到南京來？」內山說：「我不曉得，政治家的動向，對於我是沒有興趣的，所以我還沒有想過哩！」魯迅接著又說：「胡是親日呢？還是排日呢？」內山也說：「大概有時親日，有時排日吧。」魯迅也笑道：「那我們不能賭輸贏啦！」民族之間的情緒，緊張到那個程度，而私人的交誼，深切到如此地步，這也可以說是一段佳話；可是魯迅之能在上海住下去，有賴於內山完造的支持，也是顯然的。（由此看來，內山也正是一個富有人情味的人。）

從「一‧二八」到淞滬協定那半年間，政局相當混亂，其後，不久，蔣介石又從暫時退隱的溪口，回到南京，重復抓回政權，他很快又回到「安內」政策上去。其間，除了打擊十九路軍在福建所組織的人民政府以外，依舊繼續他在江西的剿共軍事行動。（此外，和西南的粵桂軍人，一直在對立著）到了一九三三年冬間，中共的軍隊，從赤都瑞金撤出，開始向西北轉進，即所謂二萬五千里長征。蔣介石隨著他的追剿計劃，不僅迫著中共遠遁，而且完成了對大西南的統一局面。這一來，他便開始他的追隨希特勒的法西斯統治。上海文化界，才受到了最冷酷的鎮壓，那是魯迅處境最困苦的時期。（上面說到的蔡元培和孫夫人所領導的民權保障同盟會，便是那一時期成立的。）那時期，南京上海成立了圖書雜誌檢查委員會，在上海檢查尤為嚴格。魯迅的文章，幾乎沒有地方可以發表。他時常更換筆名，有時一篇文章，一個筆名。筆跡換人抄過，而被檢查者抽去，或大遭刪削。（當然，也有張冠李戴的，如唐弢

另有其人，檢查眼光不夠，硬派定是魯迅的文字呢。）

　　魯迅嘆息道：別國的檢查不過是刪去，這裡卻是給作者改文章。那些人物，原是做不成作家，這才改做官的，現在卻來改文章了，你想被改者冤枉不冤枉。即使在刪削的時候，也是刪而又刪，有時竟像講昏話，使人看不懂。許壽裳曾說：魯迅有時也感到寂寞，對我訴說獨戰的悲哀，一切人的靠不住。我默然寄以同情，但我看他的自信力很強，肯硬看頭皮苦幹。我便鼓勵著說：「這是無足怪的，你的詩『兩間餘一卒，荷戟獨徬徨』，已成為『兩間餘一卒』，挺戟獨衝鋒』了。」筆者那時期，開始和魯迅有往還，雖不十分密切，卻也了解他的心境，我知道他是孤獨的，並不如一般人所想像的成為青年的領袖呢！

　　魯迅在晚年所寫的雜文，量既很多，質也很好，也可說是他的創作欲最旺盛的時期。那幾年的散文集，有《南腔北調集》、《偽自由書》、《准風月談》、《且介亭雜文》一、二、末編三集。他的雜文，以上海申報《自由談》為主要陣地，我們可以稱之為」自由談「時期。其他則散見於《十字街頭》、《文學月報》、《北斗》、《現在》《濤聲》、《論語》、《申報月刊》、《文學》等刊物。

　　魯迅和《自由談》的關係，（那時，黎烈文主編，後來改由張梓生繼任。）他在《偽自由名》前記中曾經提到過。他說：「我到上海以後，日報是看的，卻從來沒有投過搞，也沒有想到過，並且也沒有注意過日報的文藝欄，所以也不知道《申報》在什麼時候開始有了《自由談》，《自由談》裡是怎樣的文字。大約是去年的年底罷（一九三一年），偶然遇見郁達夫先生，他告訴我說，《自由談》的編輯新換了黎烈文先生了，但他才從法國回來，人生地疏，怕一時集不起稿子，要我去投幾回稿。我就漫應之曰：那是可以的。」（《自由談》原由周瘦鵑主編，到了黎烈文接編，才成為新文藝副刊的。魯迅所寫的，可以說是《刊頭文》，一個長方塊，約

一千三百字上下。那時，魯迅寫了三分之一，筆者也寫了三分之一，其他朋友，也寫了三分之一。）「但從此我就看看《自由談》，不過仍然沒有投稿。……給《自由談》的投稿……第一篇是《崇實》；又因為我舊日的筆名有時不能通用，便改題了『何家幹』，有時也用『幹』或『丁萌』。這些短評，有的由於個人的感觸，有的則出於時事的刺戟，但意思都極平常，說話往往也很晦澀，我知道《自由談》並非同人雜誌，『自由』更當然不過是一句反話，我決不想在這上面去馳騁的。我之所以投稿，一是為了朋友的交情，一則在給寂寞者以吶喊，也還是由於自己的老脾氣。然而我的壞處，是在論時事不留面子，砭錮弊常取類型，而後者尤與時宜不合。蓋寫類型者，……於壞處，恰如病理上的圖，假如是瘡疽，則這圖便是一切某瘡某疽的標本，或和某甲的瘡有些相像，或和某乙的疽有點相同。而見者不察，以為所畫的只是他某甲的瘡，無端侮辱，於是就必欲判你畫者的死命了。」

　　自從魯迅參加《自由談》的短評，這一副刊，就生氣勃勃，為國人所注意，尤其是青年讀者。那一時期的《自由談》，可以說是繼當年的《學燈》、《覺悟》，成為領導思想動向的燈台了。魯迅的稿子，既這麼引起讀者的注意，政府檢查員那就格外注意他的文字了。如魯迅所說的：「我的投稿，平均每月八九篇，但到今年五月初，竟接連的不能發表了，我想，這是因為其時諱言時事而我的文字卻常不免涉及時事的緣故。這禁止的是官方檢查員，還是報館總編輯呢，我不知道，也無須知道。」

　　一九三三年五月二十五日，《自由談》編者，刊出了「籲請海內文豪，以茲多談風月」的啟事，外間的壓力便更強了。魯迅曾在《准風月談》的前記中，說：「我的談風月也終於談出了亂子來，不過也並非為了主張『殺人放火』。其實，以為『多談風月』，就是『莫談國事』的意思，是誤解的。『漫談國事』倒並不要緊，只是要『漫』，發出去的箭石，不要正中了有些人物的鼻樑，因為這

是他的武器，也是他的幌子。從六月起的投稿，我就用種種的筆名了，一面固然為了省事，一面也省得有人罵讀者們不管文字，只看作者的署名。然而這麼一來，卻又使一些看文字不用視覺，專靠嗅覺的『文學家』疑神疑鬼，而他們的嗅覺又沒有和全體一同進化，至於看見一個新的作家的名字，就疑心是我的化名，對我嗚嗚不已，有時簡直連讀者都被他們鬧得莫名其妙了。」這是他在寫稿中的真實遭遇。

魯迅曾在一篇《從諷刺到幽默》中說：「因為所諷刺的是這一流社會，其中的各分子便各各覺得好像刺著了自己，就一個個的暗暗迎出來，又用了他們的諷刺，想來刺死這諷刺者。」他寫雜文所碰到的敵人就是如此的。

《自由談》那麼小小的副刊，在那時期卻十分熱鬧，影響非常之大，我們且看《偽自由書》《准風月談》二書那兩篇長長的後記，就可以了解他當時所處的環境，以及他那些雜感文所激起的反應（若不重看他的《後記》，幾乎記不起當年文壇一些重大的事故了）。

那是「法西斯狂」滲透到文藝界來的時期，蔣介石正在羨慕他的西方夥伴希特勒、墨索里尼的神武，他的黨徒也開始要送他到高高在上的神龕去。所謂新生活運動，除了四維八德那些口號以外，加上了對「委員長」的肅然起敬，只要有人說到「蔣委員長」，就得立正以下。也許被「棒喝」二字所鼓舞，他們也要表演恐怖統治的威力。《申報》館的老闆史量才和中央研究院的副院長楊杏佛，就在那一時期被暗殺的。牛蘭夫婦、陳獨秀、丁玲，都是那一時期被捕的。（那時，外傳丁玲已被處死，筆者有一天，忽接魯迅來信，信中附了一首悼丁君的詩：「如磐夜氣壓重樓，剪柳春風導九秋，瑤瑟凝塵清怨絕，可憐無女耀高丘。」刊在《濤聲》週刊上。其實丁玲並沒有死，不久便出獄了。）此外還有更精新的「全武行」，藝華影片公司的滬西攝影場，曾被「影界劇共同志會」搗

毀，「暴徒」分投各辦事室肆行搗毀，並散發的紙印刷小傳單和一種油印宣言，其他「聯華」、「明星」、「天一」等公司也被恫嚇，如不改變方針，今後當準備更激烈手段應付。同時他們警告各電影院，拒演田漢、沈端先（夏衍）、卜萬蒼所編導之影片，良友圖書公司、神州國光社及光華書局也先後被搗毀被恫嚇，他們還搗毀了《中國論壇報》的印刷所。他們警告各書局，不得刊行、登載、發行魯迅、茅盾、沈端先、錢杏邨及其他赤色作家之作品，看起來頗像棒喝團起義的鏡頭了。實際上，乃是政府當局所指使，由張道藩主其事，王平陵為官方發言人。我們把這一線索看明白了，就可以體會到那一時期魯迅雜感文所批評的對象，以及骨子裡的含義了。

當時，有一批從共方「感化」過來，成為政府的特務文人的，他們辦了一種《社會新聞》，不時有驚人的「異聞」。有時說魯迅、茅盾是《自由談》的台柱；有時說黎烈文拉曹某人「左聯」；有時又說《自由談》態度轉變，左翼作家紛紛離滬；說魯迅赴青島，沈雁冰在浦東鄉間，郁達夫往杭州，陳望道回家鄉。這些消息，後來看看十分可笑，但他們卻以為是文化戰鬥的好手筆。魯迅呢，他也幽默得很，就把這些材料，以類相從，整理成為一篇《後記》，使那些攻擊的人哭笑不得。

他曾經有這一段極詼諧的話：「記得《偽自由書》出版的時候，《社會新聞》曾經有過一篇批評，說我的所以印行那一本書的本意，完全是為了一條尾巴——《後記》。這其實是誤解的。我的雜文，所寫的常是一鼻，一嘴，一毛，但合起來，已幾乎是或一形象的全體，不加什麼原也過得去的了。但畫上一條尾巴，卻見得更加完全。所以，我的要寫後記，除了我是弄筆的人，總要動筆之外，只在要這一本書裡所畫的形象，更成為完全的一個具象，卻不是『完全為了一條尾巴』。」《准風月談》的「內容也還和先前的一樣，批評社會的現象，尤其是文壇的情形。因為筆名改得勤，開

始倒還平安無事。然而『江山易改、秉性難易』，我知道自己終於不能安分守己。《序的解放》碰著了曾今可的《豪語的折扣》又觸犯了張資平，此外在不知不覺之中得罪了一些別的什麼偉人，我還自己不知道。但是待到做了《各種捐班》和《登龍術拾遺》以後，這案件可就鬧大了。」那一時期，他所諷刺的，已經不是梁實秋、陳西瀅，而是曾今可、王平陵、楊邨人、施蟄存了。

有人說，魯迅在上海時期的領導工作，（他自己並不願處於領導地位，同時『左聯』也不讓去他領導，直到他死後才奉他為神明，好似他是那時期的領導者）以為他對於「第三種人」的攻擊，也是一場重要的爭辯。魯迅的文藝觀，我們可以從他的論文及演講中看到。他認為「文藝和政治時時在衝突之中，⋯⋯政治想維繫現狀使它統一，文藝催促社會進化，使它漸漸分離；文藝雖使社會分裂，但是社會這樣才進步起來。文藝既是政治家的眼中釘，那就不免被擠出去。」「文學和革命是有大關係的，例如可以用這來宣傳，鼓吹，煽動，促進完成革命。不過我想，這樣的文章是無力的，因為好的文藝作品，向來多是不受別人命令，不顧利害，自然而然地從心中流露的東西；如果先掛起一個題目，做起文章來，那又何異於八股，在文學中並無價值，更說不到能否感動人了。」所以，他說「政治家既永遠怪文藝家破壞他們的統一，偏見如此，所以我從來不肯和政治家去說」。從這些話看來，他雖反對為藝術而藝術，卻也反對為政治而藝術（他是主張為人生而藝術的）。

不過，那時期的政治環境，在國共政治鬥爭尖銳化的當中，迫著他非接近了被壓迫的一面，成為中共的同路人（這也是他的倔強個性使然）。依我的看法，他還是孤軍作戰的，並不受中共的領導（我和馮雪峰的看法相反）。

關於文藝自由的論辯，胡秋原首先在《文化評論》上提出「自由人」的口號，這是羅曼羅蘭寫給蒿普特曼信中的話，他說：「文藝至死是自由的、民主的。」「藝術雖然不是至上，然而決不是至

下的東西。將藝術墮落到一種政治的留聲機，那是藝術的叛徒。」「文化與藝術之發展，全靠各種意識互相競爭，才有萬華繚亂之趣；中國與歐洲文化，發達於自由表現的先秦與希臘時代，而僵化於中心意識形成之時。用一種中心意識獨裁文壇，結果，只有奴才奉命執筆而已。」他的說法，和魯迅的說法，也不見得有多大的差別。

　　所不同者，魯迅認識社會文化在獨裁政治下被迫害，有不能袖手旁觀作第三種人之勢，所以他支持維護正義拔刀相助，以抗在上的黑暗政治的。（他認為在這時期袖手旁現，便等於幫助了惡勢力。）筆者也了解自稱「第三種人」的蘇汶（戴杜衡）他所說的，也代表著若干在國共鬥爭夾縫中的文人的意見。他說：「在智識階級的自由人和不自由的、有黨派的階級鬥爭爭著文壇霸權的時候，最吃香的，卻是這兩種人之外的「第三種人」。這「第三種人」便是所謂作者之群。作者，老實說，是多少帶點我前面所說起的死抱住文學不肯放手的氣味的；終於文學不再是文學了，變為連環圖畫之類；而作者也不再是作者了，變為煽動家之類。死抱住文學不放手的作者們是終於只能放手了。然而你說他們捨得放手嗎？他們還在戀戀不捨地要藝術的價值。」參加這一論爭的作者很多，魯迅的說法是這樣：「左翼作家並不是從天上掉下來的神兵，或國外殺進來的仇敵，他不但要那同走幾步的『同路人』，還要招致那站在路旁看看的看客，也一同前進。」這是向兩方面說的，一方面不要關門，一方面也要放棄旁觀的態度。

　　他又說：「他（蘇汶）以為左翼的批評家，動不動就說作家是『資產階級的走狗』，甚至於將中立者認為非中立，而一非中立，便有認為『資產階級的走狗』的可能，號稱『左翼作家』者既然『左而不作』，『第三種人』又要作而不敢，於是文壇上便沒有東西了。然而文藝據說至少有一部分是超出於階級鬥爭之外的，為將來的，就是『第三種人』所抱住的真的，永久的文藝。——但可

惜，被左翼理論家弄得不敢作了，因為作家在未作之前，就有被罵的預感。我相信這種預感也會有的，而以『第三種人』自命的作家，也愈加容易有。我也相信作者所說，現在很有懂得理論，而感情難變的作家。然而感情不變，則懂得理論的度數，就不免和感情已變或略變者有些不同，而看法也就因此兩樣。蘇汶先生的看法，由我看來，是並不正確的。」「生在有階級的社會裡面要作超階級的作家，生在戰鬥的時代而要離開戰鬥而獨立，生在現在而要做給與將來作品，這樣的人，實在也是一個心造的幻影，在現實世界上是沒有的。要做這樣的人，恰如用自己的手拔著頭髮，要離開地球一樣，他離不開，焦躁著，然而並非因為有人搖了搖頭，使他不敢拔了的緣故。」他那時的觀點，便是如此。

　　林語堂主編的《論語》半月刊，創刊於一九三二年，那正是淞滬協定訂立以後，國難日趨嚴重之時。林語堂和魯迅本來是朋友，魯迅到廈門大學去教書，也是林語堂所推薦的。林氏本來是《語絲》社的基本社友之一，他的主張，本來和《語絲》那一群人一樣積極的。他曾說過：「凡有獨立思想，有誠意私見的人，都免不了有多少要涉及罵人。罵人正是保持學者自身的尊嚴，不罵人時，才是真正丟盡了學者的人格。所以有人說《語絲》社是土匪，《猛進》社盡是傻子，這也是極可相賀的事體。」可以說是贊成魯迅的諷刺文體的。他把「幽默」譯介過來，也是《語絲》時期的事，直到《論語》出版，才大吹大擂捧上幽默來。《論語》也可以說是《話絲》的一支，但和魯迅的路向有了距離了。那時，魯迅就對於林氏所提倡的「幽默」，提出忠告式的異議。他說：「老實說罷，他所提倡的東西，我是常常反對的。先前，是對於『費厄潑賴』，現在呢，就是『幽默』。我不愛『幽默』，並且以為這是只有愛開圓桌會議的國民才鬧得出來的玩意兒，在中國，卻連意譯也辦不到。我們有唐伯虎，有徐文長；還有最有名的金聖嘆，『殺頭，至痛也，而聖嘆以無意得之，大奇！』雖然不知道這是真話，是笑

話；是事實，還是謠言。但總之：一來，是聲明了聖嘆並非反抗的叛徒；二來，是將屠戶的凶殘，使大家化為一笑收場大吉。我們只有這樣的東西，和『幽默』是並無什麼瓜葛的。」（當時的《論語》，林語堂所寫的半月《論語》，也還是帶著刺的，所以即算是提倡幽默，也還是到處碰壁的。）《論語》在當時那麼流行，魯迅的批判是這樣：「然而社會諷刺家究竟是危險的，尤其是在有些『文學家』明明暗暗的成了『王之爪牙』的時代。人們誰高興做『文字獄』中的主角呢，但倘不死絕，肚子裡總還有半口悶氣，要借笑的幌子，哈哈的吐他出來。笑笑既不至於得罪別人，現在的法律上也尚無國民必須哭喪臉的規定，並非『非法』，蓋可斷言的。我想：這便是去年以來，文字上流行了『幽默』的原因，但其中單是『為笑笑而笑』的自然不少。」

　　到了一九三三年，林語堂主編了提倡閒適小品的《人間世》半月刊出來，主張：「小品文，以自我為中心，在閒適為格調，與各體別，西方文學所謂個人單調是也。」「今之所謂小品文，蓋誠所謂宇宙之大，蒼蠅之微，無不可入我範圍矣。」的確有些鑽牛角尖，引起了魯迅的批判，他指出小品文之危機，說：「『小擺設』當然不會有大發展。到五四運動的時候，才又來了一個展開，散文小品的成功，幾乎在小說戲曲和詩歌之上。這之中，自然含著掙扎和戰鬥，但因為常取法於英國的隨筆（Essay），所以也帶一點幽默和雍容；寫法也有漂亮和縝密的，這是為了對於舊文學的示威，在表示舊文學之自以為特長者，白話文學也並非做不到。以後的路，本來明明是更分明的掙扎和戰鬥，因為這原是萌芽於『文學革命』以至於『思想革命』的。但現在的趨勢，卻在特別提倡和那舊文章相合之點，雍容，漂亮，縝密，就是要它成為『小擺設』，供雅人的摩挲，並且想青年摩挲了這些『小擺設』，由粗暴而變為風雅了。」魯迅對林語堂的忠告是懇切的，在上海時期，他們也時常往還的，可是到了一九三三年以後，就彼此疏遠了。筆者覺得十分

悵然的，他們最後會面，還是那年秋天，在我家中那一席晚飯呢！

魯迅對林語堂的正面批評，曾見於其寄許壽裳的信中，說到；「語堂為提倡語錄體，在此幾成眾矢之的，然此公亦太淺陋矣！」他回我的信也說：「語堂是我的老朋友，我應以朋友待之。當《人間世》還未出世，《論語》已很無聊時，曾經竭了我的誠意，寫一封信，勸他放棄這玩意兒，我並不主張他去革命，拼死，只勸他譯些英國文學名作，以他的英文程度，不但譯本於今有用，在將來恐怕也有用的。他回我的信是說，這些事等他老了再說。這時我才悟到我的意見，在語堂看來是暮氣，但我至今還自信是良言，要他於中國有益，要他在中國存留，並非要他消滅。他能更急進，那當然更好，但我看是決不會的，我決不出難題給別人做。不過另外也無話可說了。」

筆者回想到一九三三年秋天，我們剛籌辦《太白》半月刊的時候（那時，《濤聲》週刊已經停刊，《芒種》半月刊剛出版。《太白》半月刊係生活書店的刊物，陳望道主編和傅東華主編的《文學》、艾寒松主編的《大眾生活週刊》，稱為生活三大刊物。）陳望道綜其成，在文化運動上有所施為，總可以獲得魯迅的支援。我們商談對論，魯迅很少在座，但他的步惆，每每和我們相一致。有些史家，把《芒種》、《太白》代表小品文的另一面，和提倡閒適情調的《人間世》相對立，魯迅是站在我們這一面的。他說：「小品文的生存，也只仗著掙扎和戰鬥的。晉朝的清言，早和它的朝代一同消歇了。唐末詩風衰落，而小品文放了光輝。但羅隱的《讒書》，幾乎全部是抗爭和憤激之談；皮日休和陸龜蒙自以為隱士，別人也稱之為隱士，而看他們在《皮子文藪》和《笠澤叢書》中的小品文，並沒有忘記天下，正是一場糊塗的泥塘裡的光彩和鋒芒。明末的小品雖然比較的頹放，卻並非全是吟風弄月，其中有不平，有諷刺，有攻擊，有破壞。這種作風，也觸著了滿洲君臣的心病，費去了許多助虐的武將的刀鋒，幫閒的文臣的筆鋒，直到乾隆年

問，這才壓制下去了。以後呢，就來了『小擺設』。」這是正對著林語堂所提倡的奉袁中郎為宗師，以李笠翁一家言為經典的語錄體，加以抨擊。他說：「生存的小品文，必須是匕首，是投槍，能和讀者一同殺出一條生存的血路的東西；但自然，它也能給人愉快和休息，然而這並不是『小擺設』，更不是撫慰和麻痺，它給人的愉快和休息是休養，是勞作和戰鬥之前的準備。」我們在《芒種》、〈太白〉所提倡的雜文，正是這一面的文字，也可以說是接著《語絲》的本來路向走的。（《太白》包含三種意思：（一）比「白做」更接近大眾的口頭語，（二）《太白》代表黎明氣象，（三）革命的旗幟。）

那年夏天，我們（陳望道、夏丏尊、葉聖陶、徐懋庸、金仲華、陳子展、樂嗣炳和我，一共八個人。）提倡大眾語，一面反對汪懋祖的復興文言，也反對林語堂的語錄體，在申報《自由談》（那時已由張梓生主編）、《文學》和《社會日報》（陳靈犀主編），各報刊上展開論戰。發動之初，我們討論了好幾回，提出了幾個要點，分別寫文章，引起普遍注意。他們要我徵求魯迅的意見，他就回我那封信。提出幾個具體主張：「（一）制定羅馬字拼音，（趙元任的太繁，用不來的）。（二）做更淺顯的白話文，採用較普通的方言，姑且算是向大眾語去的作品，至於思想，那不消說，該是『進步的』；（三）仍要支持歐化文法，當作一種後備。」這封信許多人稱引過，但大眾語運動的主要主張，還在其他各人的文章中，魯迅也只是一種意見而已。（王士菁的《魯迅傳》和王瑤的《現代中國新文學史稿》，所記載的，與事實全不相合，我相信魯迅也並不要戴這樣一頂虛妄的紙糊帽子）。

當時，魯迅應了我的請求，寫了一篇《門外文談》，那倒是大眾語運動中最有力量的文字，一面是嘗試他所說的「做更淺顯的白話文」，一面也對大眾語作建設性的支持。他說：「中國的言文，一向就並不一致的，大原因便是字難寫，只好節省些。當時的口語

的摘要，是古人的文；古代的口語的摘要，是後人的古文。」「文字在人民間萌芽，後來卻一定為特權者所收攬。據《易經》的作者所推測，『上古結繩而治』，則連結繩就已是治人者的東西。待到落在巫史的手裡的時候，更不必說了，他們都是酋長之下，萬民之上的人。社會改變下去，學習文字的人們的範圍也擴大起來，但大抵限於特權者。至於平民，那是不識字的，並非缺少學費，只因為限於資格，他不配，而且連書籍也看不見。……因為文字是特權者的東西，所以它就有了尊嚴性，並且有了神秘性。」所以，魯迅是並不贊成停止大眾語階段，而主張普遍採用新文字的。

談大眾語運動的，都看重魯迅回覆我那封信中的幾個具體的建議。我卻頗注意他開頭所說那幾句話：「現在的有些文章，覺得不少是『高論』，文章雖好，能說而不能行，一下子就消滅，而問題卻依然如故。」大眾語運動，結果只是紙面上熱鬧了一陣，沒有多大的成就。連那紙面上的熱鬧，也只支持了兩個多月，到了後來，還是吳稚暉的回信，投下了一塊巨石似的，激起了一陣浪花，依舊如魯迅所說的「問題卻依然如故」。

魯迅自己，在這一方面，倒切實去推動了一下，那便是拉丁化新文字運動。他認為，「漢字和大眾是勢不兩立的」，方塊字存在的話，大眾語便無法產生。他說：「文學的存在條件首先要會寫字，那麼，不識字的文盲群裡，當然不會有文學家的了，然而作家卻有的。我想，人類是在未有文字之前，就有了創作的，可惜沒有人記下，也沒有法子記下。……到現在，到處還是民謠、山歌、漁歌等，這就是不識字的詩人的作品；也傳述著童話和故事，這就是不識字的小說家的作品；他們就都是不識字的作家。要這樣的作品為大家所共有，首先也就是要這作家能寫字，同時也還要讀者們能識字以至能寫字，一句話：將文字交給一切人。」

他指出將文字交給大眾的事實，從清朝末年，就已經有了的勞乃宣、王照，都曾推行過他們的拼音簡字，吳稚暉、錢玄同、趙元

任、黎錦熙都曾提倡過注音字母拼音，推行羅馬拼音字，教會中尤其熱心去推行。我們就在苗族地區看見過拼音苗文《聖經》。魯迅所提倡時，便是比教育部所頒布的國語羅馬字稍為簡單化的拉丁化新文字。它只有二十八個字母，拼法也容易學。他說，中國究竟還是講北方話的人多，將來如果真有一種到處流行的大眾語，那主力也恐怕還是北方話罷。為今之計，只要酌量增減一點，使它合於該地方所特有的音，也就可以用到無論什麼窮鄉僻壤去了。那麼，只要認識二十八個字母，學一點拼法和寫法，除懶蟲和低能外，就都能夠寫得出，看得懂了。

他也主張在開首的啟蒙時期，各地方各寫它的土話，用不著顧到和別地方意思不相通。但一面又要漸漸的加入普通的語法和語滙了。先用固有的、是一地方的語文的大眾化，加入新的去，是全國的語文的大眾化。「此後當然還要做。年深月久之後，語文更加一致，和『煉話』一樣好，比古典還要活的東西，也漸漸的形成，文學就更加精彩了。」（他回答新文字研究會的話，意思也和《門外文談》中所說的大致相同。）不過，拉丁化拼音新文字，在推行上所碰到的艱苦，比預想大得多；雖說注音字可是政府所公佈的，羅馬國音字，也是政府所「欽定」為第二種國音字母的，但政府省局卻把拉丁化新文字看得和洪水猛獸那麼危險，好似文字仍是中共的宣傳工具，由於這一類印刷品而無辜入獄的青年，各地都有。所以魯迅當時就嘆息道：「他們卻深知道新文字對於勞苦大眾有利，所以在彌漫著白色恐怖的地方，這新文字是一定要受摧殘的。現在連並非新文字，而只是更接近口語的『大眾語，也在受著苛酷的壓迫和摧殘。」（中共執政以後，拉丁化新文字仍在研究階段，並未普遍推行，目前所做的，依舊是普及注音字母，簡體字及普及北京話，那都是我們當時所提倡的幾種語文工作。）也確有想像不到的艱苦，他有一段鼓勵我們的話：「我也同意於一切冷笑家所冷嘲的大眾語的前途的艱難，但以為即使艱難，也還要做，愈艱難，就愈

要做。改革，是向來沒有一帆風順的，冷笑家的贊成，是在見了成效之後，如果不信，又看提倡的白話文的當時。」從這一觀點，他也支持「連環圖畫」；那時，有人嘲笑這一種藝術品的庸俗；新文化運動，本來是為大眾著想的。他說：「連環圖畫便時取『出相』的格式，收『智燈難字』的功效的，倘要啟蒙，實在也是一種利器。「他對於一切文化運功，都是這麼積極在吶喊的。

　　許壽裳畢竟是魯迅的知己朋友，他懂得魯迅的遠大的一面。他說到魯迅的為將來，可以拿他的兒童教育問題為代表。「救救孩子」這句話是他一生的獅子吼，自從他的《狂人日記》的末句起，中間像《野草》的《風箏》，說兒童的精神虐殺，直到臨死前，憤於《申報》兒童專刊的謬說，作《立此存照》（七）有云：「真的要『救救孩子』」。他的事業目標都在注於此。在他的《二十四孝圖》中說：「詛咒一切反對白話，妨害白話者。」就是為的兒童的讀物。在他的《我們現在怎樣做父親》中有云；「自己背著因襲的重擔，肩住了黑暗的閘門，放他們到寬闊的光明地方去；此後幸福的度日，合理的做人。」因之對於兒童讀物，費了不少心血，他的創作不待言，他的譯品就有了多篇是童話，例如《錶》的譯本，真是又新鮮，又有益。「為了新的孩子們，是一定要給他新作品，使他向著變化不停的新世界，不斷的發榮滋長的。」「十來年前，葉紹鈞先生的《稻草人》是給中國的童話開了一條自己創作的路的。不料此後不但並無蛻變，而且也沒有人追蹤，倒是拼命的在向後轉。」不僅此也，魯迅對於兒童看的畫本，也有嚴正的指示。他說：「畫中人物，大抵倘不是帶著橫暴頑冥的氣味，甚而至於流氓模樣的，過度的惡作劇的頑童，就是鉤頭聳背，低眉順眼，一副死板板的臉相所謂『好孩子』。這雖然由於畫家本領的欠缺，但也是取兒童為範本的，而從此又以作供給兒童仿效的範本。我們試一看別國的兒童罷，英國沉著，德國粗豪，俄國雄厚，法國漂亮，日本聰明，都沒有一點中國似的衰憊的氣象。觀民眾是不但可以由詩

文，也可以由圖畫，而且可以由不為人們所重的兒童畫的。頑劣、鈍滯，都足以使人沒落、滅亡。童年的情形，便是將來的命運。我們的新人物，講戀愛，講小家庭，講自立，講享樂了，但很少有人為兒女提出家庭教育的問題，學校教育的問題，社會改革的問題。先前的人，只知道『為兒孫作馬牛』，固然是錯誤的，但只顧現在，不想將來，『任兒孫作馬牛』卻不能不說是一個更大的錯誤。」（許氏也說到魯迅的北京西三條胡同住屋，不但房間多，而且空地極大。魯迅時他說過，取其空地很寬大，宜於兒童的遊玩。那時，魯迅並無子息，而其兩弟作人和建人都有子女，他鍾愛侄兒們，視同自己的所出，處處實行他的兒童本位的教育。）

　　一九二九年九月，景宋夫人生產了一個男孩，那便是「海嬰」。許壽裳氏有一段很有趣的記載：「海嬰生性活潑，魯迅曾對我說：『這小孩非常淘氣，有時弄得我頭昏，他竟問我：爸爸可不可吃的？我答：要吃也可以，自然是不吃的好。』我聽了一笑，說他正在幻想大盛的時期，而本性又是帶神經質的。魯迅頗首肯，後來他作客答誚一詩，寫出愛憐的情緒云：『無情未必真豪傑，憐子如何不丈夫。知否興風狂嘯者，回眸時看小於菟！』」我們且看魯迅另外一篇《從孩子的照相說起》，意義更是深長。他說：「因為長久沒有小孩子，曾有人說，這是我做人不好的報應，要絕種的。房東太太討厭我的時候，就不准她的孩子們到我這裡玩，叫做『給他冷清冷清，冷清得他要死！』但是，現在卻有了一個孩子，雖然能不能養大也很難說，然而目下總算已經頗能說些話，發表他自己的意見了。不過不會說還好，一會說，就使我覺得他彷彿也是我的敵人。他有時對於我很不滿，有一回，當面對我說：『我做起爸爸來，還要好，』……甚而至於頗近於『反動』，曾經給我一個嚴厲的批評道：『這種爸爸，什麼爸爸？！』我不相信他的話。做兒子時，以將來的好父親自命，待到自己有了兒子的時候，先前的宣言早已忘得一乾二靜了。況且我自以為也不算怎麼壞的父親，雖然有

時也要罵，甚至於打，其實是愛他的。所以健康，活潑，頑皮，毫沒有被壓迫得瘟頭瘟腦。如果真的是一個什麼爸爸，他還敢當面發這樣反動的宣言麼？」他把自己的孩子曾在日本的照相館裡照過一張相，滿臉頑皮，也真像日本孩子，後來又在中國的照相館裡照了一張相，相類的衣服，然而面貌拘謹、馴良，是一個道地的中國孩子了。他乃慨然道：「馴良之類並不是惡德。但發展開去，對一切事無不馴良，卻決不是美德，也許簡直倒是沒出息。『爸爸』和前輩的話，固然也要聽的，但也須說得有道理。假使有一個孩子，自以為事事都不如人，鞠躬倒退：或有滿臉笑容，實際上卻總是明謀暗箭，我實在寧可聽到當面罵我；『什麼東西』的爽快，而且希望他自己是一個東西。」

魯迅和左聯的關係，究竟和諧到什麼程度？我以為並不是找不到的答案，不過有人要強調魯迅怎樣怎樣支持中共的文藝政策，所以要把這一類答案掩蓋著。就在魯迅臨死那八個月，魯迅為了抗日統一戰線和徐懋庸鬧得破臉那一回事，該是一件不愉快的事。那時，懋庸和我住在一起，而且是無話不談的（當然，他對於黨的機密是不談的），但，朋友們問我：「他們兩人之間，究竟為什麼要破壞？」我是無從作答的。依我的看法，魯迅一向富於正義感，那時對於當局所壓迫的在野黨，如中共救國會的言行，他是拔刀相助的；可是並不一定完全左祖執行政策的人士。我們且看他們往來信中所說的話，就可以明白了。

徐懋庸寫給魯迅的信（一九三六年八月一日，離開魯迅的死，只有兩個月了），開頭就說：「自先生一病，加以文藝界的糾紛，我就無緣再親聆教誨，思之常覺愴然！」（那半年中，他們之間，已經沒有書信往來，我是知道的。因為，魯迅覆徐氏的信，常是由我轉的，忽然，信中不再提到徐氏，我知道此中必有變化。）接著，他對魯迅的朋友們批評得十分露骨，說：「在目前，我總覺得先生最近半年來的言行，是無意地助長著惡劣的傾向的。以胡風的

性情之詐，以黃源的行為之詔，先生都沒有細察，永遠被他們據為私有，眩惑群眾，若偶像然，於是從他們的野心出發的分離運動，遂一發而不可收拾矣。胡風他們的行功，顯然是出於私心的、極端的宗派運動，他們的理論，前後矛盾，錯誤百出。……對於他們的言行，打擊本極易，但徒以有先生作著他們的盾牌，人誰不愛先生，所以在實際解決和文字鬥爭上都感到絕大的困難。我知道先生的本意。先生是唯恐參加統一戰線的左翼戰友放棄原來的立場，而看到胡風們在樣子上尚左得可愛；所以贊同了他們的。但我要告訴先生，這是先生對於現在的基本政策沒有了解之故。……我覺得不看事而只看人，是最近半年來先生的錯誤的根由。」

這可真把魯迅激怒了，他的回信，那麼破口大罵的神情，也是魯迅以往論戰文字所不曾有過的。（這封信，正面所攻擊的，不僅是徐懋庸，而是周揚。）他說：「以上，是徐懋庸給我的一封信……人們也不免因此看得出：這發信者倒是有些『惡劣』的青年！……在國難當頭的現在，白天裡講些冠冕堂皇的話，暗夜裡進行一些離間、挑撥、分裂的勾當的，不就正是這些人麼？」

他就老老實實提出了一段事實：「其次，是我和胡風、巴金、黃源諸人的關係。我和他們，是新近才認識的，都由於文學工作上的關係，雖然還不能稱為至交，但已可以說是朋友。不能提出真憑實據，而任意誣我的朋友為『內奸』，為『卑劣』者，我是要加以辯正的，這不僅是我的交友的道義，也是看人看事的結果。徐懋庸說我只看人，不看事，是誣枉的，我就先看了一些事，然後看見了徐懋庸之類的人。胡風我先前並不熟識，去年的有一天，一位名人約我談話了，到得那裡，卻見駛來了一輛汽車，從中跳出四條漢子：田漢、周起應（揚）還有另兩個，一律洋服，態度軒昂，說是特來通知我：胡風乃是內奸，官方派來的。我問憑據，則說是得自轉向以後的穆木天口中。轉向者的言談，到左聯就奉為聖旨。這真使我口呆目瞪。再經幾度問答之後，我的回答是：證據薄弱之極，

我不相信！當時自然不歡而散，但從來也不再聽人說胡風是『內奸』了。然而奇怪，此後的小報，每當攻擊胡風時，便往往不免拉上我，或由我而涉及胡風……同時，我也看人：即使胡風不可信，但對我自己這人，我自己總還可以相信的，我就並沒有經胡風向南京講條件的事。因此，我倒明白了胡風鯁直，易於招怨，是可接近的，而對於周起應之矣，輕易誣人的青年，反而懷疑以至憎惡起來了。」

　　這一封信，對於左聯的打擊是很重的，只不過其中的最高當局是要爭取魯迅的，魯迅一死，這一論爭，也就過去了。（筆者當時參加「文藝家協會」，並非參加「文藝工作協會」，絕無左袒魯迅之意。這兒的敘述，只是存真，證明有人所說魯迅領導大眾語運功，領導統一戰線，都是和事實完全不合的。）

十七　《死》

　　魯迅有一篇以《死》為題的雜感文，那是一九三六年九月五日
寫的，再過一個半月，他真的死去了。我還記得九月中旬，看見
他，病後雖是消瘦得很；危機卻已過去了。那篇文章，只能說是他
由凱綏珂勒惠支的畫題而引申出來的感想，並非真的要立遺囑的。
他自己也不相信，已經迫近死期了，雖說那位在上海的唯一的歐洲
的肺病專家，宣告他五年前已經該死去了。他說：「我並不怎麼樣
介意於他的宣告，但也受了些影響，日夜躺著，無力說話，無力看
書。連報紙也拿不動，又未曾煉到『心如古井』，就只好想，而從
此竟有時要想到『死』了。不過所想的也並非『二十年後又是一條
好漢，』或者怎樣久住在楠木棺材裡之類，而是臨終之前的瑣事。
在這時候，我才確信，我是到底相信人死無鬼的。我只想到過寫遺
囑，以為我倘曾貴為宮保，富有千萬，兒子和女婿及其他一定早已
逼我寫好遺囑了，現在卻誰也不提起。但是，我也留下一張罷。當
時，好像很想定了一些，都是為給親屬的，其中有的是：

　　一、不得因為喪事，收受任何人的一文錢。——但老朋友的，
　　　　不在此例。
　　二、趕快收殮，埋掉，拉倒。
　　三、不要做任何關於紀念的事情。

四、忘記我，管自己生活。——倘不，那就真是糊塗蟲。

五、孩子長大，倘無才能，可尋點小事情過活，萬不可去做空
　　頭文學家，或美術家。

六、別人應許給你的事物，不可當真。

七、損著別人的牙眼，卻反對報復，主張寬容的人，萬勿和他
　　接近。

　　此外自然還有，現在忘記了。只還記得在發熱時，又曾想到歐洲人臨死時，往往有一種儀式，是請別人寬恕，自己也寬恕了別人。我的怨敵可謂多矣，倘有新式的人問起我來，怎麼回答呢？我想了一想，決定的是：讓他們怨恨去，我也一個都不寬恕。」

　　他的遺囑，恰正如稽康的遺囑，滿是諷刺的味兒，而最大的諷刺，他遺囑中所說的話，對於他的親屬等於耳邊風。魯迅死了，就送上神龕去，大家拼命在做紀念他的事，並不曾忘記他，埋是埋掉的，並未「拉倒」。魯迅一生討厭戴紙糊帽子，他死了以後，只好讓別人替他戴上紙糊帽子。

　　那一段時期魯迅的病情起伏，我們可以看看許景宋的實錄，她說：「今年的一整個夏天，正是魯迅先生被病纏繞得透不過氣來的時光，許多愛護他的人，都為了這個消息著急。然而病狀有些好起來了。在那個時候，他說出一個夢：『他走出去，他見兩旁埋伏著兩個人，打算給他攻擊，他想：你們要當著我生病的時候攻擊我？不要緊，我身邊還有匕首呢，投出去擲在敵人身上。』他夢後不久，病更減輕了。一切壞的徵候逐漸消滅了。他可以稍稍散步些時，可以有力氣拔出身邊的匕首投向敵人，還可以看看電影，生活生活。我們戰勝『死神』，在謳歌、在歡愉。他仍然可以工作，和病前一樣。」那是他的垂死的迴光返照，他自己不覺得，她們也並未想到呢！

　　那些日子，魯迅還是照樣寫點文章，到了十月十八日黎明，魯迅寫了一張最後的字條給內山老闆：

老闆：

　出乎意料之外，從半夜起，哮喘又發作起來了。因此，已不能踐一點鐘的約，很對不起。拜託你，打個電話請須藤先生來。希望快點給我辦；草草頓首。

拜十月十八日

——這便是他的遺筆了。

　魯迅的病情，就在十月十八這一天據變的。據須藤醫生的診斷：「顏色蒼白，呼吸短微，冷汗淋漓，熱度 35.7 度，脈細實，時有停滯，腹部扁平，兩肺時有喘鳴。」他認為病勢突變，形勢不佳，隨即用酸素注射兩針，都無效驗。當時特請一位日籍看護田島，他還深以為怪，問道：「我的病，如此嚴重了嗎？」那天下午二時，續延松井、石井兩醫生會同診治，又注射「酸素」，仍無效果，他們認為病情已至絕境了。當晚復加注強心針，胸內甚悶，心部感有壓迫，終夜冷汗下流，不能入眠。十九日晨四時，天猶未曉，苦悶益加，輾轉反側。但尚能以極微弱的聲息，向其妻說「要茶」二字，這便是逝世前最後一語。以後即入彌留狀態，至五時二十五分，心臟麻痺，呼吸停止，瞑然長逝了。當時在側的，僅許廣平及胞弟建人、看護田島等三人。

　我們趕去弔唁時，只見他遺體安詳地躺在臥室靠左的一張床上，身上蓋了一條粉紅色棉質夾被，臉上也蒙著一方潔白的紗巾。他的口眼緊閉著，一頭黑髮也有幾根白絲，濃濃的眉和鬚，面容雖然消瘦一點，卻也並不怎樣難看。我一眼看去，那房間的情形是這樣，離床頭靠窗就是一張半新舊的書桌，上面雜亂地堆著些書籍、原稿、兩枝金不換毛筆挺立在筆插裡，旁邊有一只有蓋的瓷茶盅。房中這時顯得很雜亂，桌子橫頭是他在那時一篇文章裡曾經提到的藤躺椅。靠著一張方桌上滿滿堆著書，床頭床腳各有架小小書櫃。壁上掛著些木刻和油畫，一張是凱綏珂勒惠支的版畫，一張則是油

繪的嬰孩油畫，題著「海嬰生後十六月肖像」字樣。海嬰是魯迅先生唯一的愛兒，那時年七歲，這天真的孩子，似乎還不懂得人生的憂患，跳跳蹦蹦地。

先生的喪儀由蔡元培、宋慶齡、內山完造、史沫特萊、沈鈞儒、沈雁冰、蕭三等八人，組織治喪委員會，辦理一切，當日發出訃告，「即日移置萬國殯儀館，由二十日上午十時至下午五時，為各界人士瞻仰遺容的時間。依先生的遺言：『不得因為喪事收受任何人的一文錢』，除祭奠和表示哀悼的挽詞花圈以外，謝絕一切金錢上的贈送。」從二十一日早晨到二十二日下午，先後往瞻仰致祭的有一萬多人。二十二日下午二時，自動參加送殯的行列，有六七千人，沿途唱著哀歌，這是大眾的殯葬。先生的靈柩，安在滬西萬國公墓。如內山完造所說的，一個僧侶也沒有，一個牧師也沒有，一切都由八個治喪委員辦了，這等等，毫無遺恨地發揮著被葬者的人格。

關於死了以後的事，魯迅自己是談過的。他說：「大約我們的生死久已被人們隨意處置，認為無足輕重，所以自己也看得隨隨便便，不像歐洲人那樣的認真了。有些外國人說中國人最怕死。這其實是不確的——但自然，每不免模模糊糊的死掉則有之。大家所相信的死後的狀態，更助成了對於死的隨便。誰都知道，我們中國人是相信有鬼（近時或謂之『靈魂』）的，既有鬼，則死掉之後雖然已不是人，卻還不失為鬼，總還不算是一無所有。不過設想中的做鬼的久暫，卻因其人的生前的貧富而不同。窮人們大抵是以為死後就去輪迴的，根源出於佛教。……也許有人要問，既然相信輪迴，那就說不定來生會墜入更窮苦的景況，或且簡直是畜牲道，更加可怕了。但我看他們是並不這樣想的，他們確信自己並未造出誤人畜牲道的罪孽，他們從來沒有能墜畜牲道的地位權勢和金錢。然而有著地位權勢和金錢的人，卻又並不覺得該墜畜牲道，他們倒一面化為居士，準備成佛，一面自然也主張讀經復古，兼做聖賢。他們像

話著時候超出人理一樣，自以為死後也超出了輪迴的。至於沒有金錢的人，則雖然也不覺得該受輪迴，但此外也別無雄才大略，只預備安心做鬼。所以年紀一到五十上下，就給自己尋葬地，合壽材，又燒紙錢，先在冥中存儲，生下子孫，每年可吃羹飯。這實在比做人還享福。」他是在生前，看穿了一般人對於生命的執著，而有所啟悟的，只不知他此了之後，有沒有更進一步的悟道呢！

　　魯迅死了以後，當然不會埋掉拉倒的，正如一位法國大思想家法朗士（Anatole France）所說的：「人生而為偉大的人物，實為大不幸事，他們生前備受痛苦，及其死後，又硬被別人作弄，變成與其自身毫不相同的方式。」反正他已經死了，誰愛怎樣去解釋他，他也只好讓你去替他抹花臉了。彷彿有許多人要接魯迅的道統，為了答覆這一問題，他的妻子許廣平是說馮雪峰可以認為魯迅文學遺產的「通人」的。而上海成為孤島時期，唐弢、桑弧他們刊行了《魯迅風》，桂林也有《野草社》的一群，都是以魯迅的繼承人自命的。依筆者看來，就沒有一個有著魯迅風格的作家，因為他們都不夠廣大，而且也缺乏魯迅的胸襟與識力。

　　關於紀念魯迅的事，我們可以看到許多極有趣的畫面。當時，有人建議國民政府把紹興改為魯迅縣，國民黨的政權，本來十分顢頇的，也許是可能的，終於不可能，否則對於魯迅自己也是一個諷刺。為了魯迅縣的擱淺，連改績溪為胡適縣，也作罷論。留下來的倒是那位官方發言人王平陵，在他的溧陽縣，首先有了平陵路了。這也是一種諷刺。為了紀念魯迅，中共就在延安來了紀念，設立了魯迅藝術學院。在那兒，訓練了抗戰時期的革命青年。中共是懂得政治宣傳的。中共的首領中，值得紀念的，非無其人，而獨紀念了魯迅，這是他們的聰明手法，顯得蔣介石政權的愚蠢。

　　筆者曾經看到過一張手令，上面寫著「副刊文字中，以不見魯迅的姓名為上，否則也要減至極少的限度。」這一手令大概是從張道藩那邊來的。全國各地，也只有桂林、重慶、昆明這幾處地方，

可以舉行魯迅逝世紀念會的，其他大小城市，也有著不成文的禁令，好似紀念魯迅便是代表了革命。

以我所知，魯迅和郭沫若之間並不怎樣和諧的，所以他們在生前從未見過面。魯迅死後，郭沫若才開始說魯迅的好話（和《革命春秋》中所說的大不相同的話），他說：「考慮到在歷史上的地位，和那簡練有為，極盡了曲折變化之能事的文體，我感覺著魯迅有點像『文起八代之衰而道濟天下之溺』的韓愈，但魯迅的革命精神，他對於民族的榮譽貢獻和今後的影響，似乎是有過之而無不及。」郭氏也是當代的能文之士，這一段話，卻是使我們看不明白，即非違心之論，必是敷衍了事的紀念文字，而魯迅呢，平生卻最對厭韓愈，風格也相去得很遠。

徐懋庸和斯諾（Snow）都說魯迅像法國的伏爾泰，「魯迅以一支深刻冷酷的筆，冷嘲熱諷地撕破了道學家的假面具，針砭了一切阻滯中國民族前進發展的封建餘毒，像伏爾泰寫他的『憨第德』（candide）的動機，是為了打破了定命論者的謬說——永久的寬容，魯迅也供著阿Q的人生觀來諷刺中國人的『定命論』，對於窮苦、虐政，一切環境的不良，伏爾泰是高喊反抗而切恨寬容的，他燃燒了法國革命。」「伏爾泰的生前，盡憑怎樣地遭放逐、下獄，幾乎每出一冊書都被政府和教會的諂媚之徒查禁。然而他畢竟替他的真理猛烈地打開一條道路。」其他，還有人將魯迅比作俄國的普希金，也有人比之為高爾基，但他們卻忘記了魯迅思想是受著托爾斯泰和尼采的影響的，而劉復送給他的「托尼學說、魏晉文章」的聯語，則是魯迅所首肯的。

有些天真的青年，似乎對於魯迅這樣富於戰鬥精神而並未參加共產黨，乃引為恨事。許廣平還特地對他們解釋了一番；假如魯迅在世的話，他會同意她的解釋嗎？我看未必如此。魯迅對於政治生活，不一定十分感興趣的呢！

十八　印象記

　　我是認識魯迅的，有人問我對他的印象如何？我說：「要我把他想像為偉大的神，似乎是不可能的。」魯迅自己也說過：「書上的人大概比實物好一點，《紅樓夢》裡面的人物，像賈寶玉、林黛玉這些人物，都使我有異樣的同情；後來，考究一些當時的事實，到北京後，又看看梅蘭芳、姜妙香扮的賈寶玉、林黛玉，覺得並不怎樣高明。」所以，要把魯迅形容得怎樣偉大，也許表面上是褒，骨子裡反而是對他的嘲笑呢！（筆者在這兒申明幾句：以上各章，記敘魯迅生平事實，總想冷靜地撇開個人的成見，從直接史料中找出真實的魯迅。正如克林威爾所說：「畫我須似我。」以下各章中，筆者要說說我對魯迅的看法，有如王船山的《讀通鑑論》，不一定苟同前人的評論，也不一定要立異以為高的。）

　　我說：魯迅的樣兒，看起來並不怎樣偉大，有幾件小事，可以證明。有一回，魯迅碰到一個人，貿貿然問道：「那種特貨是那兒買的？」他的臉龐很削瘦，看起來好似煙鬼，所以會有這樣有趣的誤會的。又有一回，他到上海南京路外灘惠中旅館去看一位外國朋友（好像是史沫特菜）；他走進電梯去，那開電梯的簡直不理他，要他走出去，從後面的扶梯走上去。看樣子，他是跟苦工差不多的。我們且看一位小妹妹的描寫吧，這女孩子叫馬玨，馬衡的女

兒，她寫她初次見魯迅的印象是這樣：「魯迅這人，我是沒有看見過的，也不知道他是什麼樣子，在我想來，大概和小孩子差不多，一定是很愛同小孩子在一起的。不過我又聽說他是老頭兒，很大年紀的。愛漂亮嗎？大概是愛穿漂亮西服罷；一定拿著 STICK，走起來，棒頭一戳一戳的。分頭罷，卻不一定，但是要穿西服，當然是分頭了。我想他一定是這麼一個人，不會錯誤。」後來，魯迅到她們家中去了，她從玻璃窗外一看，只見一個瘦瘦的人，臉也不漂亮，不是分頭，也不是平頭。她父親叫她去見見魯迅，她看他穿了一件灰青長衫，一雙破皮鞋，又老又呆板，她覺得很奇怪，她說：「魯迅先生，我倒想不到是這麼一個不愛收拾的人；他手裡老拿著煙卷，好像腦筋裡時時刻刻在那兒想什麼似的。我心裡不住的想，總不以他是魯迅，因為腦子裡已經存了魯迅是一個小孩似的老頭兒，現在看了他竟是一個老頭兒似的老頭，所以不很相信。這時，也不知是怎麼一回事，只看著他吃東西，看來牙也是不受使喚的，嚼起來是很費力的。」那時，魯迅還不到五十歲，卻已顯得十分衰老了。

另外一位女學生吳曙天，她記她和孫伏園去看魯迅的印象，說：「在一個很僻靜的胡同裡，我們到了魯迅先生之居了。房門開了，出來一個比孫老頭兒更老的老年人，然而大約也不過五十歲左右罷，黃瘦臉龐，短鬍子，然而舉止很有神，我知道這就是魯迅先生。我開始知道魯迅先生是愛說笑話了，我訪過魯迅先生的令弟啟明先生，啟明先生也是愛說笑話。然而魯迅先生說笑話時，他自己並不笑，啟明先生說笑話時他自己也笑，這是他們哥兒倆說笑話的分別。」曙天是繪畫的，她所勾畫的魯迅輪廓，也就是這樣的。

另外，一位上海電車中的賣票員，他寫在內山書店看見魯迅的情形。他說：「店裡空得已沒有一個顧客，只有店後面長櫈子旁邊有兩個人用日本話在談笑，他們說得很快，聽不清說些什麼。有時忽然一陣大笑，像孩子一樣的天真。那笑聲裡彷彿帶著一點『非日

本』的什麼東西；我向裡面瞧了一下，陰天，暗得很，只能模糊辨出坐在南首的是一個瘦瘦的，五十上下的中國人，穿一件牙黃的長衫，嘴裡咬著一枝煙嘴，跟著那火光的一亮一亮，騰起一陣陣的煙霧。」……「原來和內山說笑話的那老人，咬著煙嘴走了出來。他的面孔是黃黑帶白，使得教人擔心，好像大病新癒的人，但是精神很好，沒有一點頹唐的樣子。頭髮約莫一寸長，原是瓦片頭，顯然好久沒有剪了，卻一根一根精神抖擻地直豎著。鬍鬚很打眼，好像濃墨寫的隸體『一』字。」

這便是他（她）們對魯迅的印象。

魯迅死了以後，周作人在北平和記者們談到魯迅的性格，說：「他這肺病，本來在十年前，就已隱伏著了；醫生勸他少生氣，多靜養；可是他的個性偏偏很強，往往因為一點小事，就和人家衝突起來，動不動就生氣，靜養更沒有這回事，所以病狀就一天一天的加重起來。說到他的思想，起初可以說是受了尼采的影響很深的，就是樹立個人主義，希望超人的實現，可是最近又有變轉到虛無主義上去了。因此，他對一切事，彷彿都很悲觀。他的個性不但很強，而且多疑，旁人說一句話，他總要想一想，這話對於他是不是有不利的地方。他在上海住的地方很秘密，除了建人和內山書店的人知道以外，其餘的人，都很難找到。」那位記者所筆錄的，大致該和周先生所說的相符合，以他的博學多識，益以骨肉之親，這些話該是十分中肯的。

當然，像魯迅這樣一個性格很強的人，他的筆鋒又那麼尖刻，那要人人對他有很好的印象，也是不可能的。那位和他對罵得很久的陳源（西瀅），說：「魯迅先生一下筆就想構陷人家的罪狀。他不是減，就是加，不是斷章取義，便捏造些事實。有人同我說，魯迅先生缺乏的是一面大鏡子，所以永遠見不到他的尊容。我說他說錯了，魯迅先生的所以這樣，正因為他有了一面大鏡子。你見過趙子昂畫馬的故事罷！他要畫一個姿勢，就對鏡伏地做出那個姿勢

來。魯迅先生的文章也是對了他的大鏡子寫的；沒有一句罵人的話不能應用在他自己的身上。他常常散佈流言和捏造事實，但是他自己又常常的罵人『散佈流言』、『捏造事實』，並且承認那樣是『下流』。他常常的無故罵人，要是那人生氣，他就說人家沒有幽默。可是要是有人侵犯了他一言半語，他就跳到半天空罵得你體無完膚，還不肯罷休。」他又說：「有人說，他們兄弟倆都有他們貴鄉的刑名師爺的脾氣。這話，啟明先生自己也好像曾有部分的承認，不過我們得分別，一位是沒有做過官的刑名師爺，一位是做了十幾年官的刑名師爺。」

陳西瀅的筆也是很尖刻的，他那封寫給徐志摩的信，說：「可惜我只見過他一次，不能代他畫一幅文字的像。……說起畫像，忽然想起了本月二十三日《京報》副刊裡林語堂先生畫的『魯迅先生打叭兒狗圖』。要是你沒有看見過魯迅先生，我勸你弄一份看看。你看他面上八字鬍子，頭上皮帽，身上厚厚的一件大衣，很可以表出一個官僚的神情來。不過林先生的打叭兒狗的想像好像差一點。我以為最好的想像是魯迅先生張著嘴立在泥潭中，後面立著一群倖倖的狗，『一犬吠影，百犬吠聲』，不是俗語麼？可是千萬不可忘了那叭兒狗，因為叭兒狗能今天跟了黑狗這樣叫，明天跟了白狗那樣叫，黑夜的時候，還能在暗中猛不防的咬人家一口的。」他們之間，一刀一槍，也真是夠瞧的。

筆者雖是一個史人，有志於寫比較合理近情的傳記；但我知道我自己也無法成為一面鏡子，反映出那真實的形容來。我有我的偏見，我自以為很公正的批判，也正是透這了《中塵》的《新論》。有一回，社會教育學院學生和我談到魯迅，要我說我自己的看法。我說：「人總是人，人是帶著面具到世界來演戲的，你只能看他演得好不好，至於面具下面那個真實的人，那就不是我們所能看見了。你們要我說真話，說了真話，你們一定很失望，因為我把你們的幻想打破了。你們要聽假話，那就不必要我說了。」依我的說

法，魯迅為人很精明，很敏感，有時敏感過分了一點。我們從他的言論中，聽出他對青年不一定有多大好感，而且上了無數次的當，幾乎近於失望，然而，他知道這個世界是屬於青年，所以他對中年人，甚至於對他們的朋友，都不肯認輸，不肯饒一腳的，獨有對青年，他真的肯讓步肯認輸，這雖是小事，卻不容易，五四運動那些思想領袖，如陳獨秀、胡適，都是高高在上，和青年脫了節的。（連從學生運動出來的學生代表，如傅斯年，羅家倫，潘公展，都也做了官，離開了青年群眾的了。）只有魯迅，有站到青年圈子中去的勇氣，他無意於領導青年，而成為不爭的思想領導者。他死了以後，他的聲名更大，更為青年所崇拜，他幾乎成為「神」了。

茅盾的《魯迅論》中，曾引用了張定璜的一段話：「魯迅先生站在路旁邊，看見我們男男女女在大街上來去，高的矮的，老的少的，肥的瘦的，笑的哭的，一大群在那裡蠢動。從我們的眼睛，面貌，舉動上，從我們的全身上，他看出我們的冥頑，卑劣，醜惡的飢餓。飢餓！在他面前經過的有一個不是餓得慌的人麼？任憑你拉著他的手，給他說你正在救國，或正在向民眾去，或正在鼓吹男女平權，或正在提倡人道主義，或正在作這樣作那樣，你就說了半天也白費。他不信任你。他至少是不理你，至多，從他那枝小煙卷兒的後面他冷靜地朝你的左腹部望你一眼，也懶得告訴你他是學過醫的，而且知道你的也是和一般人的一樣，胃病。……我們知道他有三個特色，那也是老於手術富於經驗的醫生的特色，第一個，冷靜；第二個，還是冷靜；第三個，還是冷靜。你別想去恐嚇他、蒙蔽他。不等到你開嘴說話，他的尖銳的眼光已經教你明白了他知道你也許比自己知道的還更清楚。他知道怎麼樣去抹殺那表面的細微的，怎麼樣去檢查那根本的扼要的。你穿的是什麼衣服，擺的是那種架子，說的是什麼口腔，這些他都管不著，他只要看你這個赤裸裸的人，他要看，他於是乎看了的。雖然你會打扮的漂亮時新的，包紮的緊緊貼貼的，雖然你主張紳士體面或女性的尊嚴。這樣，用

這種大膽的強硬的甚至於殘忍的態度，他在我們裡面看見趙家的狗，……一群在飢餓裡逃生的中國人。曾經有過這樣老實不客氣的剝脫麼？曾經存在過這樣沉默的旁觀者麼？……魯迅先生告訴我們，偏是這些極其普通，極其平凡的人事裡含有一切的永久的悲哀。魯迅先生並沒有把這個明明白白地寫出來告訴我們，他不是那種人。但這個悲哀畢竟在那裡，我們都感覺到他。我們無法拒絕他。他已經不是那可歌可泣的青年時代的感傷的奔放，乃是舟子在人生的航海裡飽嘗了憂患之後的嘆息，發出來非常之微，同時發出來的地方非常之深。」這是我所看見的寫魯迅印象最好的文字。

當時，茅盾還補充了一段話：「然而我們也不要忘記，魯迅站在路旁邊，老實不客氣的剝脫我們男男女女，同時他也老實不客氣的剝脫自己。他不是一個站在雲端的超人，嘴角上掛著莊嚴的冷笑，反來指世人的愚莽卑劣的，他不是這種樣的『聖哲』，他是實實地生根在我們這愚笨卑劣的人間世，忍住了悲憫熱淚，用冷諷的微笑，一遍一遍不憚煩地向我們解釋人類是如何衰弱，世事是多麼矛盾；他決不忘記自己分有這本性上的脆弱和潛伏的矛盾。」

在我眼中，總忘不了他那抽小煙兒冷冷看人的神情。

十九　性格

　　前幾年，有一回，我答覆一位比較知心的朋友的問話（他問我，究竟為什麼到香港來的？）道：「我是為了要寫許多人的傳記，連自傳在內，才到香港來的。第一部，就是要寫《魯迅評傳》。」這位朋友，還不十分了解我的苦心。其實，蔡邕臨死時，也只想續成《漢書》，而黃梨洲、萬斯同晚年唯一寄託就在編次明史。先前，我也還有埋首研究，做不配盛業的雄心。而今，我恍然明白了，我若不趕快把所知道的寫起來那就先父夢岐先生在蔣畈六十年的文化工作，就等於一個泡沫，在轉眼之間，就消失得乾乾淨淨了。而說魯迅的，也只能仕聶紺弩、王士菁、鄭學稼顛倒黑白，亂說一陣了；我要把真實的事實，魯迅的真面孔，擺在天下後世的人的面前。（那些接近魯迅的人，都已沒有膽量把真實的魯迅說出來了。）

　　筆者寫到這兒，似乎魯迅坐在我的面前，我要笑著對他說：「你只能讓我來寫你了，因為你已經沒有來辯論的機會了！」有一位替羅斯福作傳的人說：「羅斯福不是個簡單的人，將來會有許多記述羅斯福的書，但是不會有兩本書對他作同樣的描寫的，因為不會有兩個人從他的一生中看到過相同之處。而一切對於他的描繪，其種類之多，矛盾之甚，會是駭人聽聞的。知道他，以及生活在他

的時代的人們，都和他相處過於密切，並且對於他黨派觀念也太強，他們不是偏護他，便是反對他。因此，都缺乏必須具備的客觀性。」我想，對於魯迅，大概也是如此罷。

這兒，可以讓我來談談他的性格了。我們且先聽聽魯迅生前的一段話。他的這段話是從前人罵嵇康、阮籍開頭的，（魯迅可說是千百年來嵇康、阮籍的第一個知己）。「人云亦云，一直到現在，一千六百年多。季札說：『中國之君子，明於禮義而陋於知人心。』這是確的，大凡明於禮義，就一定要陋於知人心的，所以古代有許多人受了很大的冤枉。……還有一個實證，凡人們的言論，思想、行為，倘若自己以為不錯的，就願意天下的別人，自己的朋友都這樣做。但嵇康、阮籍不這樣，不願意別人來模仿他。竹林七賢中有阮咸，是阮籍的侄子，一樣的飲酒。阮籍的兒子阮渾也願加入時，阮籍卻道不必加入，吾家已有阿咸在，夠了。假若阮籍自以為行為是對的，就不當拒絕他的兒子，而阮籍卻拒絕自己的兒子，可知阮籍並不以他自己的辦法為然。至於嵇康，一看他的絕交書，就知道他的態度很驕傲的；……但我看他做給他的兒子看的『家誡』，……當嵇康被殺時，其子方十歲，算來當他做這篇文章的時候，他的兒子是未滿十歲的，──就覺得宛然是兩個人。他在家誡中，教他的兒子做人要小心，還有一條一條的教訓。有一條是說長官處不可常去，亦不可住宿；官長送人們出來時，你不要在後面，因為恐怕將來官長懲辦壞人時，你有暗中密告的嫌疑。又有一條是說宴飲時候，有人爭論，你可立即走開，免得在旁批評，因為兩者之間必有對與不對，不批評則不像樣，一批評就總要是甲非乙，不免受一方見怪。還有人要你飲酒即使不願飲，也不要堅決地推辭，必須和和氣氣的拿著杯子。我們就此看來，實在覺得很稀奇；嵇康是那樣高傲的人，而他教子就要他這樣庸碌。因此，我們知道，嵇康自己對於他自己的舉動也是不滿意的，所以批評一個人的言行實在難。」這段話，我們仔細看一看，就可以知道他所啟發的意義太

探刻了。我們決不能說是看了幾部魯迅的作品，幾篇魯迅的散文，就算了解魯迅了。魯迅表現在文章的是一面，而他的性格，也許正和文章所表現的完全不相同的。那些要把魯迅捧入孔廟中的人，怕不使魯迅有「明於禮義而陋於知人心」之嘆呢？

我曾經對魯迅說：「你的學問見解第一，文藝創作第一，至於你的為人，見仁見智，難說得很。不過，我覺得你並不是一個難以相處的人。」他也承認我的說法，依孟子的標準來說，他是屬於「聖之清者也」。

魯迅是一個「世故老人」，他年紀不大，但看起來總顯得十分蒼老。他自幼歷經事變，懂得人世辛酸以及炎涼的世態，由自卑與自尊兩種心理所凝集，變得十分敏感，所以他雖不十分歡喜「世故老人」的稱謂，卻也只能自己承認的。

魯迅曾對許廣平說：「我自己知道是不行的；我看事情太仔細，一仔細，即多疑慮，不易勇往直前。我又最不願使別人做犧牲，也就不能有大局面。」「醒的時候要免去若干苦痛，中國的老法子是『驕傲』與『玩世不恭』，我覺得我自己就有這毛病，不大好。……一、走『人生』的長途，最易遇到的有兩大難觀。其一是『歧途』，倘是墨翟先生，相傳是慟哭而返的。但我不哭也不返，先在歧路頭坐下，歇一會，或者睡一覺，於是選一條似乎可走的路再走，倘遇見老實人，也許奪他食物來充飢，但是不同路，因為我料定他並不知道的。如果遇見老虎，我就爬上樹去，守它餓得走去了再下來，倘它竟不走，我就自己餓死在樹上，而且先用帶子縛住，連死屍也決不給它吃。但倘若沒有樹呢？那麼，沒有法子，只好請它吃了，但也不妨咬它一口。其二，便是『窮途』了，聽說阮籍先生也大哭而回。我卻也像在歧路上的辦法一樣，還是跨進去，在刺叢裡姑且走走。但我也並未遇到全是荊棘毫無可走的地方過，不知道是否世上本無所謂窮途，還是我幸而沒有遇著。二、對於社會的戰鬥，我是並不挺身而出的，我不勸別人犧牲什麼之類者就為

此。歐戰的時候，最重『壕塹戰』，戰士伏在壕中，有時吸煙，也歌唱，打紙牌，喝酒，也在壕內開美術展覽會，但有時忽向敵人開他幾槍。中國多暗箭，挺身而出的勇士容易喪命，這種戰法是必要的罷。但恐怕也有時會逼到非短兵相接不可的；這時候，沒有法子，就短兵相接。總結起來，我自己的對於苦悶的辦法，是專與襲來的苦痛搗亂，將無賴手段當作勝利，硬唱凱歌，算是樂趣，這或者就是糖罷。但臨末也還是歸結到『沒有法子』，這真是沒有法子！（這也可說是他的阿Q精神）。」

這些話，都是世故老人的說法。他的性格，正是從幼年的憂患與壯歲的黑暗環境中陶養而成的。芥川龍之介，他看了章太炎先生，比之為鱷魚，我覺得他們師徒倆，都有點鱷魚的氣味的。

魯迅有一回，因為悼念劉半農（復），因而連帶說到陳獨秀和胡適之的為人。他說：「假如將韜略比作一間倉庫罷，獨秀先生的是外面豎一面大旗，大書道：『內皆武器，來者小心！』但那門卻開著的，裡面有幾枝槍，幾把刀，一目了然，用不著提防。適之先生是緊緊的關著門，門上黏一條小紙條道：『內無武器，請勿疑慮。』這自然可以是真的，但有些人，至少是我這樣的人，有時總不免要側著頭想一想。半農卻是令人不覺其有武庫的一個人，所以我佩服陳胡，卻親近半農。」

這段論人文字，寫得極好，而且就這麼把他們三個都論定終身了。至於魯迅自己的為人呢？我以為他是坐在坦克車裡作戰的，他先要保護起自己來，再用猛烈火力作戰，它爬得很慢，但是壓力很重。他是連情書也可以公開的十分精明的人，他說：「常聽得有人說，書信是最不掩飾，最顯真面目的文章，但我也並不，我無論給誰寫信，最初總是敷敷衍衍，口是心非的，即在這一本中，遇有較為緊要的地方，到後來也還是往往故意寫得含糊些。」畢竟他是紹興師爺的天地中出來，每下一著棋，都有其謀略的。

前人有一句愛用的成語：「一成為文人，便無足觀。」這句

話，也許是一句感慨的話，也許是一句諷刺的話，我就一直沒有看懂過。有一天，恍然有悟，文人自己有自己的王國的，一進入文藝王國，就在那個天地中歷劫，慢慢和世俗這個世界脫節了，所以，世俗人看來，文人總是傻裡傻氣的，再了不得，也是看得見的。魯迅也和其他文人一樣，對外間的種種感覺是很靈敏的，他比別人還靈敏些；這些不快意的情緒，很容易變得很抑鬱（自卑與自尊的錯綜情緒）。但我們把這種情緒轉變為文學寫了出來，經過了一次輪迴，便把這分抑鬱之情宣洩出去，成為創作的快感了！

現代文人，還有一個便利的機會，便是筆下所寫的，很快就見之於報刊，和千千萬萬讀者相見，很快獲得了反應；這又是一種新獲的快感，對我們是一種精神上的補償。古代文人，還有得君行其道一種野心，現代文人，就安於文藝王國的生活，並不以為「一成為文人，便無足觀」的。（蕭伯納並不羨慕邱吉爾的相位，他自覺得在文藝王國中，比邱吉爾更崇高些，也就滿意了。）魯迅可以說是道地的現代文人，他並不是追尋隱逸生活，他住在都市之中，天天和世俗相接，而能相忘於江湖，看起來真是恬澹的心懷。不過在文藝王國中，他的筆鋒是不可觸犯的，他是不饒人的。有的人，以為魯迅之為人，一定陰險狠鷙得很，不容易相處的。我當初也是這麼想，後來才知道他對人真是和易近人情，極容易相處的。我覺得胡適的和氣謙恭態，是一種手腕，反而使人不敢親近；魯迅倒是可以談得上君子之交淡如水的。

孫伏園先生，他在中學時期，便是魯迅的學生，後來，在北京在廣州和魯迅往來很密切，他曾說過一些小事，倒可以幫助我們了解魯迅的性格。他說他們到陝西去講學，一個月得了三百元酬金。魯迅和他商量：「我們只要夠旅費，應該把陝西人的錢，在陝西用掉。」後來打聽得《易俗社》的戲曲和戲園經費困難，他們便捐了一筆錢給《易俗社》。西北大學的工友們，招呼他們很周到，魯迅主張多給點錢，另外一位先生不贊成，說：「工友既不是我們的父

親，又不是我們的兒子；我們下一次，不知什麼時候才來；我以為多給錢沒有意義，」魯迅當面也不說什麼，退而對伏園說：「我頂不贊成他說的『下一次不知什麼時候才來』的話，他要少給，讓他少給好了，我們還是照原議多給。」君子觀人於微，從這些小節上，可以看出他的真襟懷來！

伏園說魯迅的家常生活非常簡單，衣食住幾乎全是學生時代的生活。他在教育部做了十多年事，也教了十多年書，可是，一切時俗的娛樂，如打牌、看京戲、上八大胡同，他從來沒沾染過。教育部同仁都知道他是怪人，但他並不故意裝出怪腔，只是書生本色而已。在北京那樣冷的天氣，他平常還是不穿棉褲的人；周老太太叫伏園去幫助他，他說：「一個獨身人的生活，決不能常往安逸方面著想的。豈但我不穿棉褲而已，你看我的棉被，也是多少年沒有換的老棉花，我不願意換。你再看我的鋪板，我從來不願意換籐棚或棕棚，我也從來不願意換厚褥子。生活太安逸了，工作就被生活所累了。」

魯迅很早就過非常簡單的生活，他的房中只有床鋪、網籃、衣箱、書桌這幾樣東西；什麼時候要走，一時三刻，隨便拿幾件行李，就可以走了。伏園說到他和魯迅一同出門，他的鋪蓋，都是魯迅替他打理的（我想：這一種生活，還是和他早年進過軍事學校有關的）。

我常拿著魯迅的性格和先父夢岐先生相比，他們都是廉介方正的人；但先父畢竟是舊時的理學家，而魯迅則是新時代的人。

二十　日常生活

　　要寫魯迅的日常生活，筆者當然不是最適當的人；我只能說，我也有我了解的方面。說魯迅能過刻苦樸素的生活，那是不錯的；說他過的是刻苦樸素的生活，那就可以保留了。所謂小資產階級知識分子者，是從田間來的，知道稼穡之艱難的，但也懂得都市的資產階級的種種物質享受，在許多場合，我看見他肆應自如，和「洋人」在一起，也顯得從容自在，毫無拘謹之態。林語堂在依定盤路那大洋樓的派頭，可說是十足洋化的；魯迅坐在那兒，也毫無寒傖之色。他畢竟是紹興人，而且在北京住過多年，見過大世面的，一舉手一投足，都是合乎大雅之堂，不像筆者這麼寒酸的。他生前最贊同筆者一句話：「君子可使居貧賤也」，居賤不易，居貧更不易，「見大人則藐之」，要不做到佯狂態度才對。（我覺得魯迅的態度，比吳雅暉顯得很自然些，他並不故意裝得寒酸的樣子。筆者也見過許多文壇怪人，魯迅倒並不怪。）

　　為了要使讀者對這位思想家的生活了解親切些，筆者且節引了許廣平的追記。她說：「囚首垢面而談詩書」，這是古人的一句成語，拿來形容魯迅是很恰當的（照這麼說，容易聯想到那位對桓溫捫虱而談的王猛，魯迅卻沒有寒傖到這麼程度，也許我們在上海看到他，已經改變了一臬了）。她說：「沉迷於自己的理想生活的人

們，對於物質的注意是很相反的。另外的原因，他對於衣服極不講究，也許是一種反感使然。據他自己說，小的時候，家人叫他穿新衣，又怕新衣弄污，勢必時常監視警告，於是坐立都不自由了，是一件最不舒服的事。因此，他寧可穿得壞些，布製的更好。方便的時候，譬如吃完點心糖果之類，他手邊如果沒有揩布，也可以很隨便地往身上一揩。初到上海的時候，穿久了藍布夾襖破了，我買到藍色的毛葛換做一件，做好之後，他無論如何不肯穿上身，說是滑溜溜不舒服的，沒有法子，這件衣服轉贈別人，從此不敢做這一類質地的衣料了。直到他最後的一年，身體瘦弱得很，經不起重壓，特做一件絲棉的棕色湖綢長袍，但是穿不到幾次，就變成臨終穿在身上的殮衣，這恐怕是成人以後最講究的一件了。」（孫伏園也說：「一天，我聽周老太太說，魯迅先生的褲子還是三十年前留學時代的，已經補過了多少回，她實在看不過去了，所以叫周大大做一條棉褲，等魯迅上衙門的時候，偷偷地放在他的床上，希望他不留神能換上，萬不料竟給他撐出來了。」）

　　魯迅的起居，也是無定時的，他在北京時，每天常是到子夜才客散。之後，如果沒有什麼急待準備的工作，稍稍休息，看看書，二時左右就入睡了。他並不以睡眠為主而以工作為主的；假如倦了，也就倒在床上，睡兩三小時，衣也不脫，被也不蓋，就這樣打一個盹，翻個身醒了，抽一支煙，起來泡杯濃清茶，有糖果點心呢，也許多少吃些就動筆了。有時，寫作的意興很濃，放不下筆，直到東方發白，是常有的事。《傷逝》那篇小說，他是一口氣寫成功的。他的妻子勸他休息，他說：「寫小說是不能夠休息的，過了一夜，那個創造的人物、性格也許會變得兩樣，和預想的相反了呢。」他又說：「寫文章的人，生活是無法調整的，我真佩服外國作家能夠定出時間來動筆，到了時候，又可以立刻停筆去做別的事，我卻沒有這種本領。」（依心理活動方式說，這種習慣，是可以養成的，魯迅卻沒有做慣記者的生活，所以他的寫作，必須一氣

呵成的。）

　　魯迅自幼是愛書的，而且是十分愛惜書的，他買岡元鳳所著的（毛詩品物圖考）的故事，他從大街的書店買來一部，偶然有點紙破或墨污，總不能滿意，便拿去掉換，至到至三，直到夥計煩厭了，戲弄說，這比姐姐的面孔還白呢，何必掉換。乃憤然出來，不再去買書。他們自幼壓歲錢略有積蓄，便開始買書。我們看他們兄弟的日記，以及通信中所談及的，很多是買書和讀書的心得。如壬寅二月初八日，魯迅帶給周作人的書，就有《漢魏叢書》、《徐霞客遊記》、《前漢書》、《古文苑》、《剗錄》、《中西紀事）、譚嗣同《仁學》、《人民學》、《科學叢書》、《日本新政考》，這麼一大批，可見他們興趣的多方面。他們兄弟倆，都不是書呆子，不僅是博，而且真正的「通」了。

　　許廣平說，魯迅處理自己的書籍文具，似乎比生命還看重，若看他的衣著，是不會想到這麼一個相反的對照的（以筆者所知，錢玄同和胡適的書房，都是一塌糊塗的，但胡適的衣看，倒是齊齊整整，不像魯迅這樣不修邊幅的）。比如書齷齪了，有時也會用衣袖去揩拭，手不乾淨的話，他也一定洗好了才去翻看。書架上的書，擺得齊齊整整，一切文房用品，他必親自經手，有一定的位置，不許放亂。魯迅常說：「東西要有一定的位置，拿起來才便當。譬如醫師用的藥瓶，隨手亂擺，配藥的就會犯配錯藥的危險。」他處理書房的種種，就像藥房那樣整齊有序，平時無論怎麼忙，寫完了字，一定把桌面收拾好了，才去做別的事，他的抽屜，也是井然有條有理，不願別人去翻動的。他在北京時，那小小的寢室，便是他的會客室，他把那些自己愛好的書放在隱僻所在，免得別人去翻亂。他最不願意借書給別人，除非萬不得已，有時他寧願另買一本送那朋友的。（這是文人們的通病了。）一部新書到手了，他就連忙依著分類要急急包裹起來。連許廣平都不能獲得先看的權利，只有海嬰是例外，他可以等他翻看了再說的。他把連續的期刊，按年

月按卷數包起來，紮好了，寫上書刊名及期數，有如圖書館的分類。他所包紮的書，方方正正，連用蠅子都有講究，總以不至於損及書頁為主。有時，他接到一本期刊，裝訂得不整齊，一定另外再買一本。他對於自己的著作，印好了也先揀好兩部，包藏起來。他對於線裝書的整理，自有一番手腳，有時拆散修理，重行裝訂。那部名貴的《北平箋譜），還添了青布包面。偶有缺頁，他也自己動手拆添完善，才算了事。裝訂用雙線，敷得平平整整，不讓它扭絞起來。這些地方，都顯得他的細心忍耐性，他的確不獨有文學天才，而且有藝術天才的。（許氏對於這些小事，知道懂得，卻說得不周全，我只能替她另寫一遍。）

魯迅自幼繪畫，便很有耐性，一絲不苟。有一回，他在堂而廊下，影描馬鏡江詩中畫，影描中，因事他去，他的祖母看看好玩，就去補畫幾筆，卻畫壞了，他就扯去另畫，以至他的祖母也覺得過意不去。許廣平也說到魯迅親手做信封的事，有時就用別人寄來的信封，翻轉面來重做，有時就用一張長方硬紙；拆疊得齊整勻稱，比書坊買來的還挺刮些。他平日把一切包裹紙，紙袋，摺得平平整整，繩子也卷好，隨時可以應用。他就是這麼節省物力，絲毫不會浪費，這些小地方，更顯得他的修養。

魯迅自己寫字，是用毛筆的，他的全集的原稿，也就是毛筆寫成的；還有那二十五年的日記，和幾千通的書簡，也都是用毛筆寫的；但他對於社會提倡毛筆字，禁止學生用鉛筆墨水筆作文，卻表示反對，他認為用墨水筆可以節省青年學生的時間，沒有禁用的理由。他為著社會大眾著想，決不固執迂拘的。

替魯迅生活作標準的，似乎是煙，而不是酒。每一個和他熟悉的人，都知道他是煙不停手的，一面和客人談笑，一面煙霧彌漫；工作的時候也是這樣，工作越忙，煙也抽得越多。每天總在五十支左右。有一時期，他病了，醫生警告他，多抽煙，服藥也是沒有用的，他卻還是吸煙不停，關心他的人再加監視也沒有用。他抽的都

是廉價品，有一種「品海牌」香煙，那是清末香煙剛流行時的出品，和後來他所愛抽的「紅錫包」差不多。他在北京時，抽的是「紅錫包」，到了上海，愛吸「黑貓牌」，價錢都是差不多的。這類香煙，質料本來不好，再加了他吸得多，吸得深，總是快吸完了才丟掉，對於他的肺病當然是影響極大的。魯迅是學醫的，但對於吸煙，卻有古怪的理論，說：「我吸煙雖是吸得多，卻是並不吞到肚子裡去的。」

他是紹興人，而且也懂得喝酒的味道，（《在酒樓上》開頭，就說了喝酒的內行話，他的小說，也時常以酒店為背景。）不過，他並不是酒鬼，從來不鬧酒，自己鬧到爛醉如泥的。如果有事要做，他就適可而止，絕不多飲。他的父親是個酒鬼，喝醉了時常發酒瘋罵人，這一印象給他很深刻，他因此就自己節制自己，不讓酒來使他糊塗了。他在廈門大學時期，曾經醉過一回，因為那一時期，環境很惡劣，他氣憤不過，把胸中的忿話說出來了。他就喝了大量的酒，有些醉了，回到住所，靠在椅子上抽煙睡熟了，香煙的火頭把他的棉袍燒了一大塊，等他驚醒過來，身上熱烘烘，眼前一團火，倒是一幕趣劇。大概他情緒不好時，也就喝點酒來澆愁的。（他是性子剛的人，在這些小節目上，最能反映他的性格。）

魯迅愛喝清茶，他所愛的不是帶花的香片，而是清澀的龍井茶。筆者曾對他說：「我和你是茶的知己，而不是西湖的知己。我歡喜龍井茶，尤其喜歡西湖；你呢，對於西湖，並沒有多大好感。」魯迅藝術修養很深，卻不喜遊山玩水；我呢，最愛泉石勝處，卻對於美術是外行；人的性格，就是這麼不同。魯迅也不是喝功夫茶的人，不過，茶要喝得濃，濃濃一杯熱茶，也是一種刺激，一種享受，他卻又不和林語堂一樣提倡這類生活享受。

魯迅也愛吃糖果，吃的也是幾角錢一磅的廉價品。他也愛洋點心，北京東城有一家法國點心鋪，蛋糕做得很好，他偶爾也買來享受一番的。我們有一回談起生活享受的下意識作用，如他《在酒樓

上》所寫的「油豆腐也煮得十分好」。「茴香豆、凍肉、油豆腐、青魚乾」，對於他是永久的蠱惑，要騙了他一輩子的。同時，一個鄉下人對於城市型生活的欣羨，一個貧窮中過來人對於闊老的享受方式的神往，也在我們心胸盤旋著。這便是小資產階級知識分子的典型意識。他有一回對我說：「我們都是馬二先生，吳敬梓寫馬二先生那麼饞；吳敬梓自己一定很饞的。」我說：「我每回看到煮好的油豆腐加辣醬，也是很饞的，比魚翅海參還夠味。」

　　許廣平說魯迅愛看電影，（魯迅不愛看京戲，甚至於有反感。）這是他的精神休息。他要坐樓座，付最高的票價，把心神鬆下去，好好欣賞一番的。他不一定選擇好的片子，幾乎偵探片、打鬥片、滑稽片、生活風景片，他都看；也愛看五彩卡通片，他就和海嬰一樣的開心。倒是那部有名的《仲夏夜之夢》，他看不出好的意義在那裡；這因為他自己對於莎士比亞劇本有所理解，而好萊塢的戲劇卻很淺薄的原故。他最後看的是一部蘇聯片《復仇豔遇》，那是他去世前十天的事。

二十一 社會觀

　　魯迅先生，不獨在他的死後成為當代論客所談論的人物；即在他的生前，早已成為爭論的箭垛。但，即令如蘇雪林那樣對他深惡痛絕，她也不能不對魯迅的創作藝術表示欽佩。而且一直諷刺魯迅的《創造社》作家，如成仿吾、郭沫若、錢杏邨，也對他回復了敬意。筆者覺得魯迅一生的最大貢獻，乃在剖解中國的社會，他是一個冷靜的暴露中國社會黑暗面的思想家。

　　張定璜（張氏那篇《魯迅先生》，可說是一切批評魯迅文字中最好的一篇，連茅盾的《魯迅論》在內。）說：「魯迅先生是位藝術家，是一個有良心的，那就是說，忠於他的表現的，忠於他自己的藝術家。無論什麼時候，什麼地方，他決不忘記他對於自己的誠實。他看見什麼，他描寫什麼。他把他自己的世界展開給我們，不粉飾，也不遮蓋。那是他最熟識的世界，也是我們最生疏的世界，我們天天過活，自以為耳目聰明。其實多半是聾子兼瞎子，我們視而不見，聽而不聞。且不說別的，我們先就不認識我們自己，待到逢見少數的人們，能夠認識自己，能夠辨得自己所住的世界，並且能夠把那世界再現出來的人們，我們才對於從來漠不關心的事物從新感到小孩子的驚奇，我們才明白許多不值一計較的小東西都包含著可怕的複雜的意味；我們才想到人生，命運，死，以及一切的悲

哀。魯迅便是這些少數人們裡面的一個，他嫌惡中國人，咒罵中國人，然而他自己是一個純粹的中國人，他的作品滿熏著中國的土氣，他可以說是眼前我們唯一的鄉土藝術家，他畢竟是中國的兒子，畢竟忘不掉中國，我們若怪他的嫌惡咒罵不好，我們得首先怪我們自己不好，

　　因為他想誇耀贊美而不得，他才想到了這個打掃廁所的辦法。讓我們別厭煩他的囉嗦，但感謝他的勤勉罷。至於他的諷刺呢，我以為諷刺家和理想家原來是一個東西的表裡兩面。我們不必管諷刺的難受不難受，或對不對，只問諷刺得好不好，就是說美不美。我不敢說魯迅的諷刺全是美的，我敢說他的大都是美的。」因此，筆者就首先評價他的社會觀。（筆者和馮雪峰的看法有點不同，我以為魯迅的觀察深刻，與眼光遠大，並不由於接受了唯物史觀的論據，而由於他的科學頭腦以及尼采超人哲學的思想。我們不必阿附時論，替他戴上一頂不必有的帽子的。）

　　要了解魯迅的社會觀，當然該從他的雜感文中去體會。他對於中國的民族性，是帶著悲觀的口吻在說的。有一回，他在略論中國人的臉說：「日本的長谷川如是閒是善於做諷刺文學的。去年，我見過他的一本隨筆集叫做〈貓、狗、人〉；其中有一篇，就說到中國人的臉。大意是初見中國人，即令人感到較之日本人或西洋人，臉上總欠缺著一點什麼。久而久之，看慣了，便覺得這樣已經盡夠，並不缺少東西；倒是看得西洋人之流的臉上，多餘著一點什麼。這多餘著的東西，他就給它一個不大高妙的名目：獸性。中國人的臉上沒有這個，是人，則加上多餘的東西，即成了下列的算式：人＋獸性＝西洋人。他借了稱贊中國人，貶斥西洋人，來諷刺日本人的目的，這樣就達到了。自然不必再說這獸性的不見於中國人的臉上，是本來沒有的呢，還是現在已經消除。如果是後來消除的，那麼，是漸漸淨盡而只剩了人性的呢，還是不過漸漸成為馴順。野牛成為家牛，野豬成為家豬，狼成為狗，野性是消失了，但

只是使牧人喜歡，於本身並無好處。人不過是人，不再夾雜著別的東西，當然再好沒有了。倘不得已，我以為還不如帶些獸性。」

筆者和他幾回談論中，關於這一點，彼此最相同意，我們都認為中國民族性，是由於外族長時期統治而失去了「獸性」的，兩宋以後，遼、金、元、清這五六百年間漸漸馴服下來的「奴隸性格」，實在是一種恥辱。

周作人說：「魯迅寫小說散文有一特點，為別人所不能及者，即對於中國民族深刻的觀察。大約現代文人中對於中國民族抱著那樣一片黑暗的悲觀的難得有第二個人吧。他從小喜歡雜覽，讀野史最多，受影響亦最大。在書本裡得來的知識上面，又入上親自從社會裡得來的經驗，結果便造成一種只有苦痛與黑暗的人生觀，任他無條件（除藝術的感覺外）的發現出來就是那些作品。」此處他所說的人生觀了，我以為還是換作社會觀比較適當，沈雁冰曾說：「他的胸中燃著少年之火，精神上，他是一個『老孩子』！他沒有主義要宣傳，也不想發起一種什麼運動，然而他的著作裡，也沒有『人生無常』的嘆息，也沒有暮年的暫得寧靜的欽羨與自慰（像許多作家們常有的）。反之，他的著作裡，卻充滿了反抗的呼聲和無情的剝露。反抗一切的壓迫，反抗一切的虛偽！老中國的毒瘡太多了，他忍不住拿著刀一遍一遍盡自刺著。我們翻看他的雜感集三種來看，看見魯迅除奮勇剿剔毒瘡而外，又時有『歲月已非，毒瘡依舊』的新憤慨。」

魯迅寫給許廣平的第二封信，說到他的看法：「中國大約太老了，社會上事無大小，都惡劣不堪，像一隻黑色的染缸，無論加進什麼東西去，都變成漆黑。可是除了再想法子來改革之外，也再沒有別的路。我看一切理想家，不是懷念『過去』，就是希望『將來』，而對於『現在』這一個題目，都繳了白卷，因為誰也開不出藥方。所有最好的藥方，即所謂『希望將來』的就是。『將來』這回事，雖然不能知道情形怎樣，但有是一定會有的，就是一定會到

來的，所慮者到了那時，就成了那時的『現在』。然而人們不必這樣悲觀，只要『那時的現在』比『現在的現在』好一點就好了，這就是進步。這些空想，也無法證明一定是空想，所以也可以算是人的一種慰安，正如信徒的上帝。你好像常來看我的作品，但我的作品太黑暗了，因為我常覺得惟『黑暗與虛無』乃是『實有』，卻偏要向這些作絕望的抗戰，所以很多著偏激的聲音。其實這或者是年齡和經歷的關係，也許未必一定的確的，因為我終於不能證實，惟黑暗與虛無乃是實有。」

他自己也看到一種結局：「要徹底地毀壞這種大勢的，就容易變成『個人的無政府主義者』，如《工人綏惠略夫》裡所描寫的綏惠略夫就是。這一類人物的運命，在現在——也許在將來——是要救群眾，反而被群眾所迫害，終至於成了單身，忿激之餘，一轉而仇視一切，無論對誰都開槍，自己也歸於毀滅。

他說得很明白，他的觀點，乃是他的年齡和經歷所形成的。他總覺得周圍有長城圍繞。這長城的構成材料，是舊有的古磚和補添的新磚。兩種東西聯為一氣，造成了城壁，將人們包圍。他嘆息著：何時才不給長城添新磚呢？他看看報章上的論壇，反改革的空氣濃厚透頂了，滿車的「祖傳」、「老例」、「國粹」等等，都想來堆在道路上，將所有的人家完全活埋下去。他想，現在的辦法，首先還得用那幾年以前《新青年》上已經說過的「思想革命」，還是這一句話，雖然未免可悲，但他以為除此沒有別的辦法。他終於憤然道：「難道所謂國民性者，真是這樣地難於改變的麼？倘如此，將來的命運便大略可想了，也還是一句爛熟的話：古已有之。」他自嘆無拳無勇，只能用他的筆墨，對於根深蒂固的所謂舊文明，施行襲擊，令其動搖，冀其將來，有萬一之希望。他說：「《語絲》雖總想有反抗精神，而時時有疲勞的顏色。大約因為看得中國內情太清楚，所以不免有些失望之故罷。由此可知見事太明，做事即失其勇，莊子所講『察見淵魚者不祥』，蓋不獨謂將為

眾所忌，且於自己的前進亦復大有妨礙也。」

徐旭生和魯迅對論中國民族性的問題，說：「人類思想裡面，本來有一種惰性的東西，我們中國人的惰性更深。惰性表現的形式不一，而最普通的：第一、就是聽天任命，第二、就是中庸。聽天任命和中庸的空氣打不破，我國人的思想，永遠沒有進步的希望。」魯迅說：「我以為這兩種態度的根底，怕不可僅以惰性了之，其實乃是卑怯。遇見強者，不敢反抗，便以『中庸』這些話來粉飾，聊以自慰。所以中國人倘有權力，看見別人奈何他不得，或者有『多數』作他護符的時候，多是凶殘橫恣，宛然一個暴君，做事並不中庸；待到滿口中庸時，乃是勢為已失，早非『中庸』不可的時候了。一到全敗，則又有『命運』來做話柄，縱為奴隸，也處之泰然，但又無往而不合乎聖道。這些現象，實在可以使中國人敗亡，無論有沒有外敵。要救正這些，也只好先行發露各樣的劣點，撕下那好看的假面具來。」魯迅的小說、雜感，大部分都是從這一觀點出發的。

五四運動以後，中國思想界，很快又走回頭路，有的提倡東方精神文明，有人整理國故。魯迅在《燈下漫筆》中發深切的感喟；他就從民初中（國）交（通）票的擠兌說起，「我當一包現銀塞在懷中，沉甸甸地覺得安心，喜歡的時候，卻突然起了另一思想，就是：我們極容易變成奴隸，而且變了之後，還萬分喜歡。假如有一種暴為『將人不當人』，不但不當人，還不及牛馬，不算什麼東西；待到人們羨慕牛馬，發生『亂離人，不及太平犬』的嘆息的時候，然後給與他略等於牛馬的價格，有如元朝的定律，打死別人的奴隸，賠一頭牛，則人們便要心悅誠服，恭頌太平的盛世。為什麼呢？因為他雖不算人，究竟已等於牛馬了。我們不必恭讀《欽定二十四史》，或者入研究室，審察精神文明的高超。只要一翻孩子所讀的《鑑略》，還嫌煩重，則看《歷代紀元編》，就知道『三千餘年古國古』的中華，歷來所鬧的就不過是這一個小玩藝。……實際

上，中國人向來就沒有爭到過『人』的價格，至多不過是奴隸，到現在還如此，然而下於奴隸的時候，卻是數見不鮮的。」現在入了那一時代，我也不了然。但看國學家的崇奉國粹，文學家的贊嘆固有文明，道學家的熱心復古，可見於現狀都已不滿了。然而我們究竟正向著那一條路走呢？百姓是一遇到莫名其妙的戰爭，稍富的遷進租界，婦孺則避入教堂裡去了，因為那些地方都比較的『穩』，暫不至於想做奴隸而不得。總而言之，復古的、避難的，無智愚賢不肖，似乎都已神往於三百年前太平盛世，就是『暫時做穩了奴隸的時代』了。」

他又說到鶴見祐輔（日本的政論家）在《北京的魅力》中，記一個白人將到中國，預定的暫住時期是一年，但五年之後還在北京，而且不想回去了。有一天，他們兩人一同吃晚飯，「在圓的桃花心木的食桌前坐定，川流不息地獻著山海的珍味，談話就從古董、畫、政治這些開頭。電燈上罩著支那式的燈罩，淡淡的光洋溢於古物羅列的屋子中。什麼無產階級呀，Proletariat 呀那些事，就像不過在什麼地方颳風。我一面陶醉在支那生活的空氣中，一面深思著對於外人有著『魅力』的這東西。元人也曾征服支那，而被征服於漢人種的生活美了；滿人也征服支那，而被征服於漢人種的生活美了。現在西洋人也一樣，嘴裡雖然說著 Democracy 呀，什麼什麼呀，而卻被魅於支那人費六千年而建築起來的生活的美。一經住過北京，就忘不掉那生活的味道。大風時候的萬丈的沙塵，每三月一回的督軍們的開戰遊戲，都不能抹去過支那生活的魅力。」

這些話，作為對中國的讚頌固可，作為對中國的嘲諷亦無不可。魯迅乃以沉重的心情在說：「這些話我現在還無力否認他。我們的古聖先賢既給與我們保古守舊的格言，但同時也排好了用子女玉帛所做的奉獻於征服者的大宴。……待到享受盛宴的時候，自然也就是讚頌中國固有文明的時候；但是我們的有些樂觀的愛國者，也許反而欣然色喜，以為他們將要開始被中國同化了罷。」

魯迅的社會圈子，本來是很狹小的；他的生活經驗，也是很單純的；他的朋友和他的敵人，也都是這一小圈子中人。這一小圈子，便是小資產階級知識分子，而且屬於文人方面的多；和他接近的青年，也都是對文藝有興趣的。（他和教育界人士的關係也並不多。）筆者曾經冷眼看他們幾個人，郭沫若有興趣的和軍政有權威的人往來，他並不甘於以文人終其身的。（魯迅雖和陳儀有交誼，也並不往來的。）茅盾和工商界往來，彼此利害不衝突，可以放言高論，一笑了之。魯迅就因為和文人這小圈子朋友往來，一群冬天的豪豬，是難得處好的。魯迅死後，大家推尊他，成為神廟中人物；在他的生前，別個文人還是「各以所長，相輕所短」的。（筆者和他相處，一直就保持著一段距離，所以結果還不錯。）這一方面，我希望青年讀者看了不要失望，因為魯迅畢竟不曾住在你們的樓上，幻想中的大文豪，當然很神聖的。

　　他的廣大視野，乃從歷史中來；他對過去中國的了解，比當前中國社會深刻；誠所謂「日光之下，並無新事」，他看透了過去的中國，也就看透了當前的社會。但當我們進一步解剖分析當前現實社會，就會明白魯迅的眼光，也只是一方面的。（他自己也知道所了解不多，所以說：「失望之為虛妄，與希望同」。）他所揭開的瘡疤，乃是屬於知識分子的。他最和吳敬梓相近，那冷雋的筆法也很相似。他曾對許廣平說：「文章的看法，也是因人不同的，我因為自己好作短文，好用反語，每遇辯論，輒不管三七二十一，就迎頭一擊，所以每見和我的辦法不同者便以為缺點。其實暢達也自有暢達的好處，正不必故意減縮。例如玄同之文，即頗汪洋，而少含蓄，使讀者覽之了然，無所疑惑，故以表白意見，反為相宜，效力亦復很大。我的東西卻常招誤解，有時竟大出於意料之外。」

　　魯迅《論睜了眼看》，便是對於中國人，沒有勇氣正視社會現象有所諷刺。他說：「文人究竟是敏感人物，從他們的作品上看來，有些人確也早已感到不滿，可是一到快要顯露缺陷的危機一發

之際，他們總即刻連說『並無其事』，同時便閉上了眼睛。這閉著的眼睛便看見一切圓滿，當前的痛苦不過是『天之將將大任於斯人也，必先苦其心志，勞其筋骨，餓其體膚，空乏其身，行拂亂其所為』便是無問題，無缺陷，無不平，也就無解決，無改革，無反抗。因為凡事總要『團圓』，正無須我們焦躁；放心喝茶，睡覺大吉。再說廢話，就有『不合時宜』之咎。」「中國婚姻方法的缺陷，才子佳人小說作家早就感到了，他於是使一個才子在壁上題詩，一個佳人便來和，由傾慕，──現在就得稱戀愛，而至於有終身之約。但約定之後，也就有了難關。我們都知道，私訂終身在詩和戲曲，或小說尚不失為美談，（自然只以與終於中狀元的男人私訂為限。）實際卻不容於天下的，仍然免不了要離異。明末的作家，便閉上眼睛，並這一層也加以補救了，說是：才子及第，奉旨成婚。『父母之命，媒妁之言』，經過大帽子一壓，便成了半個銅錢也不值，問題也一點沒有了。即使有之，也只在才子的能否中狀元，而決不在婚姻制度的良否。」「《紅樓夢》中的小悲劇，是社會上常有的事，作者又是比較的敢於寫實的，而那結果也並不壞。無論賈氏家業再振，蘭桂齊芳，即寶玉自己，也成了個披大紅猩猩毯斗蓬的和尚。和尚多矣，但披這樣闊斗蓬的能有幾個，已經是『入聖超凡』無疑了。至於別的人們，則早在冊子裡一一註定，末路不過是一個歸結：是問題的結束，不是問題的開頭。讀者即小有不安，也終於奈何不得。」「中國人的不敢正視各方面，用瞞和騙，造出奇妙的逃路來，而自以為正路。在這路上就證明著國民性的怯弱，懶惰而又巧滑。一天一天的滿足著，即一天一天的墮落著，但又覺得日見其光榮。」

他預言：沒有衝破一切傳統思想和手法的闖將，中國是不會有真的新文藝的。他說的就是這一圈子的話。

魯迅所諷刺的人，他的筆那麼辛辣，而且反反覆覆，一直那麼糾纏下去，因此，在讀者的印象中是很深的。幾乎如陳西瀅、梁實

秋、章士釗、徐志摩、楊邨人、邵洵美、王平陵，這些寫寫文章弄弄筆頭的人，都使人有奸慝邪惡的想法，有一回，某君問我：「陳西瀅是不是像秦檜那麼壞？」我聽了不禁失笑；文人之筆，有時候真是令人可怕的。他筆下勾劃得最成功的是孔乙己，這是他最熟悉的人物；依我看來，連他所寫的阿Q，雖說連自己的名字都不會寫，只能畫一個並不圓的圓圈，都是十足的孔乙己腔調。不錯，魯迅筆下的人物，如紅鼻子老拱、藍皮阿五、單四嫂子、王九媽、七斤、七斤嫂、魯八一嫂、閏土、豆腐西施、阿Q、趙太爺、祥林嫂，都是農村裡的人，但這些人物都是出於破落的門庭，屬於魯迅自己那一台門的，是中國古老農村的一部分，而不是農村的代表人物。魯迅在鄉村住得並不久，他的意識形態成熟於大都市。他們周家，在鄉村乃是趙太爺，並不是「閏土」、「七斤」，或「阿Q」那樣的農民，魯迅只能說是「知稼穡之艱難」，並不「知稼穡」，還是手不能提，肩不能挑的。（因為有人強調魯迅的階級意識，所以得把魯迅的家世看看清楚的。）魯迅對他自己那一階層的社會相，了解得很深刻，對於中國社會的了解，卻並不廣大。（瞿秋白說他是他那紳士階級的叛徒，那倒是不錯的。）

孔乙己，一個亂蓬蓬的花白鬍子的老頭，穿了一件又髒又破舊的長衫（長衫是他這一階級的表記），「也讀過書，但終於沒有進學，又不會營生」，於是窮困潦倒。不免做些偷竊的事，最後因此被打折了腳，死在不知什麼地方，在人們的記憶裡也就消失，好像他並沒有生到世上來似的。他對人說話，總是滿口之乎者也，教人半懂不懂的。別人笑他偷何家的書，吊著打，他爭辯道：「竊書不能算偷，竊書，讀書人的事，能算偷麼？接連便是難懂的話，什麼「君子固窮」，什麼「者乎之類」。這一人類的沒落，幾乎是不可避免的。《儒林外史》有一位在南京修補樂器的倪老頭子，他自己就說：「長兄，告訴不得你，我從二十多歲上進學，到而今做了三十七年的秀才。就壞在讀了這幾句死書，拿不得輕，負不得重，一

日窮似一日，兒女又多，只得借這手藝糊口，原是沒奈何的事。」他本來有六個兒子，為了沒有吃用，都給賣到他州外府去了。不過，吳敬梓所體會到的沒落氣象，到了魯迅的時代，顯得格外陷於絕症了。

周作人從孔乙己說到咸亨酒店的老闆：「他是魯迅的遠房本家，是一個秀才，他的父親是舉人，哥哥則只是童生而已。某一年道考落第後，他發憤用功，夏天在高樓上大聲念八股文，音調鏗鏘，有似唱戲發生了效力，次年便進了學。他哥哥仍舊不成，可是他的鄰號生考上了，好像是買彩票差了一號，大生其氣，終於睡倒地上，把一棵小桂花拔了起來。那父親是老舉人，平常很講道學，日誦《太上感應篇》，看見我們上學堂的人有點近於亂黨，曾致忠告云：『從龍成功固多，但危險卻亦很多。』這是他對於清末革命的看法。晚年在家教私塾，不過從心所欲，卻逾了矩，對傭媼毛手毛腳，亂寫憑票予人，為秀才所見，大罵為老不死。一日為媼所毆，媳婦遙見，連呼『老昏蟲該打！』不正是阿Q的影子嗎？所以我說：魯迅筆下的阿Q，也就是孔乙己的影子。」（周作人說：「他是一個破產大人家的子弟和窮讀書人的代表，著者用了他的故事差不多就寫出了這一群人的末路。」孔乙己也和阿Q一樣成為最凸出的典型人物的。）

魯迅所生存的社會，和我們所生存的似乎差不多的；他只是沒有經歷過這一場大變動就是了。外來那個統治集團已在沒落了，農業經濟正由於外來資本主義的狂潮的衝擊也破產了，他眼見他自己所處的那個士大夫圈子的末運。他有一回，和我們談起一種民間流行的猜拳法，比「剪刀、布、石頭」的猜法多了一種，即是老百姓怕官、官怕皇帝、皇帝怕洋人、洋人怕老百姓，這樣奇妙的連環，構成了今日的中國社會。（魯迅也同意我的說法；外國人在中國第一階段是『洋鬼子』，第二階段是『洋大人』，第三階段是『帝國主義者』，每一階段的反應不同。）歐美人以及日本的中國通，對

於中國社會的了解，都是不夠的。所以，魯迅替內山完造的《活中國的恣態》作序，說：「據說像日本人那樣的喜歡『結論』的民族，就是無論是聽議論是讀書，如果得不到結論，心裡總不舒服的民族，在現在的世上，好像是頗為少有的。接收了這一個結論之後，就時時個人覺得很不錯。例如關於中國人，也就是這樣的。明治時代的支那研究的結論，似乎大抵受著英國的什麼人做的《支那人氣質》的影響，但到近來，卻也有面目一新的結論了。一個旅行者走進了下野的有錢的大官的書齋，看見有許多很貴的硯石，便說中國是『文雅的國度』；一個觀察者到上海來一下，買幾種猥褻的書和圖畫，再去尋尋奇怪的觀覽物事，便說中國是『色情的國度』。連江蘇和浙江方面，大吃竹筍的事，也算作色情心理的表現的一個證據。然而廣東和北平等處，因為竹少，所以並不怎樣吃竹筍。倘到窮文人的家裡或者寓處去，不但無所謂書齋，連硯石也不過用著兩角錢一塊的傢伙。一看見這樣的事，先前的結論就通不過去了，所以觀察者也就有些窘，不得不另外摘出什麼適當的結論來。正是這一回，便說支那很難懂得，支那是『謎的國度』了。據我自己想：只要是地位，尤其是利害不相同，則兩國之同不消說，就是同國的人們之同，也不容易互相了解的。」

　　有一篇，題名為〈關於中國的兩三件事〉的雜文，日本《改造》雜誌而作的，原本是日文，後來他又用中文寫了一遍，可以說是他對中國社會的解剖。（那一時期，正是林語堂的《生活藝術》在美國流行的時期，魯迅的看法，又顯得和林語堂所說的怎樣的不同。）他開頭講到中國的「火」與「火神」。「希臘人所用的火，聽說是在一直先前，普洛美修斯從天上偷來的，但中國的卻和它不同，是燧人氏自家所發見，或者該說是發明罷。因為並非偷兒，所以拴在山上給老雕去啄的災難是免掉了，然而也沒有普洛美修斯那樣的被傳揚，被崇拜。中國也有火神的。但那可不是燧人氏，而是隨意放火的莫名其妙的東西。自從燧人氏發見或者發明了火以來，

能夠很有味的吃火鍋，點起燈來，夜裡也可以工作了。但是，真如先哲之所謂『有一利必有一弊』罷，同時也開始了火災，故意點上火，燒掉那有巢氏所發明的巢的了不起的人物也出現了。和善的燧人氏該被忘卻的。即使煮了食，這回是屬於神農氏的領域了，所以那神農氏，至今還被人們所記得。至於火災，雖然不知道那發明家究竟是什麼人？但祖師總歸是有的，於是沒有法，只好漫彌之曰火種，而獻以敬畏。看他的畫像，是紅面孔、紅鬍鬚，不過祭禮的時候，卻忌一切紅色的東西，而代之以綠色。他大約像西班牙的牛一樣，一看見紅色，便會亢奮起來，做出一種可怕的行動的。他因此受著崇祀。在中國，這樣的惡神還很多。然而，在人世間，倒似乎因了他們而熱鬧。賽會也只有火種的，燧人氏的卻沒有。倘有火災，則被災的和鄰近的沒有被災的人們，都要祭火神以表感謝之意。被了災還要來感謝之意，雖然未免有些出乎意料，但若不祭，據說是第二回還會燒，所以還是感謝了的安全。而且也不但對於火種，就是對於人，有時也一樣的這麼辦，我想，大約也是禮儀的一種罷。」他從人類學風俗學的觀點來了解社會群眾的心理，不僅是新角度，而且很深人的。

上文，我引了周作人的話，說魯迅從小喜歡「雜覽」，（正統的經史以外的書，從前的經師，幾乎把詩賦都當作雜覽的。）讀野史最多，受影響亦最大。他的中國社會觀，也正是從野史中成熟的。他對我說到中國的社會史、藝術史、賭博史、娼妓史、文禍史都應該著手，這都得透視中國社會以後才能動筆的。他晚年病中，愛看清代文字獄檔案（那時我們一些朋友都在看這一大批史料性的書），他恍然有所悟，原來清代所謂文字獄，並不帶著很濃厚的民族意識和革命意識的；其間也有反清復明的意識的，可是極少。魯迅提到的馮起炎注解《易詩》案以及《清史》中提及丁文彬《大明大夏新書》案，根本和民族革命無關；他們便是魯迅筆下的孔乙己，和周家台門裡的人物相同的，這是阿Q大團圓式的悲喜劇。

魯迅說到馮起炎獻書案，以《隔膜》為題。馮起炎是山西臨汾縣的生員，聞乾隆將謁泰陵，便身懷著作在路上徘徊，意圖呈進，不料先以「形跡可疑」被捕了。那著作，是以易解詩，實則信口開河；結尾有自傳似的文章一大段，卻是十分特別的：「又，臣又來也，不願如何如何，亦別願求之事，惟有一事未決，請對陛下一敘其緣由。臣名曰馮起炎，字是南州，嘗到臣張三姨母家，見一女可娶，而恨不足以辦此。此女名曰小女，年十七歲，方當待字之年，而正在未字時，乃原籍末關春牛廣長興號張守怀之次女也。又到臣杜五姨母家，見一女，可娶，而恨為不足以辦此。此女名小鳳，年十三歲，雖非必字之年，而已在可字之時，乃本京東城鬧市口瑞生號杜月之次女也。若以陛下之為，差幹員一人，選快馬一匹，克日長驅到臨邑，同彼臨邑之地方官：『其東關春牛廣長興號中果有張守怀人否？』誠如是也，則此事諧矣。再問：『東城鬧口瑞生號中果有杜月一人否？』誠如是也，則此事諧矣。二事諧則臣之願畢矣。然臣之事也，方不知陛下納臣之言耶否耶，而必以此等事相強乎。特進言之際，一敘及之。」這當然是其事可笑，其情可憫的，魯迅乃慨然道：「這何嘗有絲毫惡意？不過著了當時通行的才子佳人小說的迷，想一舉成名，天子做媒，表妹入抱而已。不料事實結局卻不大好，置直隸總督袁守侗擬奏罪名是『閱其呈旨，膽敢於呈主之前，混講經書，而呈尾措詞，尤屬狂妄。核其情罪，較衝冠儀仗為更重。馮起炎一犯，應從重發往黑龍江等處，給披甲人為奴。俟部復到日，照例解部刻字發遣。』這位才子，後來大約終於單身出關做西崑去了。此外的案情（其他文字獄案），雖然沒有這麼風雅，但並非反動的還不少。有的是魯莽，有的是發瘋；有的是鄉曲迂儒，真的不識諱忌；有的則是草野愚民，實在關心皇家。而命運大概很悲慘，不是凌遲，滅族，便是立刻殺頭，或者『斬監侯』，也仍然活不了。凡這等事，粗略的一看，先使我們覺得清朝的凶虐，其次是死者的可憐。但再來一想，事情是並不這麼簡單的。這

些慘案的來由，都只為了『隔膜』。滿洲人自己就嚴分著主權，大臣奏事，必稱奴才，而漢人卻稱『臣』就好。這並非因為是『炎黃之冑』特地優待，賜以嘉名的。其實是所以別於滿人的奴才，其地位還下於奴才數等。奴隸只能奉行，不許言議；評論固然不可，妄自頌揚也不可，這就是『思不出其位』。譬如說：主子，你這袍角有些兒破了，拖下去怕更要破爛，還是補一補好。進言者，方自以為自己在盡忠，而其實卻犯了罪，因為另有准其講這樣的話的人在，不是誰都可說的。一亂說，便是『越俎代謀』，當然『罪有應得』。倘自以為是『忠而獲咎』，那不過是自己的糊塗。」「有一些簡單愚蠢的人們卻上了當，真以為『陛下是』自己的老子，親親熱熱的撒嬌討好去了。他那是要這被征服者做兒子呢？於是乎殺掉。不久，兒子們嚇得再不開口了，計劃居然成功……然而這奧妙，好像至今沒有人來說明。」魯迅對於統治者的心理了解很透徹，他自覺得士大夫串演悲喜劇，實在可笑而又可憫的。

魯迅一生所作的幾回演講，都是很重要的。其中有一回有北京女子高等師範文藝會講演《娜拉走後怎樣？》　（魯迅的雜感集《墳》，從 141 頁以下，都是討論中國社會問題的，這一篇講演稿也在其列。）他對於這個象徵婦女自覺運動的人物有另外的看法。他說：「娜拉畢竟是走了的。走了以後怎樣？易卜生並無解答；而且他已經死了。即使不死，他也不負解答的責任。……娜拉走後怎樣？——別人可是也發表過意見的。一個英國人曾作一篇戲劇，說一個新式的女子走出家庭，再也沒有路走，終於墮落，進了妓院了。還有一個中國人——我稱他什麼呢？上海的文學家罷——說他所見的（娜拉）是和現譯本不同，娜拉終於回來了。這樣的本子，可惜沒有第二人看見，除非是易卜生自己寄給他的。（這句話，倒是魯迅說錯了。周瘦鵑當時介紹文壇掌故，說易卜生用以為模特兒那位真實的娜拉，後來是回家來的。那是事實。）但從事理上推想起來，娜拉或者也實在只有兩條路：不是墮落，就是回來。因為如

果是一隻小鳥，則籠子裡固然不自由，而一出籠門，外面便又有鷹，有貓，以及別的什麼東西之類；倘使已經關得麻痺了翅子，忘卻了飛翔，也誠然是無路可以走。還有一條，就是餓死了，但餓死已經離開了生活，更無所謂問題，所以也不是什麼路。」他慨然道：「人生最苦痛的是夢醒了無路可以走。做夢的人是幸福的；倘沒有看可出走的路，最要緊的是不要去驚醒他。……但是，萬不可做將來的夢。阿爾志跋綏夫曾經借了他所做的小說，質問過夢想將來的黃金世界的理想家，因為要造那世界，先喚起許多人們來受苦。他說：『你們將黃金世界預約給他們的子孫了，可是有什麼給他們自己呢？』有是有，就是將來的希望，但代價也太大了，為了這希望，要使人練敏了感覺來更深切地感到自己的苦痛，叫起靈魂來目睹他自己的腐爛的屍骸。惟有說謊和做夢，這些時候便見得偉大。所以我想，假使尋不到出路，我們所要的就是夢；但不要將來的夢，只要目前的夢。然而娜拉既然醒了，是很不容易回到夢境的，因此只得走；可是走了以後，有時卻也免不掉墮落或回來。否則，就得問：她除了覺醒的心以外，還帶了什麼走？」

這樣，他就提出他的答案來了。婦女問題是社會問題的一環，要解決婦女問題，也得從經濟方面著力，單靠熱情與幻想是沒有用的。魯迅對那些女學生說：倘只有一條像她們一樣的紫紅的絨繩圍巾，那可是無論寬到二尺或三尺，也完全是不中用的。她還須更富有，提包裡有準備，坦白地說，就是要有錢。夢是好的，否則，錢是要緊的。錢這個字很難聽，或者要被高尚的君子們所諷笑，但我們總覺得人們的議論是不但昨天和今天，即使飯前和飯後，也往往有些差別。凡承認飯需錢買，而以說錢為卑鄙者，倘能按一按他的胃，那裡面總還有魚肉沒有消化完，須得餓他一天之後，再來聽他發議論。所以為娜拉計，「錢——高雅的說罷，就是經濟，是最要緊的了。自由固不是錢所能買到的，但能夠為錢而賣掉。人類有一個大缺點，就是常常要飢餓。為補救這缺點起見，為準備不做傀儡

起見，在目下的社會裡，經濟權就見得最要緊了。第一、在家應該先獲得男女平均的分配；第二、在社會應該獲得男女相等的勢力。可惜我不知道這權柄如何取得，單知道仍然要戰鬥；或者也許比要求參政權更要用劇烈的戰鬥。要求經濟權固然是很平凡的事，然而也許比要求高尚的參政權以及博大的女子解放之類更煩難。天下事盡有小作為比大作為更煩難的。」這正是他比其他思想家，切實際而高明之處。

他對那些年輕女學生說：在現在，一個娜拉的出走，或者也許不至於感到困難的，因為這人物很特別，舉動也新鮮，能得到若干人們的同情，幫助著生活。生活在人們的同情之下，已經是不自由了。然而倘有一百個娜拉出走，便連同情也減少，有一千萬個出走，就得到厭惡了，斷不如自己握著經濟權之為可靠。

有一回，筆者和魯迅談到孔夫子問題。孔夫子，在我們中國，該是一個民族的象徵了。洋人說到孔夫子，不管他們怎麼想，也總是把孔夫子當作東方文化的代表。我說：「每一縣城裡，一座塔，一座孔廟，一座城隍廟總是有的。塔的下面，一座佛寺，香火總是很盛的；城隍廟裡城隍老爺巍巍在上，那更是香火不絕；獨有孔廟，看起來是一座黃牆頭大院子，闊得很，一年來有春秋兩祭，有冷豬肉可吃，平時真是荒煙蔓草，冷落得很。在老百姓心目中，孔夫子和他們是不相干的。」他笑著說：「財神老爺有元寶，那是有錢供奉的，香火最旺。關聖大帝，他有周倉大刀把門，他的廟宇也不錯；孔老夫子既沒有大刀，又沒有元寶，自該倒霉的。」當時，就是這麼談了，不一定有結論的。

後來，日本湯島的孔子聖廟落成，湖南省主席何鍵送了一幅珍藏的孔子畫像去。魯迅看了這新聞，曾寫了一篇《在現在中國的孔夫子》，刊在《改造》雜誌上。（當時，魏猛克曾譯刊在《雜文》月刊中。）發揮了他的有趣見解。

他說：「中國的一般的人民，關於孔子是怎樣的相貌，倒幾乎

是毫無所知，自古以來，雖然每一縣一定有文廟，但那裡面大抵並沒有聖像，凡是繪畫，或者雕塑應該崇敬的人物時，一般是大於常人為原則的，但一到最應崇敬的人物，如孔夫子那樣的聖人，卻好像連形象也成為褻瀆，反不如沒有的好。這也不是沒有道理的。」說報畫像，他曾見過三次：一次是《孔子家語》裡的插畫，一次是梁啟超氏亡命日本時，作為橫濱出版的《清議報》上的卷頭畫，從日本倒輸入中國來的；還有一次是刻在漢朝墓石上的孔子見老子的畫像。說起從這些圖畫上所得的孔夫子的模樣的印象來，則這位先生是一位很瘦的老頭子，身穿大袖口的長袍子，腰帶上插著一把劍，或者腋下挾著一枝杖，然而從來不笑，非常威風凜凜的。假使在他的旁邊侍坐，那就一定得把腰骨挺的筆直，經過兩三點鐘，就骨節酸痛，倘是平常的人，大約總不免急於逃走的了。

　　他又說：「後來我曾到山東旅行。在為道路的不平所苦的時候，忽略想到了我們的孔夫子。一想起那位有儼然道貌的聖人，先前便是坐著簡陋的車子，顛顛簸簸，在這些地方奔波的事業，頗有滑稽之感。這種感想，自然是不好的，要而言之，頗近於不敬，倘是孔子之徒，恐怕是決不應該發生的。但在那時候，懷著我似的不規矩的心情的青年，可是多得很。」魯迅先生於清朝的末年，那時期，孔夫子已經有了「大成至聖文宣王」這一個闊得可怕的頭銜，不消說，正是聖道支配了全國的時代。政府對於讀書的人們，使讀一定的書，即《四書》、《五經》；使遵守一定的注釋，使寫一定的文章，即所謂「八股文」；並且使發一定的議論。然而這些千篇一律的儒者們，倘是四方的大地，那是很知道的，但一到圓形的地球，卻什麼也不知道，可是和四書上並無記載的法蘭西和英吉利打仗而失敗了。對外戰敗以後，於是拼命尊孔的政府和官僚先就動搖起來，用官帑來提倡洋務了。魯迅是那一時期，送到日本去學「洋務」了，他在東京的弘文學院，不料那學院的學監大久保，又叫他到孔廟去行一次禮，使他十分訝然的。

他說：「孔夫子到死了以後，我以為可以說是運氣比較的好一點。因為他不會囉嗦了，種種的權勢者使用種種的白粉給他來化妝，一直抬到嚇人的高度。但比起後來輸入的釋迦牟尼來，卻實在可憐得很。誠然，每一縣固然都有聖廟即文廟，可是一副寂寞的冷落的樣子，一般的庶民，是決不去參拜的，要去，則是佛寺，或是神廟。若向老百姓們問孔夫子是什麼人，他們自然回答是聖人，然而這不過是權勢者的留聲機……總而言之，孔夫子之在中國，是權勢者們捧起來的，是那些權勢者或想做權勢者們的聖人，和一般民眾並無什麼關係。然而對於聖廟，那些權勢者也不過一時的熱心。因為尊孔的時候，已經懷著別樣的目的。所以，目的一達，這器具就無用，如果不達呢，那可更加無用了。」「中國的一般民眾，尤其是所謂愚民，雖稱孔子為聖人，卻不覺得他是聖人；對於他，是恭謹的，卻不親密。……民眾不去親近那毫不親密的聖人，正是當然的事，什麼時候都可以，試去穿了破衣，赤著腳，走上大成殿去看看罷，恐怕會像誤進上海的上等影戲院或者頭等電車一樣，立刻要受斥逐的。」

　　一個人的思想，到了晚年，可以完全改變，和他自己壯年時期的觀感完全不相同的；也可能幾度隨著社會環境的變動而以今日之我攻擊昨日之我，而讓明日之我來攻擊今日之我的。也有到了晚年，鑽進了牛角尖，就此便和時代背馳，成為文化殭屍的。獨有魯迅，他的思想體系，大致成熟於三十五歲前後，其後來是不斷在添加，到老年，也還是從原來的根苗上抽芽，結茂密的花果的。所以，他去世以後，熱心替他搜集早年的文字，《集外集》已經是集茸成佚的工作，其後復有《補遺》的專集，他一生文字，百分之九十九以上，都是茸集成袂，很少遺漏了。我們看看他早年的文字，還是和晚年的進路相一致，不至於「壯而悔之」的。他雖沒有討論社會問題的專著，但他所以評論中國社會問題的觀點，前後是一致的。

杭州的西湖，山明水秀，那是馳名中外的風景區，卻也是文人雅士的玩意兒。魯迅自幼就不愛這一類的風雅，他在杭州教書，也不喜歡遊湖。杭州有所謂西湖十景，那是經過那位庸俗的乾隆皇帝品題出來的，從山陽道上來的人，也看不出西湖有什麼特別好處，而西湖山水之佳勝，並不在所謂十景。十景之中，有一處最著名的雷峰夕照；雷峰塔便是黃妃塔，建於五代，吳越王時，中經戰禍，樓宇被焚，只留下殘破的塔架，頹然矗立於夕陽中，有如老僧入定，顯得垂暮的神情。（筆者幼年時，還看見它的龍鍾老態。）一九二四年十月間，這座廢塔，突然倒下去了，當時引起了民間種種有趣的傳說。魯迅曾經寫了兩篇雜感文。

　　他說：從崇軒先生的通信中，知道他在輪船上聽到兩個旅客談話，說是杭州雷峰塔之所以倒掉，是因為鄉下人迷信那塔磚放在自己的家中，凡事都必平安、如意，逢凶化吉，於是這個也挖，那個也挖，挖之久久，便倒了。一個旅客並且再三嘆息道：西湖十景這可缺了啊！（黃妃塔，原由十方信男信女捐助塔磚建築而成，可以說是出於大眾力量。而其傾圮，乃由於各方信男信女利己念頭，也可以說是由於大眾的愚妄。）魯迅說：「這消息，可又使我有點暢快了，雖然明知道幸災樂禍，不像一個紳士，但本來不是紳士的，也沒有法子來裝潢的。我們中國的許多人——我在此特別鄭重聲明：並不包括四萬萬同胞全部，——大抵患有一種十景病，至少是八景病，沉重起來的時候大概在清朝。凡看一部縣志，這一縣志往往有十景或八景，如『遠村明月』、『蕭寺清鐘』、『古池好水』之類。而且十字形的病菌，似乎已經浸入血管，流布全身。點心有十樣錦，菜有十碗，音樂有十番，閻羅有十殿，藥有十全大補，猜拳有全福壽，壽福全，連人的劣跡或罪狀，宣佈起來也大抵是十條，彷彿犯了九條的時候總不肯歇手。現在西湖十景可缺了呵，正是對於十景病的一個針砭。至少也可以使患者感到一種不平常，知道自己的可愛的老病，忽而跑了十分之一了。但仍有悲哀在裡面。

其實，這一種勢所必至的破壞，也還是徒然的。暢快不過是無聊的自欺。雅人和信士和傳統大家，學要苦心孤詣巧語花言地再來補足了十景而後已。」

「十景」，正代表了士大夫階級的保守傳統思想的意識，這和「八股文」似的，顯露了思想的僵化。魯迅在思想方面，最反對人云亦云，作統治者的傳聲筒，所以，他對於雷峰塔的倒坍表示一種快意。（雷峰塔恰倒坍於孫傳芳部隊進城之日，因此，這位軍閥心中快快，曾經發動募捐，準備重建雷峰塔，事未集而國民革命軍北伐成功，孫傳芳倉惶北退，遂一蹶不起，此塔也就成為歷史上的名詞了。）

魯迅曾說了一段深刻的話：「不過在戲台上罷了，悲劇將人生的有價值的東西毀來給人看，喜劇將那無價值的撕破給人看。譏諷又不過是喜劇的變簡的一支流。但悲壯滑稽，卻都是十景病的仇敵，因為都有破壞性，雖然所破壞的方面各不同。中國如十景病尚存，則不但盧梭他們似的瘋子決不產生，並且也決不產生一個悲劇作家或喜劇作家或諷刺詩人。所有的，只是喜劇底人物或非喜劇非悲劇底人物，在互相模造的十景中生存，一面各帶了十景病。

二十二　青年與青年問題

　　有人替魯迅戴紙糊帽子，說他是「青年導師」，因為他們要把他送到神廟中去，好似魯迅乃是「天下無不是的青年」的說教人。真實的魯迅，怕的未必如此。他曾和我談到青年問題，我說：「青年和一切活人一樣，有其長處，也有其弱點，說青年特別純潔，也不見得。」魯迅在廈門時，有一封致許廣平的信說到《莽原》社的事：「我這幾年來，常常給別人出一點力，所以在北京時，拼命地做，忘記吃飯，減少睡眠，吃了藥來編輯、校對、作文。誰料結出來的都是苦果子。有些人就將我做廣告來自利，不必說了，便是小小的《莽原》，我一走也就鬧架。長虹因為社裡壓下（壓下而已）了投稿，和我理論，而社裡則時時來信，說沒有稿子，催我寫稿。我實在有些憤憤了，擬至二十四期止，便將《莽原》停刊；沒有了刊物，看大家還爭些什麼。」後來，他在上海所遭遇的也是如此，所以，他對青年的失望（連所謂的革命青年在內），心中十分沉痛的。

　　筆者首先來說那件「義子」的故事（這故事，章錫琛和許廣平都曾寫過）。這位「義子」，魯迅在廈門，在廣州，都一直追隨著他，好似他的忠實信徒。後來魯迅住在上海，這位忠實信徒，帶了愛人和那愛人的哥哥到上海來了；就住在魯迅的家中，由他供給膳

宿，津貼零用，這段經過是富有戲劇性的。那時，魯迅住在樓上，他們住在樓下；每逢魯迅步下扶梯，則書聲琅琅，不絕於耳。但稍一走遠，則又嘎然中止。原來那一片書聲是故意讀給魯迅聽的，害得他幾乎有點怕於下樓了。他們向魯迅要求讀書，要他擔負三個人的學費。那青年又把自己的文章送給他，要他介紹發表，他也沒能滿足他們的心願；又請托他找事，在那環境中，也無法可想。魯迅於萬不得已的情形下，跟某書店說定，讓那青年去做個練習生，再由魯迅自己每個月拿出三十元，托書店轉一轉手給他，算是薪水。那青年卻一口拒絕，不肯去，說是薪水太少，職位太低。有一天，那天年還對魯迅說：《創造社》的人，因為他住在魯迅家中，就看不起他了。後來那位「愛人」的哥哥回鄉去了，那青年的哥哥（木匠）來了，也要魯迅替他找事做。他們一家子就一直住在魯迅家中。據許廣平說：「那愛人後來能說幾句普通話，閒談之中，才知道那青年學生原來是來給魯迅做『兒子』的；她呢，不消說是媳婦兒了。他們滿以為來享福，那裡知道會這樣。而魯迅竟一點也不曉得這個中原委，沒好好地招待這淌來的兒媳，弄得怨氣騰騰，煩言噴噴。」那雙青年男女，對魯迅已無可希望不能享福之後，便告辭要回去了。有一天晚上，他們去同魯迅商量，要一筆送他們回去的旅費。魯迅計算當時從上海到汕頭，再轉×縣，有一百元就足夠了。可是那青年不答應，他說：「我們是賣了田地出來的，現在回去了，要生活，還得買田地，你得給我××元。」魯迅對他說：「我那裡有這麼多錢；而且，你想想看，叫我負了債，籌錢給你買田地，心中過得去嗎？」他可真說得妙：「錯是不錯，不過你總比我好想法，籌備的地方也比我多，非替我找××元不可！」那幾乎近於勒索了，於是不歡而散。這位魯迅的「義子」，也就是這麼離開上海的。再過幾年那青年又從廣州來了信，大意說：「原來你還沒有倒下去；那麼再來幫助我吧！」這樣的青年，當然還算不得最壞的，我看也不見得純潔得使魯迅頭痛吧。魯迅也曾說起他做化學

教師時，正在準備一椿化學試驗，只怕學生不慎，受了傷害，就事先把危險性告訴他們。那知，他到室中去做點事回來，著手試驗，一點火便爆炸了，傷了他自己的手臉；原來他倒被青年所戲弄了。這樣的事對魯迅該是慘痛的教訓吧。

　　說到「青年」的要不得（當然連我自己也在內），而讀書人更要不得（我自己也在內），尤其是文人。我們時常談到《儒林外史》中的匡超人；他的本性並不壞，他淪落在杭州城隍山擺測字攤的日子，的的確確想上進有為。而且是一個地道的孝子。馬二先生看他篤實誠懇，送錢給他，作回鄉的盤川，他的確心中感激。他回鄉事父敬長，那一幕並不壞，人也聰明，刻苦用功，筆下也來得。他是靠著潘保正的幫忙，李知縣的提拔，踹著這一踏腳石爬上去了。他第二次到杭州，眼界不同了，從景蘭江那一圈子知道文人的另一出路；從三爺那一圈子又懂得吏途的另一決竅。他借馬二先生的光住在杭州文翰樓，又知道所謂選家的門徑。這一來。他懂得了風雅，撈得了聲名，潘三又帶他安了生活家室；進京應試，娶得李夫人的甥女為妻室，考取了教習，那真平步登天了。這一來，這一位農村出來的篤實青年變了性了，他把潘三踹在腳底，見危不救，狂妄誇大，目中無馬二先生，正如他那死去了的父親所預料，忘了本了。魯迅是最熟讀《儒林外史》的人，他會不了解青年的心理嗎？

　　許廣平的追記中，便說了幾個年青作家的故事：一位是許欽文，（魯迅生平友生中，姓許的和他最合得來。許欽文的妹妹，和他感情很不錯，幾乎成為他的夫人。）他曾把自己的小說請魯迅編定，出書之後，銷路很好，立刻成了一位有名作家。那書商就勸他再出一本小說集，他便把那些被魯迅剔除的小說另編一集出版了。魯迅看了，搖頭嘆氣道：「我的選擇也費了不少心血，把每一種的代表作都選入了。其餘那些，實在不能算是很成功的；一個年輕人，應該再修養修養，又何必這麼急急於求名呢？」言下，表示他

的失望。許欽文，後來還出了不少的書，有時也請魯迅看稿子，他就擱在一邊，不再來費力刪削了。另一位是高長虹，他是《莽原》社的青年作家；魯迅對他也特別愛護，有一回，他要魯迅幫他選集子，他替他選定了作品，校改了字句，已經成書了；他卻怪魯迅糟蹋了他的作品，向人說，魯迅把他好的作品都選掉了，只留下一些壞的。這樣的釘子，魯迅碰得有苦說不出呢。又一位，便是向培良，也是《莽原》社的青年作家，魯迅替他選定了一本創作集，也校改了字句。（魯迅替良友編選小說二集，說向培良的《飄渺的夢》：「作者向我們敘述著他的心靈所聽到的時間的足音，有些是借了兒童時代的天真的愛和憎，有些是藉著羈旅時候的寂寞的聞和見，然而他並不笨拙，卻不矯揉造作，只如熟人相對，娓娓而談，使我們在不甚操心的傾聽中，感到一種生活的色相。」對他的作品可說看得起的。）總算愛護他重視他了。而且替他介紹了稿子和職業。可是就為了魯迅反責高長虹的話激怒了他了，便絕交而去。他逢人就說：魯迅是愛鬧脾氣的，魯迅是青年的絆腳石。

本來，魯迅對世態看得這麼透徹，對人性理解得這麼深刻，獨獨會對青年心理模糊不明，那也是說不通的。我曾對魯迅說：「我初以為你很世故的，其實你是最不世故的；你的眼睛看得雪亮，一碰到了實際，你沒有辦法了。其實，你所碰到的麻煩，要是放在世故的官僚手中，他們從容應付，毫不費力，決不會像你這樣，為了一件小事，頭痛一輩子的。」許廣平說：「魯迅有分明的是非，一面固愛才若渴，一面也嫉惡如仇；一般人總以常情度事理，然魯迅所以為魯迅，豈常情所能概論。魯迅對於青年，盡有半途分手，或為敵人，或加構陷，但也始終不二者。而魯迅有似長江大河，或留或逝，無所容於中，仍以至誠至正之枕，繼續接待一切新來者。或有勸其稍節精力，魯迅說：『我不能為一個人做了賊，就疑心一切的人。』」這話也只說對了一半。像「義子」那一類事，就是一幕滑稽戲，與一切「是非曲直」無關的，你看，魯迅就處理得十分尷

尬呢。

　　筆者說到魯迅對青年的說法，只是他對中國社會看法的一相；他的眼睛是雪亮的，而且十分警覺的。我們不必把魯迅想像那麼天真。在前面，筆者提到他和《語絲》的關係，他在那篇追述的文字中，說到了一件事，《語絲》原是孫伏園所倡議的，伏園是魯迅的學生，而且非常密切。他離開了北京《晨報》。建議要辦這樣一份週刊，魯迅一力支持，那是不在話下。《語絲》之成功、以及對文化界影響之大，那是他們所不及料的。魯迅說：「至於對《晨報》的影響，我不知道，但似乎也頗受些打擊，曾經和伏園來說和。伏園得意之餘，忘其所以，曾以勝利者的笑容，笑著對我說道：──『真好，他們竟不料踏在炸藥上了！』這話對別人說是不算什麼的。但對我說，卻好像澆了一碗冷水，因為我即刻覺得『炸藥』是指我而言，用思索，做文章，都不過使自己為別人的一個小糾葛而粉身碎骨，心裡就一面想：──『真糟，我竟不料被埋在地下了！』我於是乎『徬徨』起來。」

　　凡是接近魯迅的青年，都想利用魯迅，連伏園這樣和他親近的，也是「賢者不免」。許多人，愛用魯迅所寫「俯首甘為孺子牛」那句詩，好似他對青年的要求，無所不可的。魯迅的詩意似乎著重在「甘」字上。他在另外一篇文章中說「我沒有什麼話要說，也沒有什麼文章要做，但有一種自害的脾氣，是有時不免吶喊幾聲，想給人們去添點熱鬧。譬如一匹疲牛罷，明知不堪大用的了，但廢物何妨利用呢，所以張家要我耕一弓地，可以的；李家要我挨一轉磨，也可以的；趙家要我在他店前站一刻，在我背上貼廣告道：敝店備有肥牛，出售上等消毒滋養牛乳。我雖然深知道自己是怎麼瘦，又是公的，並沒有乳，然而想到他們為張羅生意起見，情有可原，只要出售的不是毒藥，也就不說什麼了。但倘若用得我太苦，是不行的，我還要自己覓草吃，要喘氣的工夫；要專指我為某家的牛，將我關在他的牛欄內，也不行的；我有時也許還要給別家

挨幾轉磨。如果連肉都要出賣，那自然更不行，理由自明，無須細說。倘遇到上述的三不行我就跑，或者索性躺在荒山裡。即使因此忽而從深刻變為淺薄從戰士化為畜牲，嚇我以康有為，比我以梁啟超，也都滿不在乎，還是我跑我的，我躺我的，決不出來再上當。因為我於世故實在是太深了。」那便是他的「甘為孺子牛」的限度。

所以魯迅又很明白表示他支持《語絲》社的態度。他說「但我的徬徨並不用許多時，因為那時還有一點讀過尼采的 Zarathustra《蘇魯支語錄》的餘波，從我這裡只要能擠出——雖然不過是擠出一文章來，就擠了去罷，從我這裡只要能做出一點『炸藥』來，就拿去做了罷，於是也就決定，還是照舊投稿了——雖然對於意外的被利用，心裡也耿耿了好幾天。」這又是他所說的「俯首」的注腳。

不過，魯迅了解青年弱點，知道青年也和其他人們一樣地卑怯是一件事，他了解青年問題的癥結所在，而加以解剖藥治又是一件事。我曾經對朋友說過：魯迅和青年們相處，反而不及胡適的圓妥。因為，魯迅和青年太接近，而他自己又是這麼敏感的人，所以容易受刺激。（有時，他也太過敏，想得太深了。）胡適之何嘗又不是絕頂聰明看得雪亮，他只是裝糊塗，不和青年相接近，反而沒鬧那麼多的事故的。而且，魯迅無論在社會在學校，都是處於比較超然的地位，尚且如此焦頭爛額；假如處在胡適的地位，要擔負學校行政，有時會和學生處於對立地位，又不知會弄什麼僵局呢。

但是臨到青年問題的處理，魯迅是堅決地站在青年的立場說話的；北京國立女子師範大學事件，在他本來用不著那麼「見義勇為」的，而他毅然決然站在章士釗的對面，與之為敵。此所以青年對他格外來得親近。胡適一沾到青年問題，就交成圓滑了；偶爾也說幾句漂亮的話，要他去和政府當局對壘，他是不幹的，此所以胡適和青年越來越遠，一個領導五四運動的思想家，反而沒有群眾

了。

　　魯迅有一篇以《導師》為題的雜感文，正是他對於青年問題的看法，他說：「近來很通行說青年；開口青年，閉口也是青年。但青年又何能一概而論？有醒著的，有睡著的，有昏著的，有躺著的，有玩著的，此外還多。但是，自然也有要前進的。要前進的青年大抵想尋求一個導師。然而我敢說：他們將永遠尋不到。尋不到倒是運氣；自知的謝不敏，自許的果真識路麼？凡自以為識路者，總過『而立』之年，灰色可掬了，老態可掬了，圓穩而已，自己卻誤以為識路。假如真識路，自己就早進向他的目標，何至於還在做導師。說佛法的和尚，賣仙藥的道士，將來都與白骨是『一丘之貉』，人們現在卻向他聽生西的大法，求上升的真傳，豈不可笑！但是我並非敢將這些人一切抹殺；和他們隨便談談，是可以的。說話的也不過能說話，弄筆的也不過能弄筆；別人如果希望他打拳，則是自己錯。他如果能打拳，早已打拳了，但那時，別人大概又要希望他翻筋斗。有些青年，似乎也覺悟了；我記得《京報》副刊徵求青年必讀書時，曾有一位發過牢騷，終於說：只有自己可靠！我現在還想斗膽轉一句，雖然有些煞風景，就是：自己也未必可靠的。我們都不大有記性。這也無怪，人生苦痛的事太多了，尤其在中國。記性好的，大概都被厚重的苦痛壓死了；只有記性壞的，適者生存，還能欣然活著。但我們究竟還有一點記憶，回想起來，怎樣的『今是昨非』呵，怎樣的『口是心非』呵，怎樣的『今日之我與昨日之我戰』呵。我們還沒有正在餓得要死時於無人處見別人的飯，正在窮得要死時於無人處見別人的錢，正在性欲旺盛時遇見異性，而且很美的。我想，大話不宜講得太早，否則，倘有記性，將來想到時會臉紅。或者還是知道自己之不甚可靠者，倒較為可靠罷。青年又何須尋那掛著金字招牌的導師呢？不如尋朋友，聯合起來，同向著似乎可以生存的方向走。你們所多的是生力，遇見森林，可以闢成平地的，遇見曠野，可以栽種樹木的，遇見沙漠，可

以掘井泉的。問什麼荊棘塞途的老路，拜什麼烏煙瘴氣的鳥導師！」他的話，當然是有所感而發，事實也正是如此。

有一時期，《現代評論》派每以「青年導師」的紙糊帽子來冷嘲魯迅的；他在《寫在《墳》後面》中有一段最深刻的話：「倘說為別人引路，那就更不容易了，因為連我自己還不明白應當怎樣走。中國大概很有些青年的『前輩』或『導師』罷，但那不是我，我也不相信他們。我只很確切地知道一個終點就是：墳。然而這是大家都知道的，無須誰指引。問題是在從此到那的道路。那當然不止一條，我可正不知道那一條好，雖然至今有時也還在尋求。在尋求中，我就怕我未熟的果實偏偏毒死了偏愛我的果實的人，而憎恨我的東西如所謂正人君子也者偏偏都矍鑠，所以我說話常常不含糊，中止，心裡想：對於偏愛我的讀者的贈獻，或者最好倒不如是一個『無所有』。我的譯著的印本，最初，印一次是一千，後來加五百，近時是二千至四千，每一增加，我自然就願意的，因為能賺錢，但也伴著哀愁，怕於讀者有害，因此作文就時常更謹慎，更躊躇。有人以為我信筆寫來，直抒胸臆，其實是不盡然的。我的顧忌並不少。我自己早知道畢竟不是什麼戰士了，而且也不能算前驅，就有這麼多的顧忌和回憶。還記得三四年前，有一個學生來買我的書，從衣袋裡掏出錢來放在我手裡，那錢上還帶著體溫。這體溫便烙印了我的心，至今要寫文字時，還常使我怕毒害了這類的青年，遲疑不敢下筆。我毫無顧忌地說話的日子，恐怕要未必有了罷。但也偶爾想，其實倒還是毫無顧忌地說話，對得起這樣的青年。但至今也還沒有決心這樣做。」五四運動以後，從《新青年》那營壘出來的，幾乎都成為青年導師，到了後來，他們所指引的路也越來越模糊了；倒是魯迅，對於青年的影響，卻一天一天大起來了呢！

當然，魯迅對於青年問題，並不袖手旁觀。而是有他的積極主張的。那年，北京的《京報》副刊徵求那時的學人開列「青年必讀書」的書目，魯迅是交白卷的，說：「從來沒有留心過，所以現在

說不出。」但他在附注中，卻寫了一段話：「但我要趁這機會，略說自己的經驗，以供若干讀者的參考——我看中國書時，總覺得就沉靜下去，與實在人生離開；讀外國書——但除了印度——時，往往就與人生接觸，想做點事。中國書雖有勸人入世的話，也多是殭屍的樂觀；外國書即使是頹唐和厭世的，但卻是活人的頹唐和厭世。我以為要少——或者竟不——看中國書，多看外國書。少看中國書，其結果不過不能作文而已。但現在的青年最要緊的是『行』，不是『言』。只要是活人，不能作文算什麼大不了的事。」他的態度，素來就是這麼積極的。

我們且看他在北京時的另一封信，更可以了解他的意向。那時是寫給河南兩位學生的，其中有一位便是向培良，後來和他分了手的。他說：「倘使我有這力量，我自然極願意有所貢獻於河南的青年。但不幸我竟力不從心，因為我自己也正站在歧路上——或者，說得較有希望些：站在十字路口。站在歧路上是幾乎難於舉足，站在十字路口，是可走的道路很多。我自己是什麼也不怕的，生命是我自己的東西，所以我不妨大步走去，向著我自以為可以走去的路；即使前面是深淵，荊棘，狹谷，火坑，都由我自己負責。然而向青年說話可就難了，如果盲人瞎馬，引入危途，我就該得謀殺許多人命的罪孽。所以，我終於還不想勸青年一同走我所走的路；我們的年齡、境遇，都不相同，思想的歸宿大概總不能一致的罷。但倘若一定要問我青年應當向怎樣的目標，那麼，我只可以說出我為別人設計的話，就是：一要生存，二要溫飽，三要發展。有敢來阻礙這三事者無論是誰，我們都反抗他，撲滅他！可是還得附加幾句話以免誤解，就是：我之所謂生存，並不是苟活；所謂溫飽，並不是奢侈；所謂發展，也不是放縱。

他的話，看起來是平淡無奇的，做起來，卻並不那麼容易，許多人只是說了不做。魯迅因此提出更平淡的幾段話。第一，他說需要記住，記性不佳，是有益於己而有害於子孫的。人們因為能忘

卻，所以自己能漸漸地脫離受過的苦痛，但也因為能忘卻，所以往往照樣地再犯前人的錯誤。（他在許多地方，發揮這一論點，他嘆息我們中國是一個健忘的民眾。）其次，他說需要韌性。「我有時也偶爾去看看學校的運動會。……競走的時候，大抵是最快的三四個人一到決勝點，其餘便鬆懈了，有幾個還至於失了跑完預定的圈數的勇氣，中途擠入看客的群集中；或者佯為跌倒，使紅十字隊用擔架將他抬走。假若偶有雖然落後，卻盡跑，盡跑的人，大家就嗤笑他。大概是因為他太不聰明，『不恥最後』的緣故罷。所以中國一向就少有失敗的英雄，少有韌性的反抗，少有敢單身鏖戰的武人，少有敢撫哭叛徒的吊客；見勝兆則紛紛聚集，見敗兆則紛紛逃亡。」

魯迅曾經譯介有島武郎（日本文學家）的《與幼者》，說：「時間不住的移過去。你們的父親的我，到那時候，怎樣映在你們（眼）裡，那是不能想像的了。大約像我在現在，嗤笑可憐那過去的時代一般，你們也要嗤笑可憐我的古老的心思，也未可知的。我為你們計，但願這樣子。你們若是毫不客氣的拿我做一個踏腳，超越了我，向著高的遠的地方進去，那便是錯的。人間很寂寞。我單能這樣說了就算麼？你們和我，像嘗過血的獸一樣，嘗過愛了。去罷，為要將我的周圍從寂寞中救出，竭力做事罷。我愛過你們，而且永遠愛著。這並不是說，要從你們受父親的報酬，我對於『教我學會了愛你們的你們』的要求，只是受取我的感謝罷了。……像吃盡了親的死屍，貯著力量的小獅一樣，剛強勇猛，捨了我，踏到人生上去就是了。……走罷，勇猛著，幼者呵！」這是他對於青年們的告白。

二十三 政治觀

　　筆者自幼受了一句話的影響，這句話，出於《尚書》，叫做「毋求備於一夫」。先父曾經寫一篇經義，發揮得十分盡致。其意是說各人有各人的見識，各人有各人的特長，不能萬物皆知，萬事皆懂的；這麼一想，我們對於魯迅提不出積極的政治主張，也不必失望了。由於魯迅的文字，富有感人的力量；我們讀他的雜感，覺得十分痛快，所以對於他的政治觀，也不十分去深求了。其實他帶了濃重的虛無色彩，並不相信任何政黨會有什麼成就的。筆者的看法，和他有點相近；我認為政治的進步或落伍，和民智開發的進度有密切關係，至放政治學說，主義的內容如何，並不十分相干的。孫中山把《三民主義》、《建國方略》說得天花亂墜，結果，國民政府的黑暗政治，比北洋軍閥時代還不如，而貪污程度，遠過於當年的交通系，對政治完全失望，也是民初人士所共同的。

　　魯迅很明地說：「我見過辛亥革命，見過二次革命，見過袁世凱稱帝，張勳一復辟，看來看去，就看得懷疑起來，於是失望，頹唐得很了。」魯迅是在北洋政府的教育部做小京官，把政治泥潭中的黑暗面，看得很透了。他心目中的政治，便如他在《現代史》那雜感文中所寫的，他說「從我有記憶的時候起，直到現在，凡我所曾經到過的地方，在空地上常常看見有『變把戲』的，也叫作

『變戲法』的。這變戲法的，大概只有兩種——一種，是教猴子戴起假面，穿上衣服，要一通刀槍；騎了羊跑幾圈。還有一匹用稀粥養活，已經瘦得皮包骨頭的狗熊玩一些把戲。末後是向大家要錢。一種，是將一塊石頭放在空盒子裡，用手巾左蓋石蓋，交出一隻白鴿來；還有將紙塞在嘴巴裡，點上火，從嘴角鼻孔裡冒出煙焰。其次是向大家要錢。要了錢之後，一個人嫌少，裝腔作勢的不肯變了，一個人來勸他，對大家說再五個。果然有人拋錢了，於是再四個，再三個……拋足之後，戲法又開了場。這回是將一個孩子裝進小口的罈子裡面去，只見一條小辮子，要他再出來，又要錢。收足之後，不知怎麼一來；大人用尖刀將孩子殺死了，蓋上被單，直挺挺躺著，要他活過來，又要錢。『在家靠父母，出家靠朋友，Huazaa！Huazaa！』變戲法的裝出撒錢的手勢，嚴肅而悲哀的說。別的孩子，如果走近去想仔細的看，他是要罵的；再不聽，他就會打。果然有許多人 Huazaa 了。待到數目和預料的差不多，他們就撿起錢來，收拾傢伙，死孩子也自己爬起來，一同走掉了。看客們也就呆頭呆腦的走散。這空地上，暫時是沉寂了。過了些時，就又來這一套，俗語說：『戲法人人會變，各有巧妙不同。』其實許多年間，總是這一套，也總有人看，總有人 Huazaa，不過其間必須經沉寂的幾日。」一部他所看見的現代史，就是這麼寫出來的。（魯迅在《野草》有一篇以《好的故事》的散文詩，也是描寫這樣的境界的，不過不及這一篇雜感的明白。）

有了「政治永遠是一種騙局」的看法，魯迅乃有「政治與文藝的歧路」的說法。他曾經這麼說：「我每每覺到文藝和政治時時在衝突之中；文藝和革命原不是相反的，兩者之間，倒有不安於現狀的同一。惟政治是要維持現狀，自然和不安於現狀的文藝處在不同的方向。不過不滿意現狀的文藝，直到十九世紀以後才興起來。只有一段短短歷史。政治家最不喜歡人家反抗他的意見，最不喜歡人家要想，要開口。而從前的社會也的確沒有人想過什麼，又沒有人

開過口。——那時沒有什麼文藝，即使有，也不過贊美上帝（還沒有後人所謂 God 那麼玄妙）罷了！那裡會有自由思想？後來，一個部落一個部落你吃我吞，漸漸擴大起來，所謂大國，就是吞吃那多多少少的小部落；一到了大國，內部情形，就複雜得多，夾著許多不同的思想，許多不同的問題。這時，文藝也起來了。和政治不斷地衝突，政治想維繫現狀使它統一，文藝催促社會進化使它漸漸分離；文藝雖使社會分裂，但是社會這樣才進步起來。」

　　魯迅是學醫的，他對於中國社會政治的診斷與解剖，可說是冷靜而深刻的。（他的處方如何，且不去說；也許他從未處方。）筆者且介紹他談大內檔案的故事。他說：所謂「大內檔案」這東西，在清朝的內閣裡積存了三百多年，在孔廟裡寒了十多年，誰也一聲不響。自從歷史博物館將這殘餘賣給紙鋪子，紙鋪子轉賣給羅振玉，羅振玉轉賣給日本人，於是乎大有號叫之聲，彷彿國寶已失，國脈隨之似的。前幾年，他曾見過幾個人的議論，所記得的一個是金梁。登在《東方雜誌》上；還有羅振玉和王國維，隨時發感概。他覺得他們的議論都不大正確。金梁，本是杭州的駐防旗人，早先主張排漢的；民國以來，便算是遺老了；凡是民國所做的事，他自然都以為很可惡。羅振玉呢，也算是遺老，曾經立誓不見國門，而後來僕僕京津間，痛責後生不好古，而偏將古董賣給外國人的，只要看他的題跋，大抵有廣告氣撲鼻，便知道用意如何了。獨有王國維已經在水裡將遺老生活結束，是老實人；但他的感喟，卻往往和羅振玉一鼻孔出氣，雖然所出的氣，有真假之分，所以他被弄成夾廣告的 Sandwich，是常有的事，因為他老實到像火腿一樣。其他的人，魯迅認為都是上了羅振玉輩的騙。你想：他要將這賣給日本人，肯說這不是寶貝麼？（這正如敗落大戶人家的一堆廢紙、說好也行，說無用也行的。因為是廢紙，所以無用，因為是敗落大戶家裡的，所以也許夾些好東西。那時候，只要在「大內」裡放幾天，或者帶一個「宮」字，就容易使人另眼相看的。）

關於大內檔案的處理，魯迅告訴我們以官僚主義的最好例證。這一大批檔案，民國元年，便已裝八千麻袋，塞在孔廟敬一亭裡。（其時孔廟中設了一個歷史博物館籌備處，由胡玉縉任處長。）久而久之，胡處長有些擔憂了，只怕工役們會去放火。他是博識前朝掌故的，知道清朝的武英殿，藏過一副銅活字，後來太監們你也偷，我也偷，偷得不亦樂乎，待到王爺們似乎要來查考的時候，就放了一把火。自然連武英殿也沒有了，更何況銅活字的多少。而不幸敬一亭的麻袋，也彷彿常常減少；（工役們不是國學家，所以把檔案倒在地上，單拿麻袋去賣錢。）他深怕麻袋缺得多了之後，敬一亭也照例全被燒掉的。他曾建議教育部，要想一個遷移或整理或銷毀的辦法。可是專管這一類事情的社會教育司司長夏曾佑氏，他是有名的中國史學家。他是知道中國的一切事萬不可「辦」的；即如檔案罷，任其自然，爛掉、霉掉、蛀掉、偷掉，甚而至於燒掉，倒是天下太平，倘一加人為，一「辦」，那就輿論沸騰，不可開交了。結果是辦事的人成為眾矢之的，謠言和讒謗，百口也分不清。所以他的主張是「這個東西萬萬動不得」。這兩位熟手掌故的「要辦」和「不辦」的老先生，從此都知道各人的意見。說說笑笑，但竟拖延下去了。於是麻袋們又安穩躺了十來年。

　　後來傅增湘做了教育總長了，（傅氏，湖南人，是藏書和考古的名人），他就開始要發掘寶貝了，派部員幾十人大舉清理，他要在麻袋裡找尋好的宋版書，於是Y次長，C參事，J處長，都變成考古家了。大家把所賞識的東西都留了下去。他們把這些檔案分成「保存」和「放棄」兩種，保存的留在博物館和北京大學圖書館，不要的部分，還是散放在午門的門樓上，他們還邀請有關的各部派員會同再行檢查，於是各部派的穿洋服的留學生，也都變成考古家了。經過這回檢查的後文，還是把不要的部分留著。因為傅總長是深通「高等作官學」的，他知道萬不可燒，一燒必至於變成寶貝。那些廢紙，直到歷史博物館自行賣掉之後，又掀起一陣神秘的風

魯迅評傳

波，說這些檔案都是國寶了。因小喻大，那時，中國政府當局的處事，便是如此的。魯迅的結論是這樣：「中國公共的東西，實在不容易保存。如果當局者是外行，他便將東西糟完，倘是內行，他便將東西偷完。而其實也並不單是對於書籍或古董。」

從歷史觀點來解剖政治社會，原是中國士大夫的傳統手法，所以唯物史觀的論據，在中國不一定得之於馬克思派的學說。儒法兩家，原是注意社會的經濟條件的，自古是唯物論派的見地。唯心論的觀點，從印度東來，雖風靡一時，但宋明理學家即復歸於儒家，而明末清初，那幾位經學家，如黃宗羲、顧亭林、王夫之，都是史學家，其解決世變之跡，遠在馬克思之上，也在馬克思之前。魯迅一生所欽佩的現代史學家夏曾佑，他便是接受達爾文進化論最早的一個學人。（唯物史觀也可以說是達爾文的進化學說在人類社會的適用。）所以魯迅的政治觀，早年已經成熟；他理解中國社會的黑暗面，自比馬克思學院的繼承人，深刻得多。

一九一八年魯迅替《新青年》寫《隨感錄》，已經著重政治病態的診斷。其中有一點說：「中國社會上的狀態，簡直是將幾十世紀縮在一時；自油松片以至電燈，自獨輪車以至飛機，自鏢槍以至機關炮，自不許『妄談法理』以至護法，自『食肉寢皮』的吃人思想以至人道主義，自迎屍拜蛇以至美育代宗教，都摩肩挨背的存在。這許多事物擠在一處，正如我輩約了燧人氏以前的古人，拼開飯店一般，即使竭力調和，也只能煮個半熟；夥計們既不會同心，生意也自然不能興旺——店鋪總要倒閉。」他們身歷的世代以及中華民國的政治史，就是這樣一種社會文化所產生出來的。（從他的祖父那套讀高頭講章的八股頭腦到魯迅的寫實主義小說，其間也有幾個世紀的文化距離。）

魯迅當時曾引用了一位政論家黃郛（膺白）的話：「七年以來，朝野有識之士，每腐心於政教之改良，不注意於習俗之轉移；庸詎知舊染不去，新運不生：事理如此，無可勉強者也。外人之評

我者，謂中國人有一種先天的保守性，即或迫於時勢。各種制度有改革之必要時，而彼之所謂改革者，決不將舊日制度完全廢止，乃在舊制度之上，更添加一層新制度。試覽前清之兵制變遷史，可以知吾言之不謬焉。最初命八旗兵駐防各地，以充守備之任；及年月既久，旗兵已腐敗不堪用，洪秀全起，不得已，徵募湘淮兩軍以應急：從此旗兵綠營，並肩存在，遂變成兩重兵制。甲午戰後，知綠營兵力又不可恃，乃復編練新式軍隊：於是並前二者而變成三重兵制矣。今旗兵雖已消滅，而變面換形之綠營，依然存在，總是二重兵制也。以可知吾國人之無徹底改革能力。實屬不可掩之事實。他若賀陽曆新年者，復賀陰曆新年；奉民國正朔者，仍存宣統年號。一察社會各方面，蓋無往而非二重制。即今日政局之所不寧，是非之所以無定者，簡括言之，實亦不過一種『二重思想』在其間作祟而已。」魯迅補充著說：「此外如既許信仰自由，卻又特別尊孔；既自命『勝朝遺老』，卻又在民國拿錢；既說是應該革新，卻又主張復古；四面八方，幾乎都是二三重以至多重的事物，每重又各各自相矛盾。一切人便都在這矛盾中間，互相抱怨著過活，誰也沒有好處。」大抵五四運動前後的有識之士，都有這樣的覺悟。他在另一段隨感錄中，說到民族根性造成之後，無論好壞，改變都不容易的。他引了法國彭氏（G.Lebon）的話：「我們一舉一動，雖似自主，其實多受死鬼的牽制。將我們一代的人和先前幾百代的鬼比較起來，數目上就萬不能敵了。」他說：「我們幾百代的祖先裡面，昏亂的人，定然不少；有講道學的儒生，也有講陰陽五行的道士，有靜坐煉丹的仙人，也有勾臉打把子的戲子。所以我們現在雖想好好做『人』，難保血管裡的昏亂分子不來作怪，我們也不由自主，一變而為研究丹田臉譜的人物：這真是大可寒心的事。」

二十四 「魯迅風」——
他的創作藝術

　　魯迅的作品中，有短篇小說《阿Ｑ正傳》（也只能算是短篇小說）、雜感文、散文詩、小品散文，都有他的特殊風格，時人稱之為「魯迅風」。馮雪峰說到魯迅在文學上的特色：「首先，魯迅先生獨創了將詩和政論凝結於一起的『雜感』這尖銳的政論性的文藝形式。這是匕首，這是投槍，然而又是獨特形式的詩！這形式，是魯迅先生所獨創的，是詩人和戰士的一致的產物。自然，這種形式，在中國舊文學裡是有它類似的存在的，但我們知道舊文學中的這種形式，有的只是格式和筆法上有可取之點，精神上是完全不成的，有的則在精神上也有可取之點，卻只是在那裡自生自長的野草似的一點萌芽。魯迅先生以其戰鬥的需要，才獨創了這在其本身是非常完整的，而且由魯迅先生自己達到了那高峰的獨特的形式。」這種風格，不獨他的雜感文如此，散文詩和他的短篇小說也是如此。它在形式上的特點是「簡短」而「凝結」，還能夠尖銳得像匕首和投槍一樣；主要的是他在用了這匕首和投槍戰鬥著。「狹巷短兵相接處，殺人如草不聞聲。」這是詩，魯迅的雜感也是詩。

　　他自己在《熱風》的題記中，也說到他自己的文章風格。他

說：「但如果凡我所寫，的確都是冷的呢？則它的生命原來就沒有，更談不到中國的病症究竟如何。然而，無情的冷嘲和有情的諷刺相去本不及一張紙，對於周圍的感受和反應，又大概是所謂『如魚飲水，冷暖自知』的；我卻覺得周圍的空氣太寒冽了，我自說我的話，所以反而稱之曰『熱風』。」他是不願承受「冷靜」那評價的。所以有這番說話。他確乎不是個「冷靜」的人，他的憎正由於他的愛；他的「冷嘲」其實是「熱諷」。這是「理智的結晶」，可是不結晶在冥想裡，而結晶在經驗裡；經驗是「有情的」，所以這結晶是有理智的。

我們回到上文所說的，那位極仇視魯迅的為人而又最欽佩魯迅創作藝術的蘇雪林女士，她說：魯迅的小說藝術，雖富特色，最顯明的有三點：（一）用筆的深刻冷雋，（二）句法的簡潔峭拔，（三）體裁的新穎獨創。魯迅曾經學過醫的，洞悉解剖的原理，常將這技術應用到文學上來。他解剖的對象不是人類的肉體，而是人類的心靈。他不管我們如何痛楚，如何想躲閃，只冷靜地以一個熟練的手勢舉起他那把鋒利無比的解剖刀，對準我們魂靈深處的創痕，掩藏最力的弱點，直刺進去，掏出血淋淋的病的癥結，擺在顯微鏡下讓大家觀察。他最恨的是那些以道學先生自命的人，所以他描寫腦筋簡單的鄉下人用筆每比較寬恕，一寫到趙太爺、魯四爺、高老夫子，便針針見血，絲毫不肯容情了。他對於那些上流人，不但把他們清醒時的心靈狀態，赤裸裸的宣布出來，便是在他們睡眠中意識已失去裁判時，還要將他們夢中的醜態，或者這才是他們的真相，披露給大家看。像那篇《兄弟》的主人公張沛君一聽說他弟弟患了猩紅熱，便驚憂交集，寢食皆廢，可見他平日對兄弟如何友愛。然而他在夢中則虐待他兄弟的遺孤，把平日隱藏著不敢表示出來的自私自利心思，一齊放洩出來了。又如《肥皂》裡主人公四銘先生看見街上一個侍祖母討飯的十七八歲的女乞兒，便對她發生了同情，稱讚她是孝女，想做詩文表彰她，以為世道人心之勸。不過

他這舉動，初則被含著醋意的太太罵破，繼則被一丘之貉的衛道朋友笑穿；我們才知道道學假面具下，原來藏著一團邪念。《阿Q正傳》裡的趙太爺、因阿Q調戲他的女僕，不許他再進門，但聽見阿Q有賊贓出售，就不禁食指大動，自毀前約。《祝福》裡的魯四太爺，憎惡祥林嫂是寡婦，尤其憎惡她的再嫁，說這種人是傷風敗俗的。但到底收留她，因為她會做活。因為筆法這樣深刻，魯迅文字，本來帶著濃烈的辛辣性。讀著好像吃胡椒辣子，雖涕淚噴嚏齊來，卻能得到一種意想不到的痛快感覺，一種神經久久鬱悶麻木之後，由強烈刺激爬起來的輕鬆感覺。

蘇雪林女士她又指出：魯迅的文字，也不完全辛辣，有時寫得很含蓄，以《肥皂》為例，他描寫道學先生的變態性欲，傍敲側擊，筆筆生姿。所謂參曹洞禪，不犯正位，鈍根人學渠不得。又像《風波》裡七斤嫂罵丈夫不該剪去辮子，八一嫂來勸揭了她的短處。她正沒好處，恰值女兒來打岔，就罵她是「偷漢的小寡婦！」於是對方生氣了，說「七斤嫂，你狠棒打人！」作者始終沒將七斤嫂這句話的用意說明；但他在事前閒閒地說八一嫂抱著伊兩周歲的遺腹子，事後又寫「八一嫂正氣得抱著孩子發抖」，我們自會感到那句罵話的重量了，他並不將自己所要說的話，明明白白地說出來，只教你自己去想，想不透就怪你們自己太淺薄，他不負責。他的文字，異常冷雋，他文字的富於幽默，好像諫果似的，愈咀嚼愈有回味。這樣的風格，便非那些提倡「魯迅風」的作家們，所能及的了。

魯迅的作品，文字造句，經過千錘百煉，具有簡潔短峭的優點。他答《北斗》編者問，如何寫創作小說？曾經這麼說過：「寫完後至少看兩篇，竭力將可有可無的字、句、段刪去，毫不吝惜。寧可將作小說的材料，縮成 SKETCH（速寫），不可將速寫的材料拉長成小說。」古人有惜墨如金之說，魯迅的文字，其簡潔處，真個做到了「增之一分則太長，減之一分則太短，施粉則太白，放

朱則太赤」的地步。例如《社戲》寫「月還沒有落，彷彿看戲也並不可久似的，而一離趙莊，月光又顯得格外的皎潔。回望戲台在燈火光中，卻又如初來未到一般，又縹緲得像一座仙山樓閣，滿被紅霞罩著了，只到耳邊來的，又是橫笛，很悠揚；我疑心老旦已經進去了，但也不好意思說再回去看。」又如《白光》中寫那落第秀才，「他剛到自己的房門口，七個學童便一起放開喉嚨，吱的念起書來。他大吃一驚，耳朵邊似乎敲了一聲磬，只見七個頭拖了小辮子在眼前晃，晃得滿房，黑圈子也夾著跳舞。他坐下了，他們送上晚課來。臉上都顯出小覷他的神色。」他在描寫他們的心理，寫得那麼細膩，卻又沒有一句廢話。前人所謂「恰到好處」，我們可以說魯迅的成功，還在吳敬梓的《儒林外史》之上。

魯迅的小說，可以說是「新小說」，他的創作，可以說是新文藝，他是《新青年》那一群中最能「推陳出新」，富有創造能力的大手筆。古人作文有去陳言之說，韓愈所謂「惟古於詞必己出，降而不能乃剽賊。」「唯陳言這務去，戛戛乎其難哉！」劉大櫆所謂：「經史百家之文，雖讀之甚熟，卻不許用他一句，要另作一番言語。」「大約文章是日新之物，若陳陳相因，安得不目為臭腐？原本古人意義，到行文時，卻須重加鑄造一樣的言語，不可便直用古人，此謂去陳言」魯迅的文字，新穎獨創的優點，正合於「詞必己出」「重加鑄造」的優點。他的《狂人日記》發表於一九一八年五四運動未發生之前，已以嶄新風格，與世人相見了。「它的體裁分明給青年們一個暗示，使他們拋棄了舊酒瓶，努力用新形式來表現自己的思想。」但我們要知道魯迅文章的「新」與徐志摩的不同，與沈雁冰也不同。徐志摩於借助西洋文法處，更乞靈於活潑靈動的國語；沈雁冰取歐化文字，加以一己天才的熔鑄，則成一種文體（蘇女士這句話也不能完全達意）。他們文字都很漂亮流利，但也能不能說是「本色的」。魯迅好用中國舊小說筆法，他不惟在事項進行緊張時，完全利用舊小說筆法，尋常敘事時，舊小說筆法也

占十分之七八。但他在安排組織方面，運用一點神通，便能給讀者以「新」的感覺了。化腐臭為神奇，用舊瓶裝新酒，乃是他的獨到之處。譬如他寫單四嫂子死掉兒子時的景況：「下半天，棺材合上蓋：因為單四嫂哭一回，看一回，總不肯死心塌地的蓋上；幸虧王九媽弄得不耐煩，氣憤憤的跑上前，一把拖開她，才七手八腳的蓋上了。」寫得平淡得很，但下文寫棺材出去後，單四嫂子的感覺：「單四嫂子很覺得頭眩，歇息了一會，倒居然有點平穩了。但她接連著便覺得很異樣：遇到了平生沒有遇過的事，不像會有的事，然而的確出現了。她越想越奇，又感到一件異樣的事──這屋又忽然太靜了。」這種心理描寫，便不是舊小說筆記的筆法了。

魯迅作品中，如《祝福》中的祥林嫂，是一個陰森森的故事；他的刻劃，使我們看了不寒而慄。（這故事，曾經上演過，也曾攝成了影片，那陰森森的氣氛，直壓住了我們的心。）祥林嫂是一個被人輕蔑的守不住寡出嫁了的婦人，並說她死後閻羅王要將她身體鋸開分給兩個丈夫，她的神經受了極深重的刺激，就想實行「贖罪」的方法，但實行贖罪之後，大家仍然把她當作不潔淨的人看待，於是她就陷於完全失望的深淵中了。他描畫她的心頭痛苦：

　　「她大約從他們的笑容和聲調上，也知道是在嘲笑她，所以總是瞪著眼睛，不說一句話，後來連頭也不回了。她整日緊閉了嘴唇，頭上帶著大家以為恥辱的記錄的那傷痕，默默的跑街、掃地、洗菜、淘米。快夠一年，她才從四嬸手裡支取了歷來積存的工錢，換算了十二元鷹洋，請假到鎮的西頭去。但不到一頓飯的時候，她便回來，神氣很舒暢，眼光也分外有神，高興似的對四嬸說，自己已經在土地廟捐了門檻了。

　　冬至的祭祖時節，她做得更出力，看四嬸裝好祭品，和阿牛將桌子抬以堂屋中央，她便坦然的去拿酒杯和筷子。

　　「你放著罷，祥林嫂！」四嬸慌忙大聲說。

她像是受了炮烙似的縮手，臉色同時變作灰黑，也不再去取燭臺，只是失神的站著。直到四叔上香的時候，教她走開，她才走開。這一回她的變化非常大，第二天，不但眼睛凹陷下去，連精神也更不濟了。而且很膽怯，不但怕暗夜，怕黑影，即使看見人，雖是自己的主人，也總惴惴的，有如白天在地穴遊行的小鼠；否則呆坐看，直是一個木偶人。不半年，頭髮也花白起來了，記性尤其壞，甚而至於常常忘卻了去淘米。」

　　這樣刻劃心理的文字，的確不是舊小說的筆法了。蘇雪林氏最愛好這幾段文字，她說：「現在新文藝頗知注意歐化，遣詞造句，漸趨複雜；敘述層次漸深，一變舊小說單調、平面鋪敘之習，這原是很可喜的現象。不過弊病也不少，那些呆板的歐化文字，恨不得將『我說』改為『說我』，『三朵紅玫瑰花』寫作『三朵紅的玫瑰花』固無論矣；而不問其人，不問其地，一例打著洋腔，也未免好笑。文學屬於文化之一體，取人之長，補己之短是應該的，失去了民族性的特質，則頗可研究。日本文學在明治維新時代，極力模仿西洋，亦步亦趨，尺寸惟恐或失，現在卻已能卓然自立，表現『純日本的』精神了。中國文學比日本文學落後三四十年，現在正在走模仿的階段上，我們也不過於求全責備。但許多作家，錯把手段當作目的，老在歐化裡打圈子，不肯出來，那便很可惋惜。魯迅文字，與那些人相比，後者好像一個染黃頭髮塗白皮膚的矯揉造作的假洋鬼子，前者卻是一個受過西洋教育而又不失其華夏靈魂的現代中國人。中國將來的新文學，似乎僅有兩條路可走：第一條路，文學國語化，實行胡適『國語的文學』教訓。第二條路，創造一種適合全國民誦讀的『標準白話』，能走第一條路固好，否則便走第二條。這種『標準白話』，要不蹈襲前人窠臼，不抄襲歐化皮毛，充分表現民族性。像魯迅這類文字，以舊式小說質樸有力的文體做骨子，又能神而明之加以變化，我覺得很合理想的標準。」（近年

來，大陸中國的學人，替魯迅作品做高頭講章的很多，可惜都低能無識。筆者為什麼要引用蘇雪林氏的講義呢？就因為她是最反對魯迅的一人。一個人的文章，能夠使反對派非佩服不可，那就成功了。而且蘇氏講義，也真做得不錯。）

魯迅雜感文中，談到他自己創作經過，文藝觀點的很多，替他的作品作講義式的注解的，如孫伏園、許壽裳、朱自清、周作人諸世，也都有所發揮的。筆者在這兒，於引用蘇雪林的講義以外，接上來採用了朱自清、葉聖陶的講義。朱葉二氏，注解魯迅的《吶喊》先引用胡適論短篇小說的定義：「短篇小說是用最經濟的文學手段，描寫事實中最精彩的一段，或一方面，而能使人充分滿意的文章。」他們認為魯迅的小說，正能符合上這樣的條件。

魯迅為什麼做起小說來呢？他自己說：「想起來，大半倒是為了對於熱情者們的同感。這些戰士，我想雖在寂寞中，想頭是不錯的，也來喊幾聲助助威罷。首先，就是為此。自然，在這中同也不免夾雜些將舊社會的病根暴露出來，催人留心，設法加以療治的希望。但為達到這希望計，是必須與前驅者取同一的步調的，我於是刪削些黑暗，裝點些歡容，使作品比較的顯出若干亮色，那就是後來結集起來的《吶喊》……這些也可以說是『遵命文學』。不過我所遵奉的，是那時革命的前驅者的命令，也是我自己所願意遵奉的命令。」他是主張為人生而藝術的。他說：「當我留心文學的時候，情形和現在很不同：在中國、小說不算文學，做小說的也決不能稱為文學家，所以並沒有人想在這一條路上出世。我也並沒有要將小說抬進『文苑』裡的意思，不過想利用它的力量來改良社會。……自然做起小說來，總不免自己有些主見的。例如，說到『為什麼』做小說罷，我仍抱著十多年前的『啟蒙主義』，以為必須是『為人生』，而且要改良這人生。我深惡先前的稱小說為『閒書』，而且將為『藝術的藝術』，看作不過是『消閒』的新式的別號。所以我的取材，多採自病態社會的不幸的人們中，意思在揭出

病苦，引起療救的注意。」

　　他在民國初年，雖然看了政治社會的暗影，感到寂寞的悲哀，可是熱誠絕沒有消散，所以一見前驅的戰士，便寄與同感，和他們作一夥兒。說聊以慰藉他們，說喊幾聲助助威，都是謙遜的話，在那時，他的寂寞至少減賴了若干分之一，而改變他們的精神的熱誠重又燃燒起來了吧！他為什麼不恤用了曲筆？他自己說是聽從將令，那時的主將是不主張消極的，所以他在作品裡也保留著一點希望；但是他又說不願將自以為苦的寂寞，再來傳染給青年，這不是他自己也願意保留著一點希望嗎？「刪削些黑暗，裝點些歡容，使作品比較的顯出若干亮色」，這三語是「不恤用了曲筆」的注腳，為什麼要如此？說是與前驅者取同一的步調。為什麼必須與前驅者取同一的步調？說是這才可以達到將舊社會的病根暴露出來，催人留心，設法加以療治的希望。勘酌的周詳，選取了最有效的道路走，這正是熱誠的先覺者的苦心；而為的是前面懸得有希望。改良社會，改良這人生，改變他們的精神，話雖不同且意義也不盡一樣，但指的都是那希望。將舊社會的病根暴露出來，催人留心，設法加以療治。從病態社會的不幸的人們中取材，揭出病根，引起療救的注意；在這些方面發揮他的所見，便是他取的達到那個希望的手段。《吶喊》之外，他還有其他短篇小說，還有多量的雜文，取材不一定限於社會和不幸的人們，但揭露病根，促人注意療治，是前後一致的；希望改良這社會，改良這人生，改變他們的精神，也是前後一致的。從這裡，便可以認識他的一貫的寫作態度。（以上採自朱葉二氏的講義。）

　　（茅盾的《魯迅論》，說到魯迅小說中人物：「我們只覺得這是中國的，這正是中國現在百分之九十九的人們的思想和生活，這正是圍繞在我們的小世界外的大中國的人生；而我們之所以深切地感到一種寂寞的悲哀，其原因亦即在此。這些老中國的兒女的靈魂上，負著幾十年的傳統的重擔子，他們的面目是可憎的，他們的生

活是可以咒詛的，然而你不能不承認他們的存在，而且不能不懷懍地反省自己的靈魂究竟已否完全脫卸了幾千年傳統的重擔。我以為《吶喊》和《徬徨》，所以值得並且逼迫我們一遍一遍地翻讀而不厭倦，根本原因，便在這一點。」）

魯迅那篇《我怎麼做起小說來？》說到他自己的創作法門，他說：「我力避行文的嘮叨，只要覺得夠將意思傳給別人了，就寧可什麼陪襯拖帶也沒有。中國舊戲上，沒有背景，新年賣給孩子看的花紙上，只有主要的幾個人（但現在的花紙，卻多有背景了），我深信對於我的目的，這方法是適宜的，所以我不去描寫風月，對誰也決不說到一大篇。我做完之後，總要看兩遍，自己覺得拗口的，就增刪幾個字，一定要它讀得順口；沒有相宜的白話，寧可引古語，希望總有人會懂，只有自己懂得或連自己也不懂得的生造出來的字句，是不大用的。……忘記是誰說的了，總之是，要極省儉的畫出一個人的特點，最好是畫他的眼睛。我以為這話是極對的，倘若畫了全副的頭髮，即使細得逼真，也毫無意思。我常在學學這一種方法，可惜學不好。可省的處所，我決不硬添，做不出的時候，我也決不硬做。」

以下，且看朱、葉二氏的講解。他們說：「經濟」本是短篇小說的一個重要條件，陪襯拖帶太多，便說不上經濟了；但必須以「夠將意思傳給別人」為度。魯迅對於此點，是確實能夠做到的。試以《白光》一篇為例。若逐一敘述主人公陳士成狀貌怎樣，外在這樣的境況之中，一連應了多少回的考，以前應考失敗了，曾有怎樣的舉動，那就是陪襯拖帶太多了；而且瑣屑蕪染，連不成一氣，所以並不那麼寫。而從陳士成看了第十六回的榜，還是看不到自己的名字，精神重又失常開始；這精神失常便成為一條線索，全篇寫陳士成，那個下午一個晚上的思想行動，都集中在此點，而必須讓讀者明白的一些事情，也就交織其中。如寫他看榜的時候，涼風吹動他斑白的短髮；寫他跌落萬流湖裡之後，鄉下人將他撈上來。

「那是一個男屍，五十多歲，『身中面白無鬚』」（以前照相還未通行，凡需要表明狀貌的場名，只能用文字紀載，這六個字是『仵作』填寫在『屍單』上的，而應考時候也得同樣填寫；『身中』是中等身材，『無鬚』見得陳士成是個老童生，沒有進學的童生，年紀無論如何大，照例不得有鬚的。）我們從這兩語，便知道他的狀貌。關於狀貌，可寫的也很多，而只寫這兩語，因為這兩語，和他的屢次失敗，以致精神失常有關係的原故。頭髮已經斑白了，還是只能「無鬚」的童生，在一個熱心於錦標前程的人，怎得不發痴？又如寫他看了榜回到家裡，便把七個學童放了學，租住在他宅子裡的「雜姓」，都及早關了門。為的是根據他們的老經驗，怕看見發榜後，他那閃爍的眼光；讀者從這兩點，便知道他的境況的一斑。宅子裡收容一些雜姓，是家境凋零的最顯著的說明；僅有幾個學童為伴，生活的孤苦寂寞，可想而知了。惟其如此，他對於錦標前程盼望得愈切，然而那前程「又像受了潮的糖塔一般，剎時倒塌了；因此他萌生了圖謀另一前程」（發掘窖藏而致鉅富）的想頭，雖說在精神失常的當兒，卻也是非常自然的事。又如讓我們知道他這回應考是第十六回，只從敘述他屈指計數，「十一、十三回，連今年是十六回」帶出；讓讀者知道他以前也曾發掘過窖藏，只從敘述他平時對於家傳的那個謎語的揣測帶出。送些都是不可以省略的，省略了便教讀者模糊；但不使這些各自分立，成為陪襯拖帶的部分，而全中統攝在那個下午那一晚上，他精神失常，這一條線索之下；這便做到了「夠將意思傳給別人」，而「什麼陪襯拖帶也沒有」。其他各篇差不多都這樣的「經濟」。

魯迅在另一篇《論作文秘訣》中說：「作文卻好像偏偏並無秘訣，假使有，每個作家一定是傳給子孫的了。然而祖傳的作家很少見。自然，作家的孩子們，從小看慣書籍紙筆，眼格也許比較的可以大一點罷，不過不見得就全做。」他接著又說到前人所謂做古文的秘訣，做騙人的古文的秘訣。至於「倘要反一調，就是『白

描』;『白描』卻並沒有秘訣。如果要說有,也不過是和障眼法反一調;有真意,去粉飾。少做作,勿賣弄而已。

關於小說中的背景與對話,朱葉二氏也曾引申了魯迅自己的話而有所發揮。他們說:魯迅以舊戲與花紙作比,說他的小說也不用背景;這句話也不宜呆看。他所不用的背景,是指與傳達意思沒有關係而言。世間的確有一些短篇小說,寫自然景物(魯迅稱為「描寫風月」),費了許多的篇幅,寫人物來歷,費了許多的篇幅;可是你細看時,那些篇幅,與題旨並沒有多大的關係,丟掉了也不致使讀者模糊,這就同舊戲與花紙,有了不相稱的背景一樣,反而使人物見得不很顯著了。那種背景當然不用,用了便是小說本身的一種疵病。至於沒有了便「不夠意思傳給別人」的背景,魯迅卻未嘗不用。如《風波》的開頭兩節。第一節寫臨河土場上的晚景。第二節寫農家的男女老幼準備在這土場上吃晚飯,分明是背景。這背景何以要有呢?因為下文七斤為了辮子問題發愁,趙七爺到來發表「沒有辮子,該當何罪?」的大道理,以及九斤老太發抒她的不平,七斤嫂由急而恨,罵人打孩子,八一嫂替七斤辯護,致受七斤嫂辱罵,和趙七爺的威脅等等,都發生在這個場面上,都發生在這吃晚飯的時間,先把場面和時間敘明,便使讀者格外感到親切;農村裡的許多人,只有在這個場面,這個時間,大家才聚在一起,說長道短,交換意見,並且先敘了「場邊靠河的烏桕樹」,以下敘小女孩六斤被曾祖母罵了,「直奔河邊,藏在烏桕樹後」,以及七斤嫂「透過了烏桕樹,看見又矮又胖的趙七爺,正從獨木橋上走來」,才見得位置分明,使讀者如看見舞臺上的現代劇。先敘了大家準備在場上吃晚飯,以下敘九斤老太罵曾孫女兒的話:「立刻就要吃晚飯了,還吃炒豆子,吃窮了一家子!」才見得聲口妙肖,使讀者一與她接觸,便有如見其人的感覺。而趙七爺一路走來,大家都招呼他「請在我們這裡用飯」,待趙七爺站定在七斤家的飯桌旁邊,周圍便聚集了許多看客;也因開頭有大家準備吃晚飯的敘述,

便不覺得突兀了。

　　《吶喊》的十四篇小說中，只有《頭髮的故事》有大篇的對話，那是體裁如此，特意要讓Ｎ先生自言自語發一大篇議論，議論發完，小說也就完篇。以外各篇，對話都很簡短，與魯迅自己說的「對話也決不說到一大篇」的話完全應合。魯迅曾引成人的話：「要極省儉的畫出一個人的特點，最好是畫他眼睛。」他寫對話，就用的畫眼睛的方法，簡單幾筆，便把人物的特點表現出來了。現在隨舉一些例子來說，如酒客嘲笑孔乙己偷人家的東西，孔乙己便睜大眼睛說：「你怎麼，這樣憑空污人清白……。」酒客又說親眼見他偷了人家的書，被人家吊著打，孔乙己便爭辯說：「竊書不能算偷，竊書，讀書人的事，能算偷麼？」街坊孩子吃了孔乙己的茴香豆，每人一顆，還想再吃，孔乙己看一看豆，搖頭說：「不多，不多！多乎哉！不多也。」這些對話，表現出孔乙己所受於書本的教養。閏土重逢分別了近三十年的魯迅先生，劈頭便叫「老爺」，魯迅的母親教他不要這樣客氣，還是照舊哥弟稱呼時，他便說：「阿呀！老太太真是……這成什麼規矩？那時是孩子，不懂事。……」這些對話，表現出閏土所受於習俗的教養。又如華大媽烤好了人血饅頭給小拴吃，輕輕說：「吃下去罷……病便好了。」小拴吃過饅頭，一陣咳嗽，她就說：「睡會罷，……病便好了。」話是簡短極了，卻充分傳出了她鍾愛兒子，切盼兒子病好的心情。九斤老太見曾孫女兒在晚飯前吃炒豆子，發怒說：「我活到七十九歲了，活夠了，不願意見這些敗家相，……還是死的好。」隨後就連說：「一代不如一代」！待聽趙七爺提到長毛，便對趙七爺說：「現在的長毛，只是剪人家的辮子，僧不僧，道不道的。從前的長毛這樣的麼？我活到七十九歲了，活夠了。從前的長毛是……整匹的紅緞裹頭，拖下去，一直拖到腳跟，王爺是黃緞子，拖下去，黃緞子，紅緞子，……我活夠了，七十九歲了。」這些話，具體地傳出了她賤與貴憤憤不平的頑固心情。以上所舉例子，他都用簡短的

對話，把人物的教養、心情、神態等表現出來，使讀者直覺的感到；比較用瑣碎的敘述加以說明，更為有效。

　　魯迅創作小說，不僅寫對話，就是寫動作，也用畫眼睛的方法，使讀者知道人物有某種動作之外，更知道別的一點什麼。如華老拴夫妻兩個準備去買人血饅頭，「華大媽在枕頭底下掏了半天，掏出一包洋錢，交給老拴，老拴接了，抖抖的裝入衣袋，又在外面按了兩下。」這就字面看，是說取錢藏錢的動作，然而老夫妻兩個積錢不易，把錢看到特別鄭重，為了兒子的病，才肯花掉一包洋錢，這心理也就在這上頭傳出來了。又如單四嫂子的兒子寶兒死了，對門的「王九媽便發命令燒了一串紙錢；又將兩條板凳和五件衣服作抵，替單四嫂子借了兩塊洋錢，給幫忙的人備飯。」藍皮阿五願意幫單四嫂籌措棺材，「王九媽卻不許他，只准他明天抬棺材的差使。」當寶兒入殮的時候，單四嫂子哭一回看一回，總不肯讓棺蓋蓋上，「幸虧王九媽等得不耐煩，氣憤憤的跑上前，一把拖開她，才七手八腳的蓋上了。」事後，單四嫂子以為待她的寶兒已經盡了心，再沒有什麼缺陷，「王九媽掐著指頭仔細推敲，也終於想不出一些什麼缺陷。」這些就字面看，是說王九媽的種種動作，然而一個自以為能幹有經驗，愛替人家作主張的鄉間老婦的性格，也就在這上頭傳出來了。又如閏土簡略的說了他景況的艱難，「沉默了片時，便拿起煙管來默默的吸煙了。」這就字面看，是說吸煙的動作；然而閏土為生活重擔所壓，致變得木訥陰鬱，這意思，也就在這上頭傳出來了。又如阿Q和小D打架，互扭著頭顱，彼此彎著腰，「阿Q進三步，小D便退三步，都站著，小D進三步，阿Q便退三步，又都站著。大約半點鐘，他們的頭髮裡便都冒煙，額上便都流汗。阿Q的手放鬆了；在同一瞬間，小D的手也放鬆了，同時直起，同時退開，都擠出人叢去。」這就字面看，是說打架的動作；然而兩個人並非勇於戰鬥，只因實迫處此，不得不作出戰鬥的姿態，這意思，也就在這上頭傳出來了。——以上所舉的例子，都

在寫人物的動作之外，還有別的作用。魯迅小說寫動作之處。差不多都是如此，我們不可忽略過去。

此外，魯迅寫人物的感覺和思想之處，也是值得注意的。如《狂人日記》，狂人吃了蒸魚，便記道：「這魚的眼睛，白而且硬，張著嘴，同那一夥想吃人的人一樣。」狂人受了何先生的診脈，聽何先生說了「不要亂想，靜靜的養，養肥了，他們自然可以多吃；我有什麼好處，怎麼會『好了』？」這些都表現狂人的精神失常，神經過敏，因他一心認定「吃人」兩個字，便把一切都聯想到這上頭去。又如寫華老拴在天剛亮時出去買人血饅頭，所見的路人，護送犯人的兵丁，看「殺人」的看客，以及「殺人」的場面，都朦朧恍惚，不很清楚。這表現華老拴從半夜起來，作不習慣的曉行，精神不免異樣；更因心有所在，專一放在又覺害怕、又存有絕大希望的那件事情（買人血饅頭）上，所以所見都成了奇景；又如《一件小事》，寫那車夫扶著自稱「我摔壞了」的老女人向巡警分駐所走去，「我這時突然感到一種異樣的感覺，覺得他滿身灰塵的後影，剎時高大了，而且愈走愈大，須仰視才見。而且他對於我，漸又幾乎變成一種威壓，甚而至於要榨出皮袍下面的『小』來。」這表示車夫對事認真，絆倒了人，生意也不顧了，定須照例到巡警局去理會，這是他的「大」；而「我」卻對事苟且，見老女人並沒有受什麼傷，便教車夫「走人的罷」，替自己趕路，這是「我」的；「小」和「大」相形，便彷彿覺得車夫的後影非常高大，而且對「我」有壓迫之感了。

如上所說，可見魯迅寫人物的動作和感覺，思想的部分，也如對話一樣，直接的，為表現人物的特點而存在。這種筆墨，就一方面說，也是敘述，因為他把對話、動作、感覺、思想等寫在紙上，讓讀者知道，與一切文字的敘述相同。但在另一方面說，便是描寫，因為他把人物生動的鈎劃出來，把故事生動的表現出來，讓讀者感受，與繪畫、戲劇有同樣的作用。談論小說的人，常常使用

「描寫」一詞，便指這種筆墨而言。

以往談論魯迅的，多評述他的思想，而今替魯迅作品作講章的，又多強調他的意識形態和他的觀點；筆者以為既然研究魯迅作品，就得著重他的寫作技術。（魯迅就說過：文學原有宣傳的作用，但宣傳文字，並不一定是文學。）寫作專論技術是在鑽牛角尖，寫作不講求技術，也是在鑽牛角尖。朱自清、葉聖陶替青年讀者作津梁，著重這一方面的諒解，可說是把金針度人之意。他們對於魯迅所說：「沒有相宜的白話，寧可引古語，希望總有人全懂。」的一段話，引了張天翼的主客問來作注解。這一段話，也是很好的。

　　「主：『創作裡面總不該用那些非現代語的句子和詞兒。』──我完全同意。記得魯迅在一篇文章裡談過，說有人要是寫山，拿『嶢嶬』」『巉岩』之類的詞兒來形容它。（談到這裡，客人弄不明白這兩個詞兒是哪四個字，主人就在紙上寫給他看，客人笑了起來。）你看這樣的詞兒！讀者讀了，那簡直不知道這山到底是個什麼樣子。連作者自己也不知道。這些詞兒只是他從舊書上抄來的。魯迅批評了這種寫法；真的，這類詞兒，實在沒有表現出什麼來。舊句舊詞拿來這麼用法，那是三家村老學究式的創作方法，活人說死話，然而《阿Ｑ正傳》裡那些舊句舊詞的用法，那正是我們剛才談過的，正是拿來示眾，拿來否定它的。

　　客：（接嘴）也跟他的雜感文一祥，是諷刺那些死話的，跟那些什麼『嶢嶬』的用法，絕對是兩回事。

　　主：是的，是一諷刺；不單是諷刺了那些死話的形式，而且還諷刺了那一些死話所含的意義。（接過《吶喊》來。）例如：『夫文童者，將來恐怕要變秀才者也，』我想世界上決不會有這樣的傻瓜，就以為這是作者的正面文章，要叫天下的人

都去尊敬文章，也決不會有人把『不孝有三，無後為大』，若敖之鬼餒而這些，以為是作者要說的話。這些句子在這篇作品裡所起的作用，也跟（指看書上）『即此一端，我們便可以知道女人是害人的東西』一樣，作用是相同的。這並不是作者自己的意思，也不是作者自己所要說的話。這些，是透過這作品中那些人物來說的，是用了那些人物的口氣來說的。這些意見，是未莊文化圈子裡那些人物的意見。作者對未莊文化是否定的、諷刺的。而這些詞句的拿來用到這裡，也就是對它的含義和形式加以否定和諷刺，換一句話說，那麼作者所寫下的這些詞句，倒恰好是一種反語。

客：（微笑）這種舊詞兒還很多哩（一面翻著找著，一面說。）比如『立言』、『引車賣漿者流』、『著之竹帛』、『深惡而痛絕之』、『誅心』、『而立』、『庭訓』、『敬而遠之』、『斯亦不足畏也已』、『神往』、『咸與維新』，……這些，這些用在這裡，就顯得極其可笑，正也跟引用『先前闊』、『假洋鬼』、『一定想引誘野男人』的女人、『假正經』、『媽媽的』這類的話一樣可笑。

主：作者正要我們笑它。「To laugh is to kill」

客：（想起了一件事。）哦，對了！喜歡引用舊句舊詞的這種作風，的確不僅是因為讀了舊書而已。（自言自語似的。）唔，如果這僅僅只是因為讀多了舊書的話，那麼三家村老學究和寫『嶢嶇』的作者，也都是該讀多了舊書，可是一寫出來，態度各不相同：一種是把那些舊句的詞當作正派的角色上臺，一種可是把它當做歹角和丑角上臺。不錯，魯迅喜歡引用舊句舊詞的這種作風，他的這種引用法，正是出於他的思想和情感，出於他那是非善惡的判斷：這正表現了他對未莊文化的批評態度。

主：我認為這一點比讀多了舊書那介原因還重要得多：這

一點，是構成這種作風的更主要因素。（稍停）我認為我們要是把一個詞兒，一句話，一個舉動的描寫等等，全都孤零地單獨提出來看，那就無所謂作風不作風。我們一定要看看這作者用起這些東西來，是怎樣一個態度，他把它用在什麼地方，怎樣用法等等，這才看得到他的作風。」

張氏送一段話，說得很好，他自己也是愛用諷刺的格調的！

不過筆者以為魯迅所說：「沒有相宜的白話，寧可引古語，希望總有人會懂」那句話，也不一定如張某所說的只是一種「反語」，（他的引申，也只有他那一半的道理。）那一時期，他們的確有吸收、溶化、運用古今中外各種語滙的嘗試。「古語」並不一定不可用的，只要我們能消化，使讀者看了能懂就可以。在他們以前，黃公度就曾主張：「其取材也，自群經三史逮於周秦諸子之書，許鄭諸家之注。凡事名名切於今者，皆採取而假借之。其述事也，舉今日之官書會典方言俗諺，以及古人未有之物，未辟之境，耳目所歷皆革而書之。」

錢玄同（魯迅的友人）也曾主張：「古語跟今語，官話跟土話，聖賢垂訓跟潑婦罵街，典謨訓誥跟淫詞豔曲，中國字跟外國字，漢字跟注音字母，襲舊跟杜撰，歐化跟民眾化，信手拈來，信筆寫去。」新文學運動，因為針對著當時的復古空氣，所以高喊白話文，趨向於「俗化」。當時的作家，曾有融會古今的意向，他們比較熟習古語的運用，他們知道流行於口頭的古語，其達意的程度，和白話並不同的。（不一定如《阿Ｑ正傳》中那些怪腔怪調的酸腐成語。）即如魯迅記愛羅先珂在北平訴苦說寂寞，道：「這應該是真實的；但在我卻未曾感得；我住得久了，『入芝蘭之室。久而不聞其香』，只以為很是嚷嚷罷了，然而我之所謂嚷嚷，或者也就是他所謂寂寞罷。」送一段中的「入芝蘭之室，久而不聞其香」，便是引用古語。又如《野草》的墓碣文，「我夢見自己正和

墓碣對立，讀著上面的刻錄。那墓碣似是砂石所製，剝落很多，又有苔蘚叢生，僅存有限的文句！『於浩欲狂熱之際中寒；於天上見深淵。於一切眼中看見無所有；於無所希望中得救。』『有一遊魂，化為長蛇，口有毒牙。不以咬人，自咬其身，終以殞顛。』我繞到碣後，才見孤墳，上無草木、且已頹壞。即從大闕口中，窺見死屍，胸腦俱破，中無心肝。而臉上卻絕不顯哀樂之狀，但濛濛如煙然。」他都在運用古語，有如一篇漢魏的小賦、然而很流利，很動人。他是一個身體康健的人，什麼都能消化，能夠化腐朽為神奇的。

魯迅的風格，一方面可以說純東方的，他有著「紹興師爺」的冷雋、精密、尖刻的氣氛；一方面可以說是純西方的、他有著安特列夫、斯微夫脫的辛辣諷刺氣息，再加上了尼采的深邃；朱自清氏說：「魯迅的雜感，這種詩的結晶，在《野草》裡達到了那高峰。他在題辭中說：『過去的生命已經死亡。我對於這死亡有大歡喜，因為我借此知道它曾存活。死亡的生命已經朽腐。我對於這朽腐有大歡喜，因為借此知道它還非空虛。』『我自愛我的《野草》但我憎惡這以野草作裝飾的地面。地火在地下運行、奔突；熔岩一旦噴出，將燒盡一切野草，以及喬木，於是並且無可朽腐。』『我以為這一叢野草在明與暗、生與死、過去與未來之際，獻於友與仇、人與獸、愛者與不愛者之前作證。』『去罷，野草，連著我的題辭，』這寫在一九二七年，正是大革命的時代。

他徹底地否定了『過去的生命』連自己的野草連著這題辭，也否定了，但是並不否定他自己。他希望地下的火，火速噴出，燒盡過去的一切；他希望的是中國的新生：在《野草》裡，比在《狂人日記》裡更多的用了象徵，用了重疊，來凝結強調他的聲音，這是詩。他一面否定，一面希望，一面在戰鬥著。就在這一會，他感到青年們動起來了，感到真的暗夜露出來了，這一年他寫了特別多的雜感。這些雜感，比起《熱風》中那些隨感錄，確乎是更現實的

了；他是從詩回到散文了。換上雜感這個新名字，似乎不是隨隨便便的無所謂的。散文的雜感增加了現實性，也增加了尖銳性。他在《三閑集》的序言中說：「恐怕這『雜感』二個字，就使志趣高超的作者厭惡，避之惟恐不遠了。有些人們，是當意在奚落我的時候，就往往稱我為『雜感家』。」這正是尖銳性的證據。他這時在和『真的暗夜』肉搏了，武器是越尖銳越好，他是不怕「『不滿於現狀』的『雜感家』這一個惡謚」的。

許久替魯迅作品作注解的批判家，似乎都忽略了魯迅的一篇短論：《看書瑣記》（一）（二），他對於文學的永久性和普遍性，有進一步的看法。他說：「高爾基很驚服巴爾札克小說裡寫對話的巧妙，以為並不描寫人物的模樣，卻能使讀者看了對話，便好像目睹了說話的那些人。中國還沒有那樣好手段的小說家，但《水滸傳》和《紅樓夢》的有些地方，是能使讀者由說話看出人來的。其實，這也並非什麼奇特的事情，在上海的弄堂裡，租一間小房子住著的人，就時時可以體驗到。他和周圍的住戶，是不一定見過面的，但只隔一屋薄板壁，所以有些人家的眷屬和客人的說話，尤其是高聲的談話，都大略可以聽到，久而久之，就知道那裡有那些人，而且彷彿覺得那些人是怎樣的人。如果刪除了不必要之點，只摘出各人的有特色的談話來，我想，就可以使別以從談話裡推見每個說話的人物。但我並不是說：這就成了中國的巴爾札克。作者用對話表現人物的時候，恐怕在他自己的心目中，是存在著這人物的模樣的，於是傳給讀者，使讀者心目中也形成了這人物的模樣。但讀者所推見的人物，卻並不一定和作者所設想的相同，巴爾札克的小鬍鬚的清瘦老人，到了高爾基的頭裡，也許變了粗蠻壯大的絡腮鬍子。不過那性格、言動，一定有些類似，大致不差，恰如將法文翻成了俄文一樣。要不然，文學這東西便沒有普遍性了。文學雖然有普遍性，但因讀者的體驗不同而有變化，讀者倘沒有類似的體驗，它也就失去了效力。譬如我們看《紅樓夢》，從文字上推見了

林黛玉這一個人，但須排除了梅博士的『黛玉葬花』照相的先入之見，另外想一個，那麼，恐怕全想到的剪頭髮，穿印度綢衫，清瘦、寂寞的摩登女郎；或者別的什麼模樣，我不能斷定。但試去和三四十年前出版的《紅樓夢圖詠》之類裡面的畫像比一比罷，一定是截然兩樣的；那上面所畫的，是那時的讀者的心目中的林黛玉。文學有普遍性，但有界限；也有較為永久的，但因讀者的社會體驗而生變化。北極的愛斯基摩人和非洲腹地的黑人，我以為是不會懂得『林黛玉型』的；健全而合理的好社會中人，也將不能懂得。……一有變化，即非永久，說文學獨有仙骨，是做夢的人們的夢話。」

　　接著他又說：「就在同時代，同國度裡，說話也會彼此說不通的。巴比塞有一篇很有意思的短篇小說，叫做《本國話和外國話》記的是法國的一個闊人家裡招待了歐戰中出生入死的三個兵。小姐出來招呼了，但無話可說，勉勉強強的說了幾句，他們也無話可答，倒只覺坐在闊房間裡，小心得骨頭疼。直到溜回自己的『豬窩』裡，他們這才遍身舒齊，有說有笑；並且在德國俘虜營裡，由手勢發現了說他們的『我們的話』的人。因了這經驗，有一個兵便模模糊糊的想：『這世間有兩個世界：一個是戰爭的世界，別一個是有著保險箱門一般的門，禮拜堂一樣乾淨的廚房，漂亮的房子的世界。完全是另外的世界，另外的國度。那裡面，住著古怪想頭的外國人。』那小姐後來就對一位紳士說的是：『和他們是連話都談不來的。好像他們和我們之間，是有著跳不過的深淵似的。』其實，這也無須小姐和兵士們是這樣。就是我們——……和幾乎同類的人，只要什麼地方有些不同，又得心口如一，就往往免不了彼此無話可說。……這樣看來，文學要普遍而且永久，恐怕實在有些艱難。」

　　這是他的晚年見道之論。他已經體會得一個人的意識形態，就是他那社會環境所孕育的；普遍性和永久性，都受著相當的限制

的。

　　所以筆者認為在現代作家之中，真的能繼續魯迅風的，只有一個人，那便是他的弟弟周作人；但周作人的雋永風格，卻在魯迅之上，「啟明風」的韻味，和魯迅雖不相同，卻是瑜亮一時，各不相下的。（錢玄同也說：「我認為周氏兄弟的思想，是國內數一數三的，所以竭立慫恿他們給《新青年》寫文章。」）但此時此地，「魯迅風」，怕是沒有傳人了呢！

二十五　文藝觀

　　孫伏園氏，說到魯迅思想，受托爾斯泰、尼采的影響（上文已提及），「這兩種學說，內容原有很大的不同，而魯迅卻同受他們的影響；這在現在看來，魯迅確不像一個哲學家那樣，也不像一個領導者那樣，為別人了解與服從起見，一定要將學說組成一個系統，有意的避免種種的矛盾，不使有一點罅隙；所以他只是一個作家、學者，乃至思想家或批評家。」所以，一定要把魯迅算得是什麼主義的信徒，好似他的主張，沒有一點不依循這一範疇，這是多餘的。馬克思學說之進入他的思想界，依然和托尼學說並存，他並不如一般思想家那麼入主出奴的。

　　依我看來，他的思想體系中，最成熟的還是他的文藝觀。五四運動以後，胡適的文藝理論，雖是一顆彗星似的，光芒萬丈，要說是字斟句酌，老吏斷獄似的下筆有分寸，還是魯迅。他的《中國小說史略》便是傳世之作。（魯迅曾語筆者：《中國小說史略》，從搜集材料到成書，先後在十年以上。其書取材博而選材精，現代學人中，惟王國維、陳寅恪、周作人足與相並。）他的短論雜感，也是以談論文藝為多；筆者且來談他的文藝論。——不是文藝理論而是文藝批評。

　　我們再回到魯迅晚年所每一篇短論《門外文談》上去。首他提

出他的文藝起源論。我們聽慣了一件東西，總是古時候一位聖賢所造的故事，字是倉頡造的。然而作《易經》的人，卻比較聰明，他說：「上古結繩而治，後世聖人易之以書契」。他不說倉頡，只說後世聖人，不說創造，只說掉換，真是謹慎得很，也許他無意中就不相信古代會有一獨自造出許多文字來的人的了，所以，就只是這麼含含糊糊的來一句。

但是，用書契來代結繩的人，又是什麼角色呢？文學家，的確首先就要想到他，然而並不是的。有史以前的人們，雖然勞動也唱歌，求愛也唱歌，他卻並未起草，或者留稿子，文字毫無用處。據有些學者告訴我們的話來看，這在文字上用了一番工夫的，想來該是史官了。原始社會裡，大約先前只有巫，待到漸次進化，事情繁複了，有些事情，如祭祀、狩獵、戰爭之類，漸有記住的必要，巫就只好在他那本職的「隆神」之外，一面也想法子來記事，這就是「史」的開頭。況且「升中於天」，他在本職上，也得將記載酋長和他的治下的大事冊子，燒給上帝看，因此一樣的要做文章，雖然這大約是後起的事。再後來，職掌分得更清楚了，於是就有專門記事的史官。文字就是史官的工具，古人說：「倉頡，黃帝史。」第一句未可信，但指出了文字和史的關係，卻是很有意思的。

魯迅探求到文字的來源，是這麼說的：照《易經》說，書契之前，明明是結繩；我們那裡的鄉下人，碰到明天要做一件緊要事，怕得忘記時，也常常說：「褲帶上打一個結。」那麼，我們的古聖人，是否也用一條長繩，有一件事，就打一個結呢？恐怕是不行的。或者那正是伏羲皇的八卦之流，三條繩一組，都不打結是乾，中間各打一結是坤罷？恐怕也不對。八組尚可，六十四組就難記，何況還會有五百二十組呢！只有在秘魯還有存留的「打結字」，用一條橫繩，掛上許多直繩，拉來拉去的結起來，網不像網，倒似還可以表現較多的意思。我們上古的結繩，恐怕也是如此的罷。現在我們能在實物上看見的最古的文字，只有商朝的甲骨和鐘鼎文。但

這些，都已經很進步了，幾乎找不出一個原始形態。只在銅器上，有時，還可以看見一點寫實的圖形，如鹿如象。而這些圖形上，又能發現和文字相關的線索：中國文字的基礎是「象形」。

在古代社會裡，倉頡也不止一個，有的在刀柄上刻一點圖，有的在門口下畫一些畫，心心相印，口口相傳，文字就多起來，史官一採集，便可以敷衍記事了。中國文字的由來，恐怕也逃不出這例子的。自然，後來還該有不斷的增補，這是史官自己可以辦到的，新字夾在熟字中，又是象形，別人也容易推測到那字的意義。直到現在，中國還不時生出新字來。

魯迅從文字進化的軌跡，看到拼音文字的必然趨向。首先，他先說些和象形有關的東西。象形，「近取諸身，遠取諸物。」就是畫一隻眼睛是「目」，畫一個圓圈，放幾條毫光是「日」，那自然很明白、便當的。但有時要碰壁，譬如要畫刀口，怎麼辦呢？不畫刀背，也顯不出刀口來，這時就只好別出心裁，在刀口上加一條短棍，算是指明「這個地方」的意思，造了「刃」。這已經頗有些辦事棘手的模樣了。何況還有無形可像的事件，於是只得「像事」，也叫做「會意」；一隻手放在樹上，是「採」；一顆心放在屋子和飯碗之間是「甯」，有吃有住，安寧了。但要寫「寧可」的寧，卻又得在碗下面放一條線，表明這不過是用了「甯」的聲音的意思；「會意」比「象形」更麻煩，它至少要畫兩樣。如「寶」字，至少要畫一個屋頂，一串玉，一個缶，一個貝，計四樣。我看「缶」字還是杵臼兩形合成的，那麼一共有五樣，單單為了「寶」這一個字，就很要破費些工夫。不過還是走不通，因為有些事物是畫不出，有些事物是畫不來，譬如松柏，葉樣不同，原可以分出來的，但文字究竟是文字，不能像繪畫那樣精工，到底還是硬挺不下去。來打開這僵局的是諧聲，意義和形象離開了關係，這已經是「記音」了。所以有人說，這是中國文字上的進步。不錯，也可以說是進步，然而那基礎也還是畫畫。但古人並不是愚蠢的，他們早就將

形象改得簡單，遠離了事實。篆字圓折，還有圖畫的餘痕，以隸書到現在的楷書，和形象就天差地遠，不過那基礎還未改變，天差地遠之後，就成為不象形的象形字，寫起來雖然比較的簡單，認起來卻非常困難了，要憑空一個個的記住。而且有些字，也至今並不簡單，例如「鸞」或「鑿」，去叫孩子寫，非練習半年六月，是很難寫在半寸見方的格子裡面的。還有一層，是「諧聲」字，也因為古今字音的變遷，很有些和「聲」不大諧的了。他指出今日的中國文字，已成了不象形的象形字，不十分諧聲的諧聲字了。我們知道魯迅是章太炎的弟子，太炎先生是清代經學家以治文學著稱的，而清代文學的研究，雖有從「形義」著手的，但他們最主要的成就，還在聲韻這一方面，太炎師弟中，如黃侃、錢玄同，都專政音韻之學，魯迅在這方面，不僅有所感染，而且有所專攻的。所以，他的話雖是很通俗，卻是先深入而後淺出的。

　　他對於古代言文是否一致的問題，提出特出的論斷。他說，對於這問題，現在的學者們（指胡適之派）雖然並沒有分明的結論，但聽他口氣，好像大概是以為一致的；越古，就越一致。不過我卻很有些懷疑，因為文字愈容易寫，就愈容易寫得和口語一致，但中國卻是那麼難畫的象形字，也許我們的古人，向來就將不關重要的詞摘去了的。書經有那麼難讀，似乎正可作照寫口語的證據，但商周人的的確確的口語，到現在還沒有研究出，還要繁也說不定的。至於周秦古書，雖然作者也用一點他本地的方言，而文字大致相類，即使和口語學相近罷，用的也是周秦白話，並非周秦大眾語，漢朝更不必說了，雖是肯將書經裡難懂的字眼，翻成今字的司馬遷，也不過在特別情形下，採用一點俗語，例如陳涉的老朋友看見他為王，驚異道：「夥頤！涉之為王沉沉者。」而其中的「涉之為王」四個字，我還疑心太史公加過修剪的。那麼古書裡採錄的童謠、諺語、民歌，該是那時的老牌俗語罷。我看也難說；中國的文學家是頗有愛好別人的文章的脾氣的，他的推測，是以為中國的言

文，一向就並不一致的，大原因便是字難寫，只好節省些。當時的口語的摘要，是古人的文；古代的口語的摘要，是後人的古文。所以我們的做古文，是在用了已經並不象形的象形字，未必一定諧聲的諧聲字，在紙上描出今人誰也不說，懂的也不多的，古人的口語摘要來。你想這難不難呢？

魯迅指出文字這一工具，被統治階級所獨佔，於是文章成為奇貨，可以說是他的社會文藝觀。他說：文字在人民間萌芽，後來卻一定為特權者所收攬。據《易經》的作者所推測，「上古結繩而治」，則連結繩就已是治人者的東西。特別落在巫史的手裡的時候，更不必說了，他們都是酋長之下，萬民之上的人。社會改變下去，學習文字的人們的範圍也擴大起來，但大抵限於特權者。到於平民，那是不識字的，並非缺少學費，只因為他限放資格，他不配。而且書籍也看不見。

中國在刻版還未發達的時候，有一部好書，往往是「藏之秘閣，副在三館們。」連做了士子，也還是不知道寫著什麼的。因為文字是特權者的東西，所以它就有了尊嚴性，並且有了神秘性。中國的字到現在還很尊嚴，我們在牆壁上，就常常看見掛著寫上「敬惜字紙」的簍子；至於符的驅邪治病，那就靠了它的神秘性的。文字既然含著尊嚴性，那麼，知道文字，這人也就連帶的尊嚴起來了。新的尊嚴者日出不窮，對於舊的尊嚴者就不利，而且知道文字的人們一多，也會損傷神秘性的。符的威力，也就因為這好像是字的東西，除道士以外，誰也不認識的原故，所以，對於文字，他們一定是要把持。

歐洲中世，文章學問，都在道院裡，克羅蒂亞（Kroatia）是到了十九世紀，識字的還只有教士的，人民的口語，退步到對於舊生活剛夠用。他們革新的時候，就只好從外國借進許多新語來。我們中國的文字，對於大眾，除了身份、經濟這些限制之外，卻還要加上一條高門檻難。單是這條門檻，倘不費他十來年工夫，就不容易

跨過，跨過了的，就是士大夫；而這些士大夫，又竭力的要使文字更加難起來，因為這可以使他特別的尊嚴，超出別的一切平常的士大夫之上。

漢朝的楊雄的喜歡奇字，就有這毛病的，劉歆想借他的《方言》稿子，他幾乎要跳河。唐朝呢，樊宗師的文章做到別人點不斷，李賀的詩做到別人看不懂，也都為了這原故。還有一種方法是將字寫得別人不認識，下焉者，是從《康熙字典》上查出幾個古字來，夾進文章裡面去；上焉者，是錢坫的用篆文來寫劉熙的釋名，最近還有錢玄同先生的照說文字樣給太炎先生抄《小學答問》。文字難，文章難，這還是原來的；這些上面，又加以士大夫的故意特製的難，卻還想和大眾有緣，怎麼辦得到。但，士大夫們也正願其如何，如果文字易識，大家都會，文字就不尊嚴，他也跟著不尊嚴了。說白話不如文言的人，就從這裡出發。

不過，魯迅指出文學存在於有文字之前，古代文學乃是不識字的作家所創作的。他說：文學的存在條件，首先要會寫字，那麼，不識字的文盲群裡，當然不會有文學家的了。然而作家卻有的。你們不要太早的笑他，他還有話說。他想，人類是在未有文字之前，就有了創作的，可惜沒有人記下，也沒有法子記下。我們的祖先的原始人，原是連話也不會說的，為了共同勞作，必需發表意見，才漸漸的練出複雜的聲音來，假如那時大家抬木頭，都覺得吃力了，卻想不到發表的，其中有一個叫道「杭育杭育」，那麼，這就是創作；大家也要佩服，應用的，這就等於出版；倘若用什麼記號留存下來，這就是文學，他當然就是作家，也是文學家，是杭育杭育派。不要笑，這作品卻也幼稚得很，但是古人不及今人的地方是很多的，這正是其一。就是《詩經》的《國風》的東西，有許多也是不識字的無名氏作品，因為比較的優秀，大家口口相傳的。王官們檢出它可作行政上參考的記錄了下來，此外消滅的正不知有多少。東晉到齊陳的子夜歌和讀曲歌之類，唐朝的竹枝詞和柳枝詞之類，

原都是無名氏的創作，從文人的採錄和潤色之後，留傳下來的。這一潤色，留傳固然留傳了，但可惜的是一定失去了許多本來面目。

到現在，到處還有民謠、山歌、漁歌等，這就是不識字的詩人的作品；他傳述著童話和故事，這就是不識字的小說家的作品；他們，就都是不識字的作家。他提出一句有力的結論：「要這樣的作品為大家所共有，首先也就是要這作家能寫字，同時也還要讀者們能識字以至能寫字，一句話，將文字交給一切人。」

魯迅也和其他進步的文藝批評家一般，相信每一種新的文藝思潮，都由汲取民眾的文藝新作風而起的；他說：不識字的作家，因為沒有記錄作品的東西，又很容易消滅，流傳的範圍也不能很廣大，知道的人們也就很少了。偶有一點為文人所見，往往倒吃驚，吸入自己的作品中，作為新的養料。舊文學衰頹時，因為攝取民間文學或外國文學而起一個新的轉變，這例子是常見於文學史上的。不識字的作家，雖然不及文人的細膩、但也卻剛健清新。

這樣，他就對於大眾語問題有所交代了。他說到了「專化呢？還是普遍化呢？」的問題。他說：中國的言語，各處很不同，單給一個粗枝大葉的區別，就有北方話、江浙話、兩湖川貴話、福建話、廣東話這五種，而這五種中，還有小區別。現在用拉丁字來寫，寫普通話，還是寫土話呢？要寫普通話，人們不會，倘寫土話，別處的人們就看不懂，反而隔閡起來，不及全國通行的漢字了。這是一大弊病；他的意思是：在開首的啟蒙時期，各地方寫他的土話，用不著顧到和別的地方意思不相通。我們的不識字的人們，原沒有用漢字互通著聲氣，所以新添的壞處是一點也沒有的。倒有新的益處，至少是同一語言的區域裡，可以彼此交換意見，吸收智識了；那當然，一面也得有人寫些有益的書。問題倒在這各處的大眾語文，將來究竟要它專化呢？還是普遍化？

他說：方言土話裡，很有些意味深長的話。他們那裡（指浙江紹興）叫「煉話」，用起來是很有意思的，恰如文言的用古典，聽

者也覺得趣味津津。各就各處的方言，將語法和詞彙，更加提煉，使他們發達上去的，就是專化。這於文學，是很有益處的。它可以做得比僅用泛泛的話頭的文章更加有意思。但專化又有專化的危險。言語學我不知道，看生物是一到專化，往往要滅亡的。未有人類以前的許多動植物，就因為太專化了，失其可變性，環境一改，無法應付，只好滅亡。幸而我們人類還不算專化的動物，請你們不要愁。大眾是有文學的，要文學的，但決不該為文學做犧牲；要不然，他的荒謬和為了保存漢字，要十分之八的中國人做文盲來殉難的話聖賢並不兩樣。所以我想，啟蒙時候用方言，但一面又要漸漸加入普通的語法和詞彙去。先用固有的，是一地方的語文的大眾化，加入新的去，是全國的語文的大眾化。

他說：幾個讀書人在書房裡商量出來的方案，固然大抵行不通，但一切都聽其自然，卻也不是好辦法。現在在碼頭上，公共機關中，大學校裡，確已有著一種好像普通話模樣的東西，大家說話，既非國語，又不是官話，各各帶著鄉音鄉調，卻又不是方言，即使說的吃力聽的吃力，然而總歸說得出聽得懂。如果加以整理，幫它發展，也是大眾語中的一支，說不定將來還簡直是主力。他說要在方言裡加入新的去，那「新的」來源就在這地方。待到這一種出於自然，又加人工的話一普遍，我們的大眾語文，就算大致統一了。（魯迅一生遊歷的地方不多，他並不知道若干省與省的接境邊區，如福建的浦城，江西的玉山、浙江的江山，就流行一種近於國語的普通話，而王陽明所教育出來的贛州語，更是標準的普通話。抗戰時期，在西南大後方，也就因為五方雜處，產生了新的普通話，更是替他的作品作注解的。）他說：「此後當然還要做。年深月久之後，語文更加一致，和『煉話』一樣好、比『古典』還要活的東西，也漸漸的形成，文學，就更加精彩了。」

魯迅對於大眾自己創作這一點，也有他的獨到的見解。（開首，不消說，先要覺悟的讀書人來做，後來就由大眾自己來動

手。）他嘲笑有人怕大眾如果都會讀寫，就大家都變成文學家了。這是怕天掉下來的好人；他說：在不識字的大眾裡，是一向有作家的。先前是，農民還有一點餘閒，譬如乘涼，就有人講故事。不過這講者，大抵是特定的人；他比較的見識多，說話巧，能夠使人聽下去，懂明白，並且覺得有趣。這就是作家，抄出他的話來，也就是作品。倘有語言無味，偏愛多嘴的人，大家是不要聽的，還要送給他許多冷語、諷刺。我們弄了幾千年文言，十來年白話，凡是能寫的人，何嘗個個是文學家呢？即使都變成文學家，又不是軍閥或土匪，於大眾也並無害處的，不過彼此互看作品而已；還有一種是怕文學的低落。大眾並無舊文學的修養，比起士大夫文學的細緻來，或者會顯得所謂低落的，但也未染舊文學的痼疾，所以它又剛健清新。

　　無名氏文學如「子夜歌」之流，會給舊文學一種新力量，他先前已經說過。現在也有人介紹了許多民歌和故事，還有戲劇。他舉了他在《朝華夕拾》所引《目蓮救母》裡的無常鬼自傳為例，說是因為同情一個鬼魂，暫放還陽半日，不料被閻羅責罰，從此不再寬縱了。「那怕你銅牆鐵壁，那怕你皇親國戚……」何等有人情，又何等知過，何等守法，又何等果決，我們的文學家做得出來麼？這是真的農民和手工業工人的作品，由他們閒中扮演。借目蓮的巡行來貫串許多故事，除「小尼姑下山」外和刻本的《目蓮救母記》是完全不同的，其中有一段「武松打虎」，是甲乙兩人，一　一弱，扮著戲玩。先是甲扮武松，乙扮老虎，被甲打得要命，乙埋怨他了，甲道：「你是老虎，不打，不是給你咬死了。」乙只得要求互換，卻又被甲咬得要命，乙說怨話，甲便道：「你是武松，不咬，不是給你打死了？」他說，比起希臘的伊索，俄國的梭羅古勃的寓言來，這是毫無遜色的。他主張到全國各處去收集，一定有很好的作品可以找到的。

　　他又指出大眾並不如讀書人所想像的愚蠢，（若干錯誤的看

法，他們不但看輕了大眾，也看輕了自己，仍舊犯了古之讀書人的老毛病。）他說：讀書人常常看輕別人，以為較新較難的字句，自己能懂，大眾卻不能懂，所以為大眾計，是必須徹底掃蕩的；說話作文。越俗就越好。這意見發展開來，他就要不自覺的成為新國粹派。或則希圖大眾語文在大眾中推行得快，主張什麼都要配大眾的胃口，甚至於說要迎合大眾，故意多罵幾句，以博大眾的歡心。這當然自有他的苦心孤詣，但這樣下去，可以成為大眾的幫閒的。說起大眾來，界限寬泛得很，其中包括著各式各樣的人，但即使『目不識丁』的文盲，由他看來，其實也並不如讀書人所推想的那麼愚蠢。他們要知識，要新的知識，要學習，能攝取的。當然，如果滿口新語法、新名詞，他們是什麼也不懂；但逐漸的檢必要的灌輸進去，他們卻會接受，那消化的力量，也許還賽過成見更多的讀書人。初生的孩子，都是文盲，但到兩歲，就懂許多話能說許多話了。這在他，全部是新名詞、新語法，他那裡是從《馬氏文通》或《辭源》裡查來的呢，也沒有教師給他解釋；他是聽過幾回之後，從比較而明白了意義的。大眾的會攝新詞彙和語法，也就是這樣子，他們會這樣的前進。所以新國粹派的主張，雖然好像為大眾設想，實際上倒盡了拖住的任務。不過也不能聽大眾的自然，因為有些見識，他們究竟還在覺悟的讀書人之下，如果不給他們隨時揀選，也許會說拿了無益的，甚而至於有害的東西。所以，迎合大眾的新幫閒，是絕對的要不得的。

　　他鄭重地說：「由歷史所指示，凡有改革，最初，總是覺悟的知識者的任務。但這些知識者，卻必須有研究，能思索，有決斷，而且有毅力。他也用權，卻不是騙人，他利導，卻並非迎合。他不看輕自己，以為是大家的戲子，也不看輕別人，當作自己的嘍囉。他只是大家中的一個人，我想，這才可以做大眾的事業。」

　　他所指示的途徑，比上文所引的他寫給我的信，更具體更積極些，也指示了那以後的文藝路向。

筆者有一回，在同濟大學的文藝研究會講演魯迅的文藝觀。我說：魯迅的雜感不可以呆看，那是因人因地而發的，時地不同，批評的對象也不同，他的說法也就不同了。正如孔子的《論語》，其中弟子問仁，他對每一個弟子有每一種的答案，並不拘於一說的。魯迅雖曾說過從古語中借用成語的話，但當時人提倡整理國故，讀古書古文，要從莊子文選找辭彙的時候，他就提出了異議。周氏兄弟，他們對於中國古書古文的研究，可以說是已經修煉成仙，吐納天地之精華，脫胎換骨的了。魯迅的文章，從莊子楚辭中來，但他是消化了諸子百家的文辭，並不為屈原莊周所拘束，所以他並不要青年們步他的後塵的。

　　周作人曾在講演中國近代文學的源流的結尾上說：「向來還有一種誤解，以為寫古文難，寫白話容易。據我的經驗，卻不如是，寫古文，較之寫白話容易得多，而寫白話實有時有自討苦吃，白話文的難處，是必須感情或思想作內容，古文中可以沒有這東西，而白話文缺少了內容便作不成。白話文有如口袋裝什麼東西進去都可以，但不能任何東西不裝。而且無論裝進什麼，原物的形狀都可以顯現出來。古文有如一隻箱子，只能裝方的東西，圓的東西則盛不下，而最好還是讓它空著，任何東西都不裝。大抵在無話可講而又非講不可時，古文是最有用的，譬如遠道接得一位親屬寫來的信，覺得對他講什麼都不好，然而又必須回答，在這樣的時候，若寫白話，簡單的幾句便可完事，當然不相宜的，若用古文，則可以套用舊調，雖則空洞無物，但八行書準可寫滿。」

　　他又說：「因為思想上有了很大的變動，所以須用白話。假如思想還和以前相同，則可仍用古文寫作，文章的形式是沒有改革的必要的。現在呢，由於西洋思想的輸入，人們對於政治、經濟、道德等的觀念，和對於人生、社會的見解，都和從前不同了。應用這新的觀點去觀察一切，遂對一切問題，又都有了新的意見要說要寫。然而舊的皮囊盛不下新的東西，新的思想必須用新的文體以傳

達出來，因而便非用白話不可。「這些通達的見解，我們可以說是他們所共同的。（周氏兄弟的文言文，都是寫得很好的；但他們所以成為文學家，並不由於熟讀古書精於古文之故，所以他們並不要青年們開倒車。）

　　魯迅有一篇題為《作文秘訣》的短論是講這個道理的。他說：「那麼，作文真就毫無秘訣麼？卻也並不。我曾經講過幾句做古文的秘訣，是要通篇都有來歷，而非古人的成文；也就是通篇是自己做的，而又全非自己所做，個人其實並沒有說什麼；也就是『事出有因』，而又『查無實據』。到這樣，便『庶幾乎免於大過也矣』了。……這是說內容。至於修辭，也有一點秘訣：一、要朦朧，二、要難懂。那方法，是：縮短句子，多用難字。譬如罷，作文論秦朝事，寫一句『秦始皇乃始燒書』是不算好文章的，必須翻譯一下，使它不容易一目了然才好。這時，就用得著《爾雅》、《文選》了尋些『古』，……到得改成『政俶燔典』，那就簡直有了班馬氣，雖然跟著也令人不大看得懂。我們的古代文學大師，就常常玩著這一手。班固先生的『紫色蠅帶，餘令閏位』，就將四句長句，縮成八字的；楊雄先生的『蠢迪檢柙』，也將『動由規矩』這四個平常字，翻成難字的。《綠野仙蹤》記塾師咏『花』，有句云：『媳釵俏矣兒書廢，哥罐聞焉嫂棒傷』。自說意思是兒婦折花為釵，雖然俏麗，但恐兒子因而廢讀；下聯較為費解，但是他的哥哥折了花來，沒有花瓶，就插在瓦罐裡，以嗅花香，他嫂嫂為防微杜漸起見，竟用棒子連花和罐子一起打壞了。這算是對於冬烘先生的嘲笑。然而他的作法，其實是和班、楊並無不合的，錯只在他不用古典而用新典。這一個所謂『錯』，就使《文選》之類在遺老遺少們心眼裡保存了威靈。……不懂當然也好的。好在哪裡呢？即好在『不懂』中。「他們兄弟兩人的說法，是相互發揮的，所以魯迅也說：「白話文的『白描』，卻並沒有秘訣。如果要說有，也不過是和障眼法反一調：有真意，去粉飾，少做作，勿賣弄而已。」

一九三三年，那正是林語堂提倡閒適情調之年；曾迅曾寫了《重三感舊》的雜感文，這篇雜文所激起的波瀾是很廣大的。他所說的「感舊」，乃是回憶清光緒末年的事。他說「所謂過去的人，是指光緒末年的所謂『新黨』，民國初年，就叫他們『老新黨』。甲午戰敗，他們自以為覺悟了，於是要「維新」，便是三四十歲的中年人，也看《學算筆談》，看《化學鑒原》；還要學英文，學日文，硬著舌頭，怪聲怪氣的朗誦著，對人毫無愧色，那目的是要看『洋書』，看洋書的緣故是要給中國圖『富強』，現在的舊書攤上，還偶有《富強叢書》出現，就如目下的《描寫字典》《基本英語》一樣，正是那時應運而生的東西。連八股出身的張之洞，他托繆荃孫代做的《書目答問》，也竭力添進各種譯本去，可見這『維新』風潮之烈了。然而現在是別一種現象了。有些新青年，境遇正和『老新黨』相反，八股毒是絲毫沒有染過的，出身又是學校，也並非國學的專家，但是學起篆字來了，填起詞來了，勸人看《莊子》、《文選》了，信封也有自刻的印板了，新詩也寫成方塊了，除掉做新詩的嗜好之外，簡直就如光緒初年的雅人一樣，所不同者，缺少辮子和有時穿洋服而已。」（老新黨們的見識雖然淺陋，但是有一個目的，圖富強，所以他們堅決切實。學洋話雖然怪聲怪氣，但是有一個目的，求富強之術，所以他們認真熱心。現在是我們又有了新的企圖，要以「古雅」立足於天地之間了。）

當時，魯迅所諷刺的，乃是一般文人的風尚，有林語堂、施蟄存在內，當然也有周作人。當時，施蟄存的說法是這樣，（他寫給大晚報編輯的答案，是介紹《莊子》、《文選》光青年文字修養之助。）「第一、我應當說明我為什麼希望青年人讀《莊子》和《文選》。近數年來，我的生活，從國文教師轉到編雜誌，與青年人的文章接觸的機會實在太多了。我總感覺到這些青年人的文章太拙直，字彙太少，所以在大晚報編輯寄來的狹狹的行格裡推薦了這兩部書。我以為從這兩部書中可以參悟一點做文章的方法，同時也可

以擴大一點字彙（雖然其中有許多字是已死了的）。但是我當然並不希望青年人都去做《莊子》、《文選》一類的古文。第二、我應當說明我只是希望有志於文學的青年，能夠讀一讀這兩部書。我以為每一個文學者必須要有所借助於他上代的文學，我不懂得『新文學』和『舊文學』這中間究竟以何者為分界的。在文學上，我以為『舊瓶裝新酒』與『新瓶裝舊酒』這譬喻是不對的。倘若我們把一個人的文學修養比之為酒，那麼我們可以這樣說：酒瓶的新舊沒有關係，但這酒必須是釀造出來的。我勸文學青年讀莊子與文選，目的在要他們釀造。」他又舉了魯迅為例證，（魯迅乃是以「豐之餘」的筆名寫那篇雜文的。）「像魯迅先生那樣的新文學家，似乎可以算是十足的新瓶了。但是他的酒呢？純粹的白蘭地嗎？我就不能相信。沒有經過古文學的修養，魯迅先生的新文章，決不會寫到現在那樣好。所以我敢說在魯迅先生那樣的瓶子裡，也免不了有許多五加皮或紹興老酒的成分。」

　　筆者當時是牽入這一場論爭之中的，我當時寫給施蟄存的信中，是說對青年推薦這兩部書是不一定對青年語文學習有什麼益處的，而且在一般文士正在鑽牛角尖之際，這樣的提倡，容易變成開倒車的。魯迅在《『感舊』以後》中也說：「施先生說我用瓶和酒來比『文學修養』是不對的，但我並未這麼比方過，我是說有些新青年可以有舊思想，有些舊形式可以藏新內容。我也以為『新文學』和『舊文學』這中間不能有截然的分界，然而有蛻變，有比較的偏向，而且正因為不能有『何者為分界』，所以也沒有了『第三種人』的立場。「這場論爭，後來雙方有點近於意氣之爭，但魯迅反對開倒車的意向是很明顯的。

　　魯迅和施蟄存關於推薦《莊子》與《文選》的論爭，因為雙方都在用反語來相諷刺，倒把本意隱晦掉了。其實，魯迅並非不懂得從古書中汲取辭彙的益處，但以復古的態度來愛好古書，則害多而利少。他在《難得糊塗》那篇雜文中，有看很尖銳的批判。他說：

「對於人生的倦急並不糊塗！活的生活已經那麼『窮乏』，要請看青年在『佛家報應之說』，在《文選》、《莊子》、《論語》、《孟子》裡去求得修養。後來，修養又不見了，只剩得字彙。『自然景物，個人情感，宮室建築……，之類，還不妨從《文選》之類的書中去找來用』。以前嚴幾道從什麼古書裡，——大概也是《莊子》罷——找著了『麼匿』兩個字來擇 Unit，又古雅，又音叉雙關的。但是後來通行的卻是『單位』。嚴老先生的這類『字彙』，很多大抵無法復活轉來。現在卻有人以為『漢以後的詞，秦以前的字，西方文化所帶來的字和詞可以拼成功我們的光芒的新文學』。這光芒要是只在字和詞，那大概像古墓裡的貴婦人似的，滿身都是珠光寶氣了。人生卻不在拼湊，而在創造，幾千百萬的活人在編造。」（還有一篇雜文，題為《古書中尋活字彙》，也是發揮這一方面的意見的。）當時，他所批判的，不僅是施蟄存那一種主張，而是對著林語堂人間世派正在標榜公安竟陵派的小品，奉袁中郎為祖師的復古空氣來加以掃蕩的。

五四運動以後，許多反對新文學運動的「遺老遺少」，一向有幾種有趣的論調：一種是說「要做白話由於文言做不通。」又一種是說「要白話做好，先須文言弄通。」（魯迅也常被用作例證，說是：他的新文藝作品所以那麼傑出，就因為他的古文做得很好的緣故。）後來章太炎先生又有一種說法「你們說文言難，白話更難。理由是現在的口頭語，有許多是古語，非深通《小學》就不知道現在口頭話的某音，就是古代的某音，不知道就是古代的某字，就要寫錯。」

魯迅說：「太炎先生的話是極不錯的。現在的口頭語，並非一朝一夕，從天而降的語言，裡面當然有許多古語，既有古語，當然會有許多曾見於古書，如果做白話的人，要每字都到《說文解字》裡去找本字，那的確比做任用借字的文言要難到不知多少倍。然而自從提倡白話以來，主張者卻沒有一個以為寫白話的主旨，是在從

《小學》裡尋出本字來的，我們就用約定俗成的借字。誠然，如太炎先生說：『乍見熟人而相寒暄曰『好呀！』『呀』即『乎』字，應人之稱曰『是唉』，『唉』即『也』字。『但我們即使知道了這兩字，也不用『好乎』或『是也』，還是用『好呀』或『是唉』。因為白話是寫給現代的人們看，並非寫給商、周、秦、漢的鬼看的，起古人於地下，看了不懂，我們也毫不畏縮。所以太炎先生的第三道策，其實是文不對題的。這緣故，是因為先生把他所專長的《小學》，用的範圍太廣了。」（讓專家去研究文字源流是一件事，而提倡口頭語來普及教育，又是一件事，章先生的話，本來不切實際的。）魯迅又說：「太炎先生是革命的先覺，《小學》的大師，倘談《文獻》、講《說文》，當然娓娓可聽，但一到攻擊現在的白話，便牛頭不對馬嘴。……還有江亢虎博士，是先前以講社會主義出名的名人，他的社會主義到底怎麼樣呢？我不知道。只是今年忘其所以，讀到《小學》，說「德之古字為惪，從『直』從『心』，『直』即『直覺』之意」，卻真不知道悖到那裡去了，他竟連那上半並不是曲直的直字這一點都不明白。這種解釋，卻須聽太炎先生了。其實專門家除了他的專長之外，許多見識是往往不及博識字或常識者的。」

　　魯迅在另外一篇題為《古書與白話》的雜文中，有一段正面的話：「用老手段的自然不會長進，到現在仍是說非『讀破幾百卷書者』，即做不出好白話文，於是硬拉吳稚暉先生為例。……其實吳先生的『用講話體為文』，即『其貌』也何嘗與『黃口小兒所作若同』。不是『縱筆所之，輒數萬言』麼？其中自然有古典，為『黃口小兒』所不知，尤有新典，為『束髮小生』所不曉。清光緒末，我初到日本東京時，這位吳稚暉先生已在和公使蔡鈞大戰了，其戰史就有這麼長，則見聞之多，自然非現在的『黃口小兒』所能企及。所以他的遣辭用典，有許多地方是惟獨熟於大小故事的人物才能夠了然，從青年看來，第一是驚異於那文辭的滂沛。這或者就是

名流學者們所認為長處的罷，但是，那生命卻不在於此。甚至於竟和名流學者們所拉攏恭維的相反，而在自己並不故意顯出長處，也無法滅去名流學者們所謂長處；只將所說所寫，作為改革道中的橋樑，或者竟並不想到作為改革道中的橋梁。」

筆者曾經說過，魯迅的雜感文，都是反映當時當地的實際問題的。他的雜文之中，談論文藝問題以及牽涉文壇人物的，和筆者有關的，就有那麼多，我每翻讀他晚年那十多本雜感集，不禁感慨繫之。

那幾年間，以《自由談》、《言林》、《文學》、《太白》、《芒種》、《現代》、《人間世》這些報刊為中心，所討論的問題，如「京派與海派」、「第三種人」、「文人相輕」。魯迅都發表了他的意見。關於「文人相輕」，他首先引了筆者在《自由談》所說的話「曹丕之所謂『文人相輕』者，是『文非一休，鮮能備善，是以各以所長，相輕所短。』凡所指摘，僅限於製作的範圍。」他接著就說：「一切別的攻擊形體，籍貫，誣賴，造謠以至施蟄存先生式的『他自己也是這樣的呀』，或魏金枝先生式的『他的親戚也和我一樣了呀』之類，都不在內。倘把這些都作為曹丕所說的『文人相輕』，是混淆黑白，真理雖然大哭，倒增加了文壇的黑暗的。」他的本意，就在另外一段話中提出：「我們現在所處的並非漢魏之際，也不必恰如那時的文人，一定要『各以所長，相輕所短』。凡批評家的對於文人，或文人們的相互評論，各各『指其所短，揚其所長』固可，即『掩其所短，稱其所長』亦無不可。然而那一面一定得有『所長』，這一面一定得有明確的是非，有熱烈的好惡。假使被今年新出的『文人相輕』這一個模模糊糊的惡名所嚇昏，對於充風流的富兒，裝古雅的惡少，銷淫書的癟三，無不『彼亦一是非，此亦一是非』，一律拱手低眉，不敢說或不屑說，那麼，這是怎樣的批評家或文人呢——他先就非被『輕』不可的！」他是主張「一定得有明確的是非，有熱烈的好惡」的。這是

他的文藝批評觀。

　　他的論《文人相輕》，一直引申到「七論」才完結。他首先指出今之所謂「文人相輕」，不但是混淆黑白的口號，掩護著文壇的昏暗，也在給有一些人「掛著羊頭賣狗肉」的。「真的各以所長，相輕所短」的能有多少呢？我們在近幾年所遇見的，有的是「以其所短，輕人所短」。例如白話文中，有些是詰屈難讀的，確是一種「短」，於是有人提了小品或語錄，向這一點昂然進攻了；但不久就露出尾巴來，暴露了他連對於自己所提倡的文章，也常常點著破句，「短」得很。有的卻簡直是「以其所短，輕人所長」了。例如輕蔑雜文的人，不但他所用的也是「雜文」，而他的「雜文」，比起他所輕蔑的別的雜文來，還拙劣到不能相提並論。那些高談闊論，不過是契訶夫所指出的登了不識羞的頂巔，傲視著一切，被輕者是無福與他們比較的，更從什麼地方「相」起？他的三、四論，就在和魏金枝的論辯中，（魏氏曾在筆者主編的《芒種》半月刊，和魯迅互相論難。）發揮「分明的是非和熱烈的好惡」之意，此不具引。

　　到了他的五、六、七三論中，魯迅批評了文人相輕的卑劣手法。他說：「『輕』之術很不少。粗糙的說，大略有三種。一種是自卑，自己先躺在垃圾裡，然後來拖敵人，就是『我是畜牲，但是我叫你爹爹，你既是畜牲的爹爹，可見你也是畜牲了』的法子。這形容自然未免過火一點，然而較文雅的現象，文壇上卻並不怎麼少見的。埋伏之法，是甲乙丙人的作品，思想和技術，分明不同，甚而至於相反的，某乙卻偏要設法說明，說惟獨自己的作品乃是某甲的嫡派；補救之法，是某乙的缺點倘被某甲所指摘，他就說這些事情不是某甲所具備，而且自己也正從某甲那裡學了來的。此外，已經把別人評得一錢不值了，臨末卻又很謙虛的聲明自己並非批評家，凡有所說，也許全等於放屁之類，也屬於這一派。一種是最正式的就是自高，一面把不利自己的批評，統統謂之『漫罵』，一面

又竭力宣揚自己的好處，準備跨過別人。……還有一種是自己連名字也並不拋頭露面，只用匿名或由『朋友』給敵人以『批評』──要時髦些，就可以說是『批判』。尤其要緊的是給與一個名稱，像一般的諢名一樣。……現在卻大抵只是漫然的抓了一時之所謂惡名，摔了過去：或『封建餘孽』，或『布爾喬亞』或『破鑼』或『無政府主義者』或『利己主義者』等等，而且怕一個不夠致命，又連用些什麼『無政府主義封建餘孽』，或『布爾喬亞，破鑼利己主義者』，怕一人說沒有力，約朋友各給他一個；怕說一回還太少，一年內連給他幾個；時時改換，個個不同。」這些話，我們再參看魯迅那幾種雜文集的前言後記，就格外可以了然了。

　　魯迅在各種文字中；表示對於文藝批評的蔑視。他要青年作家無視批評家的議論。他在「文人相輕」的六：《二賣》；七：《兩傷》兩論作最尖刻的反擊。有人說他「倚老賣老」（魯迅的文章，真是鋒利無比，很少人敢和他交手的，卻也有對他作諷刺的，如《太陽社》幾位青年作家，《人間世談》閒適的夥友，以及一些所謂的民族主義文人，就從「老」字上做文章。）他反擊說「其實呢，罪是並不在『老』，而在於賣的，假使他在叉麻將，念彌陀，一字不寫，就決不會惹青年作家的口誅筆伐。如果這推測並不錯，文壇上可又要增添各樣的罪人了。」「『老作家』的『老』字，就是一宗罪案，這法律在文壇上已經好幾年了，不過或者指為落伍，或者說是把持，總沒有指出明白的壞處。這回才由上海的青年作家揭發了要點，是在『賣』他的『老』。那就不足慮了，很容易掃蕩。中國各業，多老牌子，文壇卻並不然，創作了幾年，就或者做官，或者改業，或者教書，或者捲逃，或者經商，或者造反，或者送命，不見了。『老』在那裡的原已寥寥無幾，真有些像耆英會裡的一百多歲的老太婆，居然會活到現在，連『民之父母』也覺得希奇古怪。」他所說的都是反語，我們體會其微意，也就可以知道中國文壇之寂寞了。

他的《兩傷》篇，對於若干文人的旁觀看熱鬧的袖手態度加以冷酷的抨擊。那是由於天津大公報小公園的炯之的《談談上海的刊物》的報導文字而起。炯之文中是這麼說的：

「說到這種爭鬥，使我們記起《太白》、《文學》、《論語》、《人間世》幾年來的爭鬥成績。這成績就是凡罵人的與被罵的人一古腦兒變成丑角，等於木偶戲的互相揪打或以頭互碰，除了讀者養成一種「看熱鬧」的情趣以外，別無所有。把讀者養成歡喜看『戲』而不歡喜看『書』的習氣，「文壇消息」的多少，成為刊物銷路多少的主要原因。爭鬥的延長，無結果的延長，實在要說是中國讀者的大不幸。我們是不是還有什麼方法可以使這種『私罵』占篇幅少一些？一個時代的代表作，結起帳來，若只是這些精巧的對罵，這文壇，未免太可憐了。」

魯迅是主張有明白的是非的，所以對炯之所持的鄉愿式調停兩可的說法，不予贊同。（這種鬥爭，炯之曾作一界說，即是「向異己者用一種瑣碎方法，加以無憐憫，不節制的辱罵。」此語也刺痛了魯迅的心。）他諷刺著：「前清有成例，知縣老爺出巡，路遇兩人相打，不問青紅皂白，誰是誰非，各打屁股五百完事。不相輕的文人們縱有『肅靜』、『回避』牌，卻無小板子，打是自然不至於的，他還是用『筆伐』，說兩面都不是好東西。……於是乎這位炯之先生便以憐憫之心，節制之筆，定兩造為丑角，覺文壇之可憐了，雖然『我們記起《太白》、《文學》、《論語》、《人世間》，幾年來』，似乎不但並不以『文壇消息的多少，成為刊物銷路多少的主要原因』，而且簡直不登什麼『文壇消息』。不過『罵』是有的，只『看熱鬧』的讀者，大約也一定有的。試看路上兩人相打，他們何嘗沒有是非曲直之分，但旁觀者往往只覺得有

趣；就是綁出法場去，也是不問罪狀，單看熱鬧的居多。由這情形，推而廣之，以至於文壇，真令人有不如逆來順受，唾面自乾之感。到這裡來一個『然而』罷，轉過來是旁觀者或讀者，其實又並不全如炯之先生所擬定的混沌，有些是有各人自己的判斷的。所以昔者古典主義和羅曼主義者相罵，甚而至於相打，他們並不都成為丑角，左拉遭了劇烈的文字和圖畫的嘲罵，終於不成為丑角；連生前身敗名裂的王爾德，現在也不算是丑角。」他的結論是這樣：「至於文人，則不但要以熱烈的憎，向『異己』者進攻，還得以熱烈的憎，向『死的說教者』抗戰。在現在這『可憐』的時代，能殺才能生，能憎才能愛，能生與愛才能文。」

筆者在這兒整理魯迅的史料，可說十分小心，不敢帶點主觀的成分，只怕歪曲了魯迅的本來觀點。我們也曾討論過魯迅的政治主張，他只能說是自由主義者，正義感很強烈，不一定是社全主義的前驅哉士。假是大革命來了，他也只是同路人，不一定參加什麼政團的。因此，筆者重新把先前所筆錄的《文藝與政治的歧途》，重新翻讀一遍，加以引證與注解。

照魯迅那回在暨南大學的演講來看，他是說他每每覺得文藝和政治時時在衝突之中；文藝和革命不是相反的，兩者之間，倒有不安放現狀的同一。惟政治是維持現狀，自然和不安放現狀的文藝處在不同的方向。不過，不滿意現狀的文藝，直到 19 世紀以後才興起來，只有一段短短歷史。政治家最不喜歡人家反抗他的意見，最不喜歡人家要想，要開口。而從前的社會也的確沒有人想過什麼，又沒有什麼人開過口，在部落裡，他們有一個酋長，他們跟著酋長走，酋長的吩咐，就是他們的標準。酋長要他們死，也只好去死。那時沒有什麼文藝，即使有，也不過讚美上帝（還沒有後人所謂 GOD 那麼玄妙）罷了！那裡會有自由思想？後來，一個部落一個部落你吃我吞，漸漸擴大起來，所謂大國，就是吞吃那多多少少的小部落；一到了大國，內部情形就複雜得多，夾著許多不同的思

想，許多不同的問題。這時，文藝也起來了，和政治不斷地衝突，政治想維繫現狀使它統一，文藝催促社會進化使它漸漸分離；文藝雖使社會分裂，但是社會這樣才進步起來。文藝既是政治家的眼中釘，那就不免被擠出去。外國許多文學家，在本國站不住腳，相率亡命到別個國度去；這個方法，就是逃。要是逃不掉，那就被殺掉，割掉他的頭；割掉頭那是最好的方法，既不會開口，又不會想了。俄國許多文學家，受到這個結果，還有許多充軍到冰雪的西伯利亞去。他的說法，從人類思想史的往跡來看，可說是十分正確的。（英國柏雷教授 J.P.Bury 的《思想自由史》也是這麼說的。）筆者的筆錄，有沒有誤解他的本意加以歪曲呢？這篇文章，曾經經過魯迅自己的校閱，編入《集外集》去的，可見他生前並沒有否定他自己的觀點的。

　　而最有力的旁證，是魯迅回答冬芬的信，冬芬是看看我的筆錄才寫信給他的。魯迅的回信中，對於冬芬所提到的《文藝與革命的歧途》，並不加以任何解釋。他只說：「我是不相信文藝的旋乾轉坤的力量的，但倘有人要在別的方面應用他，我以為也可以，譬如『宣傳』就是。美國的辛克萊說：『一切文藝是宣傳。』我們的革命的文學者曾經當作寶貝，用大字印出過；而嚴肅的批評家又說他是『淺薄的社會主義者』。但我——也淺薄——相信辛克萊的話。一切文藝是宣傳，只要你一給人看。即使個人主義的作品，一寫出，就有宣傳的可能，除非你不作文，不開口。那麼，用於革命，作為工具的一種，自然也可以的。但我以為當先求內容的充實和技巧的上達，不必忙於掛招牌。『稻香村』、『陸稿薦』已經不能打動人心了，『皇太后鞋店』的顧客，我看也並不比『皇后鞋店裡』的多。一說『技巧』革命文學家又要討厭的。但我以為一切文藝固是宣傳，而一切宣傳卻並非全是文藝，這正如一切花皆有色（我將白也算作色），而凡顏色未必都是花一樣。革命之所以於口號、標語、佈告、電報、教科書……之外，要用文藝者，就因為它是文

藝。」這話就說得很明白了，政治宣傳可以用文藝為工具，但文藝並非一定要成為政治的工具，而宣傳文字，又不一定是文藝。所以我們說魯迅是自由主義者，一點也不帶附會的成分的。

他在那回講演中還有一段深刻的話：「文藝家的話，其實還是社會的話，他不過感覺靈敏，早感到早說出來。（有時，他說得太早，連社會也反對他，也排軋他）。……政治家認定文學家是社會擾亂的煽動者，心想殺掉他，社會就可平安。殊不知殺了文學家，社會還是要革命；……文學家生前大概不能得到社會的同情，潦倒地過了一生，直到死後四五十年、才為社會所認識，大家大鬧起來。政治家因此更厭惡文學家，以為文學家早就種下大禍根。」「革命成功以後……，這時，也許有感覺靈敏的文學家，又感到現狀的不滿意，又要出來開口。從前文藝家的話，政治革命家原是贊同過；直到革命成功，政治家把從前所反對那些人用過的老法子，重新採用起來，在文藝家仍不免於不滿意，又非被排軋出去不可。」這話說得太明白了，要歪曲也不可能的呢！

魯迅的文章，有時候要因時因地因人，從各種不同的角度去看。他對於「革命」並不覺得怎樣樂觀的（這道理，上文已經說過），對於革命文學，也不覺得有多大的意義的。（事後，要替他附會起來，好似他早就是革命文字的前驅，也可不必。他對於文學的作用，也並不十分看重的。）他從北京南下，在廈門住了半年，又在革命策源地的廣州住了九個月，對於所謂「革命」與「革命文學」，更看得透了。

因此，魯迅替「革命」與「革命文學」畫出了這麼兩幅圖畫：他說：「歡喜維持文藝的人們，每在革命地方，便愛說『文藝是革命的先驅』。我覺得這很可疑。或許外國是如此的罷；中國自有其特別國情，應該在例外。現在妄加編排，以質同志──（一）革命軍。先要有軍，才能革命，凡已經革命的地方，都是軍隊先到的：這是先驅。大軍官們或許到得遲一點，但自然也是先驅，無須多

說。（這之前，有時恐怕也有青年潛入宣傳，工人起來暗助，但這些人們大抵已經死掉，或則無從查考了，置之不論。）（二）人民代表。軍官們一到，便有人民代表群眾集車站歡迎，手執國旗，嘴喊口號：『革命空氣，非常濃厚』這是第二先驅。（三）文學家。於是什麼革命文學，民眾文學，同情文學，飛騰文學都出來了，偉大光明的名稱的期刊也出來了，來指導青年的：這是──可惜得很，但也不要緊──第三先驅。外國是革命軍興以前，就有被迫出國的盧梭，流放極邊的珂羅連珂。」這當然是諷刺文學，然而使我體會到他所見的國民革命，正是辛亥革命的翻版，「走狗教不會新把戲」的。

　　而「革命文學」這一概念的模糊。他看了覺得十分可笑。他會舉了如次的事實：「最近，廣州的日報上還有一篇文章指示我們，叫我們應該以四位革命文學家為師：義大利的唐南遮，德國的霍普德曼，西班牙的伊本納茲，中國的吳稚暉。兩位帝國主義者，一位本國政府的叛逆，一位國民黨救護的發起者，都應該做為革命文學的師法，於是革命文學便莫名其妙了，因為這實在是至難之業。於是不得已，世間往往誤以兩種文學為革命文學：一是在一方的指揮刀的掩護之下，斥罵他的敵手的；一是紙面上寫著許多『打打』、『殺殺』或『血血』的。如果這是『革命文學』，則做『革命文學家』，實在是最痛快而安全的事。從指揮刀下罵出去，從裁判席上罵下去，從官營的報紙上罵開去，真是偉哉一世之雄，妙在被罵者不敢開口。而又有人說，這不敢開口，又何其怯也？對於無『殺身成仁』之勇，是第二條罪狀，斯愈足以最革命文學家之英雄。所可惜者只在這文學並非對於強暴者的革命，而對於失敗者的革命。……我以為根本問題是在作者可是一個『革命人』，倘是的，則無論寫的是什麼事件，用的是什麼材料，即都是『革命文學』，從噴泉出來的即是水，從血管裡出來的都是血。『賦得革命，五言八韻』，是只能騙騙盲試官的。」他的文章，經過許多歲月，還

是值得重看一回的。

　　魯迅對於當時的「革命文學」不作過多的期待，直到他回到上海以後，還是如此。他曾在答冬芬的信中說：「現在所號稱革命文學家者，是鬥爭和所謂超時代。超時代其案就是逃避，倘自己沒有正視現實的勇氣，又要掛革命的招牌，便自覺地或不自覺地必然要走入那一條路的。身在現世，怎麼離去？這是和說自己用手提著耳朵，就可以離開地球者一樣地欺人。社會停滯著，文藝決不能獨自飛躍。」他是要投入現實社會去的。

　　時下若干現代文學史中，把一九三三年在上海所開展文藝自由論爭，作為魯迅所領導的方向之一。那次論爭是由胡秋原開始的；他發表了藝術非「至下」論，認為「藝術雖然不是至上，然而決不是至下的奈西。將藝術墜落到一種政治的留聲機，那是藝術的叛徒。」「文化與藝術之發展，全靠各種意見互相競爭，才有萬華繚亂之趣；中國與歐洲文化，發達於自由表現的先秦與希臘時代，而僵化手中心意識形成之時。用一種中心意識獨裁文壇，結果只有奴才奉命執筆而已。」

　　接著發表了錢杏邨（阿英）理論之清算，喊著要求文字的自由，其中引用了普列漢諾夫的理論。另外，當時一位青年作家杜衡（蘇汶）他發表《關於『文學與胡秋原的文藝論辯』》攻擊「左聯」是目前主義，只有策略，不要真理，說：「在知識階級的自由人和不自由的、有黨派的階級鬥爭著的文壇的時候，最吃苦的卻是這兩種之外的第三種人，這第三種人便是所謂作者之群。作者，老實說，是多少帶點我前面所說起的死抱住文學不肯放手的氣味的，終於，文學不再是文學了，變為連環圖書之類，而作者也不再是作者了，變為煽動家之類。死抱住文學不放手的作者們是終於只能放手了。然而你說他們捨得放手嗎？他們還在戀戀不捨地要藝術的價值。」

　　當時，蘇汶曾輯有《文藝自由論集》，其中有瞿秋白（易嘉）

的《文藝的自由與文學家的不自由》，周起應的《到底是誰不要真理、不要文藝？》都是替左聯在辯護。魯迅也發表了《論第三種人》說：「左翼作家並不是從天上掉下來的神兵，或國外殺進的仇敵，他不但要那同走幾步的『同路人』還要招致到站在路旁看看的看客也一同前進。」他的用意，還是和後來主張組織文藝界的統一戰線是相同的也和他當年參加新青年的新文藝運動是一樣的。

筆者回想當年魯迅的議論以及他在論文中，對於革命文學的批判，他也不一定主張「文學」成為「政治工具」，要「文學家」去奉仕「政治」集團的。但文學家並不能遺世獨立，我們生在這個時代環境，對黑暗的政治統治，不能不鬥爭，對外來的日本軍閥的侵略，不能不反抗，文學不能不用為「鬥爭」與「反抗」的工具。魯迅心目中，自己也只是革命的同路人，只是愈來愈和中共相接近就是了。因為從魯迅答覆徐懋庸的信來看，他對於左聯的宗派主義也不一定十分贊同，幾乎可以說是不贊同的。

他的一生，無論對辛亥革命、五四運動以及後來的解放運動，都只是革命的同路人。所以，他參加了「左聯」，並不加入共產黨。胡秋原最近發表了關於這一論爭的回憶文字，他當時從莫斯科參加共產國際的文化聯合戰線回來，他和杜衡所謂「第三種人」，假使不標新立異的話，也還是革命戰線的同路人。這些地方，筆者希望讀者不要從文章票面，接受它的價值。

魯迅關於文藝自由論爭，發表過兩篇短論，他說：他（蘇汶）的「這種預感是會有的，而以『第三種人』自命的作家，也愈加容易有。我也相信作者所說，現在很有懂得理論而感情難變的作家。然而感情不變，則懂得理論的度數，就不免和感情已變或略變者有些不同，而看法也就因此兩樣。蘇汶先生的看法，由我看來，是並不正確的。……生在有階級的社會裡而要作超階級的作家，生在戰鬥的時代而要離開戰鬥而獨立，生在現在而要做給與將來的作品，這樣的人，實在也是一個心造的幻影，在現實世界上是沒有的。要

做這樣的人，恰如用自己的手拔著頭髮，要離開地球一樣，他離不開，焦躁著，然而非因為有人搖了搖頭，使他不敢拔了的緣故。……這確實是一種苦境。但這種苦境，是因為幻影不能成為實有而來的。即使沒有左翼文壇作梗，也不會有這『第三種人』，何況作品。但蘇汶先生卻又心造了一個橫暴的左翼文壇的幻影，將『第三種人』的幻影不能出現，以致將來的文藝不能發生的罪擎，都推給它了。……總括起來，蘇汶先生是主張『第三種人』，與其欺騙，與其做冒牌貨，倒不如努力去創作，這是極不錯的。」

　　他的意見是很明白的，時代環境如此，我們是離不開的，唯一的辦法，便是努力去創作。

二十六　人生觀

　　筆者時常這麼反省，要進一步來探討魯迅的靈魂深處，他的人生觀；我們還是從他的文章來接受他的票面呢？還是撇開票面來找尋他的本質呢？我總以「小人之心」來度「君子之腹」文人的作品，乃是他們的「曼依帕」，一種精神逃避的小天地。魯迅的文章是尖刻的，這也是他的精神補償作用。他的為人卻可以說相當精明，卻也並不怎樣刻薄。我相信他的「阿Ｑ精神」有時和那位真的「阿Ｑ」差不多的（魯迅有阿Ｑ精神，也並不會減低他在中國文壇的偉大地位）。要說魯迅怎麼偉大，我也說不出來，以我所了解的魯迅，他也實在平凡得很。那位最偉大的聖人他只是「發憤忘食，樂以忘憂，不知老之將至」而已。有一回，我要和女兒談魯迅，我也無從把他神化起來；我總覺得把他誇張得太厲害，反而是對他的一種侮辱呢！

　　那位替魯迅考證事蹟的林辰，他曾這麼說過：「研究一個偉大人物，有些人往往只從他的學問、道德、事業等大處上著眼，而輕輕放過了他的較為隱晦，較為細微的許多地方，這顯然不是正確的方法。因為在研究上，一篇峨冠博帶的文章，有時會不及幾行書信、半頁日記的重要；慷慨悲歌，也許反不如燈前絮語，更足以顯示一個人的真面目、真精神。因此，我們在知道了魯迅先生在思

想、文藝、民族解放事業上的種種大功業之外，還須研究其他素不為人注意的一些事蹟。必須這樣，然後才能從人的魯迅的身上去作具體深入的了解。」所謂「觀人於微」，這是很重要的。

有一回，筆者出席一處文藝座談會。（筆者從來不說魯迅是我的朋友，而且總是說我和魯迅並不相識的。不過年輕朋友要我談魯迅，我也無法拒絕的。）他們要我談魯迅。我說：「魯迅自己說過：『書上的人大概比實物好一點。』許多對魯迅的幻想太大的，一見了他，也許會失望的。英國的政治家格累維爾，他寫他在霍蘭公館見到馬可犂（Macaulay）那一晚的情形是很尷尬的。他想不到和他同座的容貌平常的黑衣人，竟是使他驚訝而且崇拜著的馬可犂，我簡直無法來說魯迅究竟有什麼偉大。不過，我對他們說，我這幾年，看見了許多所謂『大人物』，得了一個總結論，他們都是不笑的。（所謂大人物者，別人大笑，他們微笑；別人微笑，他們大笑。）而魯迅呢？和我們談天，一樣的發笑，他會哈哈大笑的，這便是他和其他所謂『大人物』不同之感。『大人者，不失其赤子之心』，大概說魯迅很世故，或是說魯迅很天真，都是很好的。」

許景宋追記魯迅的文字，本來可以寫得很好，假使她不一定把魯迅打扮得太偉大。她有一節記魯迅的日常生活的話，說：「偶然也會例外，那是因為我不加檢查地不知什麼時候說了話，使他聽到不以為然了。不高興時，會在半夜裡喝許多酒，在我看不到的時候，更會像野獸的奶汁所餵養大的萊謨斯一樣，跑到空地上躺下。有一次，夜飯之後，睡到黑黑的晾臺上，給三四歲的海嬰尋到了，他也一聲不響地並排睡下，我不禁轉悲為笑；而魯迅這時便爬起身來了。他決不是故意和我過不去，他時常說：『我們的感情算好的。』我明白他的天真，他對一切人可以不在意，但對愛人，或者會更苛求。就這樣，沉默對沉默，至多不過一天半天，慢慢雨散雲消，陽光出來了。他會解釋似地說：『我這個人脾氣真不好。』『因為你是先生，我多少讓你些，如果是年齡相仿的對手，我不會

這樣的。」這是我的答話。但他馬上說：『這，我知道』。」閨房之中，有甚於畫眉者，這才顯出人的真面目來。

我們知道魯迅愛好嚴復翻譯的《天演論》，那是介紹達爾文物競天擇的進化論的。依生物學家的慧眼看去，「自然」就是那麼冷酷，任憑弱肉強食，適者生存，宇宙便是一個大修羅場。進化論帶來的機械人生論，恰巧和魯迅早年所碰到的生活環境相配合，他所看的是病人的臉、醫生的臉、當鋪朝奉的臉、藥店掌櫃的臉，以及囚犯的臉，他覺得人與人之間就是這麼冷酷的、殘忍的。他曾經說過：「社會太寂寞了，有這樣的人，才覺得有趣些。人類是喜次看戲的，文學家自己來做戲給人家看，或者綁出去砍頭，或是在最近牆腳下槍斃，都可以熱鬧一下子。且如上海巡捕用棒打人，大家圍著去看，他們自己雖然不願意挨打，但看見人家挨打，倒覺得頗有趣的。」

他在阿Q大團圓上法場那一段，寫道：「他省悟了，這是繞到法場去的路，這一定是『嚓』的去殺頭。他惘惘的向左右看，全跟著螞蟻似的人，……這剎那中，他的思想又彷彿旋風似的在腦子裡一迴旋了。四年之前，他曾在山腳下遇見一隻餓狼，永是不近不遠的跟著他，要吃他的肉。他那時嚇得幾乎要死，幸而手裡有一柄斫柴刀，才得仗這壯了膽，支持到未莊；可是永遠記得那狼眼睛，又凶又怯，閃閃的像兩顆鬼火，似乎遠遠的來穿透了他的皮肉。而這回，他又看見從來沒有見過的更可怕的眼睛了，又鈍又鋒利，不但已經咀嚼了他的話，並且還要咀嚼他皮肉以外的東西，永是不遠不近的跟他走。這些眼睛，似乎連成一氣，已經在那裡咬他的靈魂。」社會是這麼的社會，人生也就是這麼樣的人生。這就是他所接受於尼采哲學的啟示！

他所刻劃的灰色的人生圖畫，最深刻的莫如他在《傷逝》用所寫的。《傷逝》的主人公涓生，是一個神經質的狷介冷僻的青年，而他的對手子君也似乎是一個憂鬱性子。她的溫婉，她的女性的忍

耐、勇敢和堅決，使你覺得她更可愛。她的沉默多愁善感的性格，使她沒有女友，當涓生到局辦事去後，她該是如何的寂寞啊，所以她愛動物，小油雞、叭兒狗便成了她白天寂寞時的良伴。然而這種委婉的悲哀的女性心理，似乎涓生並不能了解。所以當經濟的壓迫終於到來時，這一對人兒的心理狀態起了變化，走到了分離的結局了。「子君有怨色，在早晨，極冷的早晨，這是從未見過的，但也許是從我（小說主人公涓生自稱）看來的怨色。我那時冷冷地氣憤和暗笑了；她所磨煉的思想和豁達無畏的言論，到底也還是一個空虛，而對於這空虛卻並未自覺。她早已什麼書也不看，已不知道人的生活的第一著的求生，向著這求生的道路，是必須攜手同行，或奮身孤往的了，倘使只知道扯著一個人的衣角，那便是雖戰士也難於戰鬥，只得一同滅亡。我覺得新的希望就只在我們的分離；她應該決然捨去——我也突然想到她的死，然而立刻自責、懺悔了。幸而是早晨，時間正多，我可以說我的真實。我們的新的道路的開闢，便在這一遭。」涓生覺得「分離」是二人唯一的辦法，所以他在通俗圖書館取暖時的瞑想中，「往往瞥見一閃的光明，新的生路橫在前面。她勇猛地覺悟了，毅然走出這冰冷的家，而且——毫無怨恨的神色。我便輕如行雲，飄浮空際，上有蔚藍的天，下是深山大海，廣廈高樓、戰場摩托車，洋場，公館，清明的鬧市，黑暗的夜。……覺得要來的事，終於來到了。」子君並沒通知涓生，回到家庭，並且死了，怎麼死的，不明白。涓生「要向著新的生活跨進第一步去，我要將真實深深地藏在心的創傷中，默默地前行，用遺忘和說謊做我的前導。」「她雖是想在嚴威和冷眼中負著虛空的重擔來走所謂人生的路，也已經不能。她的命運，已經決定她在我所給與真實——無愛的人間死滅了。」筆者個人，最怕讀這篇小說，因為他寫得太真實了。

　　五四運動前後，對於「人生究竟」的問題是有所探求的。新文化運動對一切都在重新估定價值，人生問題也就是最有興趣的一

個。那時，魯迅雖不作學究式的解答，他從進化論的觀點，從尼采、叔本華虛無主義的觀點有所啟發的。他曾謙虛說：「我輩評論事情，總須先評論了自己，不要冒充，才能像一篇說話，對得起自己和別人。我自己知道，不特並非創作者，並且也不是真理的發見者。凡有所說所寫，只是就平日見聞的事理裡面，取了一點心以為然的道理；至於終極究竟的事，卻不能知。便是對於數年以後的學說的進步和變遷，也說不出會到如何地步，單相信比現在總該還有進步還有變遷罷了。」

他說他心以為然的道理，極其簡單。便是依據生物界的現象：一、要保存生命，二、要延續這生命，三、要發展這生命（就是進化）。生物都這樣做，父親也就是這樣做。生命的價值和生命價值的高下，現在可以不論。單照常識判斷，便知道既是生物，第一要緊的，自然是生命。因為生物之所以為生物，全在有這生命，否則失了生物的意義。生物為保存生命起見，具有種種本能，最顯著的是食欲。因為食欲，才攝取食品，因有食品才發生溫熱，保存了生命。但生物的個體，總免不了老衰和死亡，為繼續生命起見，又有一種本能，便是性欲。因有性欲才有性交，因有性交才發生苗裔，繼續了生命。所以食欲是保存自己，保存現在生命的事；生命是保存後裔，保存永久生命的事。飲食並非罪惡，並非不淨；性交也就並非罪惡，並非不淨。飲食的結果，養活了自己，性交的結果，生出子女，前前後後，都向生命的長途走去，僅有先後的不同，分不出誰受誰的恩典。他的這種說法，顯然是赫胥黎的說法也正是尼采的說法，可說是最通達的，在當時也可說是最大膽的。

可惜的是中國的舊見解，竟與這道理完全相反。夫婦本是「人倫之中」，但卻說是「人倫之始」，性交是常事，卻以為不淨；生育也是常事，卻以為天大的大功。人人對於婚姻，大抵先夾帶著不淨的思想。親戚朋友有許多戲試，自己也有許多羞澀，直到生了孩子，還是躲躲閃閃，怕於聲明；獨有對於孩子，卻威嚴十足。這

種行徑，簡直可以說是和偷了錢發跡的財主，不相上下了。他並不是說，人類的性交，也應如別種動物，隨便舉行；或如無恥流氓，專做些下流勾當，自鳴得意。是說，此後覺醒的人，應該先洗淨了東方固有的不淨思想，再純潔明白一些，了解夫婦是伴侶，是共同生活者，又是新生命創造者的意義。所生的子女，固然是受領著新生命的人，但他也不永久占領，將來還要交付子女，像他們的父母一般。只是前前後後，都做過一個過付的經手人罷了。

生命何以必需要繼續呢？就是因為要發展、要進化。個體既然免不了死亡，進化又毫無止境，所以只能延續著，在這進化的路上走。走這路須有一種內的努力，有如單細胞動物有內的努力，積久才會繁複，無脊椎動物有內的努力，積久才會發生脊椎。所以後起的生命，總比以前更有意義，更近完全，因此也更看價值，更可寶貴，前者的生命，應該犧牲於它。這也正是叔本華所說的「權力意志」的意思。但可惜的是中國的舊見解，又恰恰與這道理完全相反。本位應在幼者，卻反在長者。置重應在將來，卻反在過去。前者做了更前者的犧牲，自己無力生存，卻苛責後者又來專做他的犧牲，毀滅了一切發展本身的能力。他也不是說，孫子理應終日痛打他的祖父，女兒必須時時咒罵他的親娘。他是說此後覺醒的人，應該先洗淨了東方古代的謬說思想，對於子女，義務思想須加多，而權利思想卻大可切實核減，以準備改作幼者本位的道德。況且幼者受了權利，也並非永久佔有，將來還要對於他們的幼者，仍盡義務。只是前前後後，都做一切過付的經手人罷了。

五四運動時期，新文化所牽涉的範圍是很廣的；我們今日所說的「反封建」，在當時，就是說到家庭革命，婦女獨立自尊，爭取參政權、經濟權，父子倫常關係再調整等等。就是為了胡適說了「父於子無恩」，引起了一場大辯論；而施存統的「非孝」，所激起的風波更多。其實，魯迅當時所提出的意見，更深刻、更激進，卻不曾引起一般人的注意。

魯迅說：實際上，中國舊理想的家族關係之類，其實早已崩潰。（這一層，他懂得最透徹，所以不訴之於口號的叫喊，他只是寫了許多篇小說，來剖解這個沒落的封建社會的形相，使我們親自理會得。）這也非「於今為烈」正是「在昔已然」。歷來都竭力表彰「五世同堂」，便足見實際上同居為難；拼命的勸孝，也足見事實上孝子的缺少。而其原因，便全在一意提倡虛偽道德，蔑視了真的人情。我們試一翻大族的家譜，便知道始遷祖宗，大抵是單身遷居，成家立業；一到聚族而居，家譜出版，卻已在零落的中途了。況在將來，迷信破了，便沒有哭竹、臥冰；醫學發達了，也不必嘗穢、割股。又因為經濟關係，結婚不得不遲，生育因此也遲，或者子女才能自存，父母已經衰老，不及依賴他們供養，事實上也就是父母反盡了義務。世界潮流逼著，這樣做的可以生存，不然的便都衰落，無非覺醒者多，加些人力，使危機可望較少就是了。

但既如上言，中國家庭，實際久已崩潰，並不如聖人之徒紙上的空談，則何以至今依然如故，一無進步呢？這事很容易解答。第一、崩潰者自崩潰，糾纏者自糾纏，設立者又自設立；毫無戒心，也不想到改革，所以如故。第二、以前的家庭中間，本來常有勃谿，到了新名詞流行之後，便都改稱「革命」，然而其實也仍是討嫖錢至於相罵，要賭本至於相打之類，與覺醒者的改革，截然兩途。這一類自稱革命的勃谿子弟，純屬舊氏，待到自己有了子女，也決不改善；或者毫不管理，或者反要尋出《孝經》，勒令誦讀，想他們學於古訓，都做犧牲。這只能全歸舊道德、舊習慣、舊方法負責，生物學的真理決不能妄任其咎。在新時代狂潮中，他的話似乎平淡得很；到今天看來，他才是真正有遠見，看到了所謂激進分子的開倒車。

至於他所指出生物學的真理是這樣：自然界的安排，雖不免也有缺點，但結合長幼的方法，卻並無錯語。他並不用「恩」，卻給與生物以一種天性，我們稱他為「愛」。動物界中，除了生子數目

太多——愛不周到的如魚類之外，總是摯愛他的幼子；不但絕無利益心情，甚或至於犧牲了自己，讓他的將來的生命，去上那發展的長途。人類也不外此，歐美家庭，大抵以幼者弱者為本位，便是最合於這生物學的真理的辦法。便在中國，只要心思純白，未曾經過「聖人之徒」作踐的人，也都自然而然的能發現這一種天性。例如一個村婦哺乳嬰兒的時候，決不想到自己正在施恩；一個農夫娶妻的時候，也決不以為將要放債。只是有了子女，即天然相愛，願他生存；更進一步的，便還要願他比自己更好，就是進化。這離絕了交換關係利害關係的愛，便是人倫的索子，便是所謂「網」。倘如舊說，抹煞了「愛」，一味說「恩」，又因此指望報償，那便不但敗壞了父子間的道德，而且也大反於做父母的實際的真情，播下乖剌的種子。有人做了樂府，說是「勸孝」，大意是什麼「兒子上學堂，母親在家磨杏仁，預備回來給他喝，你還不孝麼？」之類，自以為拚命衛道，殊不知富翁的杏酪和窮人的豆漿，在愛情上價值同等，而其價值，卻正在父母當時並無求報的心思；否則變成買賣行為，雖然喝了杏酪，也不異於人乳餵豬，無非要豬肉肥美，在人倫道德上，絲毫沒有價值了。所以他說他心以為然的便只是「愛」。這是他的生命觀與人生觀的基點。

從生物學觀點來看人生，「新陳代謝」這一軌轍，那是大自然安排得順順當當的，魯迅早期在《新青年》寫《隨感錄》，把這一方面的道理，說得非常透徹。他說：凡是高等動物，倘沒有遇著意外的變故，總是從幼到壯，從壯到老，從老到死。我們從幼到壯，既然毫不為奇的過去了；自此以後，自然也毫不為奇的過去。可惜有一種人，從幼到壯，居然也毫不為奇的過去了；從壯到老便有點古怪，以老到死，卻更奇想天開，要斷盡了少年的道路，吸盡了少年的氣。少年在這時候，只能先行萎黃，且待將來老了，神經血管一切變質以後再來活動。所以社會上的狀態，先是「少年老成」，直待彎腰曲背時期，才更加逸興遄飛，似乎從此以後，才上了做人

的路。可是究竟也不能自忘其老，所以想求神仙。大約別的都可老，只有自己不肯老的人物：總該推中國老先生說算一等一的了。萬一，當真成了神仙，那便永遠請他主持，不必再有後進，原也是極好的事。可惜他又究竟不成，終於個個死去，只留下造成的老天地，教少年駝著吃苦。這真是生物界的怪現象。

他又說：「我想種族的延長，——便是生命的連續——的確是生物界事業裡的一大部分。何以要延長呢？不消說是想進化了。但進化的途中，總須新陳代謝。所以新的應該歡天喜地的向前走去，這便是壯，舊的也應該歡天喜地的向前走去，這便是死；各各如此走去，便是進化的路。老的讓開道，催促著，獎勵著，讓他們走去。路上有深淵，便用那個死填平了，讓他們走去。少的感謝他們填了深淵，給自己走去；老的也感謝他們從我填平的深淵上走去——遠了，遠了。明白這事，便從幼到壯到老到死，都歡歡喜喜地過去；而且一步一步，多是超了祖先的新人。這是生物界正當開闊的路！人類的祖先，都已這樣做了。」

這是，他的人生觀。也就是筆者在這本書的開端，所引魯迅所說的：「自己背著因襲的重擔，肩住了黑暗的閘門，放他們到寬闊光明的地方去」那幾句話的注解。

魯迅在另外一節，引了日本有島武郎的《與幼者》的話：「時間不住的移過去。你們的父親的我，到那時候，怎樣映在你們眼裡，那是不能想像的了。大約像我在現在，嗤笑可憐那過去的時代一般，你們也要嗤笑可憐我的古老的心思，也未可知的。我為你們計，但願這樣子。你們若不是毫不客氣的拿我做一個踏腳，超越了我，向著高的遠的地方進去，那便是錯的。人間很寂寞。我單能這樣說了就算麼？你們和我，像嘗過血的獸一樣，嘗過愛了。去罷，為要將我的周圍以寂寞中救出，竭力做事罷。我愛過你們，而且永遠愛著。這並不是說，要從你們受父親的報酬，我對於『教我學會了愛你們的你們』的要求，只是受取我的感謝罷了……像吃足了親

的死屍，貯著力量的小獅子一樣，剛強、勇猛，捨了我，踏到人生上去就是了。我的一生就令怎樣失敗，怎樣勝不了誘惑；但無論如何，使你們從我的足跡上尋不出不純的東西的事，是要做的，是一定要做的。你們該從我的倒斃的所在，跨出新的腳步去，往那裡走，怎麼走的事，你們也可以從我的足跡上探索出來。幼者啊！將又不幸又幸福的你們的父母的祝福，浸在胸中，上人生的旅路罷。前途很遠，也很暗，然而不要怕。不怕的人的面前才有路。走罷！勇猛著！幼者啊！」他的見解，正和魯迅的話相契合的呢。

魯迅的散文詩《野草》，富有暗示意味，那是大家所知道的。許多人愛引用那首《這樣的戰士》；我的一位朋友，特別愛好《好的故事》。假使要了解他的人生態度，我以為還得讀他的《復仇》。《復仇》有其一、其二兩節，他在其二中說：

「因為他自以為神之子，以色列的王，所以去釘十字架。兵士們給他穿上紫袍，戴上荊冠，慶賀他；又拿一根葦子打他的頭，吐他，屈膝拜他；戲弄完了，就給他脫了紫袍，仍穿他自己的衣服。

看哪，他們打他的頭，吐他、拜他……

他不肯喝那用沒藥調和的酒，要分明地玩味以色列人怎樣對付他們的神之子，而且較永久地悲憫他們的前途，然而仇恨他們的現在。

四面都是敵意，可悲憫的，可咒詛的。

丁丁地響，釘尖從掌心穿透，他們要釘殺他們的神之子了，可憫的人們呵，使他痛得柔和。丁丁地響，釘尖從腳背穿透，釘碎了一塊骨，痛楚也透到心髓中，然而他們自己釘殺著他們的神之子了；可咒詛的人們呵，這使他痛得舒服。

十字架豎起來了，他懸在虛空中。

他沒有喝那沒用藥調和的酒，要分明地玩味以色列人怎樣

對付他們的神之子，而且較永久地悲憫他們的前途，然而仇恨他們的現在。

路人都辱罵他，祭司長和文士也戲弄他，和他同釘的兩個強盜也譏誚他。

看哪，和他同釘的……

四面都是敵意，可悲憫的，可咒詛的。

他在手足的痛楚中，玩味著可憫的人們的釘殺神之子的悲哀和可咒詛的人們要釘殺神之子，而神之子就要被釘殺了歡喜。突然間，碎骨的大痛楚透了心髓了，他即沉酣於大歡喜和大悲憫中。

他腹部波動了，悲憫和咒詛的痛楚的波。

遍地都黑暗了。

『以羅伊，以羅伊，拉馬撒巴冬大尼？』（意為：『我的上帝，你光什麼離棄我？！』）

上帝離棄了他，他終於還是一個『人之子』；然而以色列人，連『人之子』都釘殺了。

釘殺了『人之子』的人們的身上，比釘殺了『神之子』的尤其血污、血腥。」

這是救世主的殉道故事，也就是魯迅所理會得的社會與人生。因此，魯迅在另外一首題名為《希望》的散文詩中說：

「我只得由我來肉搏這空虛中的暗夜了。我放下了希望之值，我聽到 Petofi Sandor 的希望之歌：

『希望是什麼？是娼妓；

她對誰都蠱惑，將一切都獻給；

待你犧牲了極多的寶貝——

你的青春——她就棄掉你。』

這偉大的抒情持人，匈牙利的愛國者，為了國家而死在哥薩克兵的矛尖上，已經七十五年了。悲哉死也，然而更可悲的，是他的詩至今沒有死。

但是，可憐的人生！桀驁英勇 Petofi 也終於對了暗夜止步，回顧著茫茫的東方了。

他說：『絕望之為虛妄，正與希望相同。』

這是魯迅透視了人生而轉變為戰鬥的基點。

魯迅的散文詩《野草》頗不容易懂，即如《臘葉》是一首情詩，有著他自己和許廣平之間的戀愛本身，若不是他自己說了，我們就無從去體會的。（讀詩者的體會，本來並不一定和作詩人的本意完全一致的。）又如《過客》所啟發的人生意義，若不是看《兩地書》，也不會那麼透徹了。

魯迅在一封回許廣平的信中說「現在老實說一句罷，『世界豈真不過如此而已麼？』這些話，確是為對『小鬼』而說的。（小鬼，指許廣平，她的書信中，有這麼幾句話。）我所說的話，常與所想的不同，至於何以如此，則我已在《吶喊》的序上說過：不願將自己的思想，傳染給別人。何以不願，則因力我的思想太黑暗，而自己終不能確知是否正確之故。至於『還要反抗』倒是真的，但我知道『所以反抗之故』與小鬼截然不同。你的反抗，是為了希望光明的到來罷？我想：一定是如此的。但我的反抗，卻不過是與黑暗搗亂。大約我的意見，小鬼很有些不大了然，這是年齡、經驗、環境等等不同之故，不足為奇。例如我是詛咒『人世苦』而不嫌惡『死』的，因為『苦』可以設法減輕，而『死』是必然的事，雖曰『盡頭』，也不足悲哀。而你卻不高興聽這類話，但是，為什麼將好好的活人看作『廢物』的？這就比不做『痛哭流涕的文字』還『該打』；又如來信說，凡有死的同我有關的，同時我就憎恨所有與我無關的。……而我正相反，同我有關的活著，我倒不放心，死

了，我就安心。這意思也在《過客》中說過，都與小鬼的不同。其實，我的意見原也一時不容易了然，因為其中本含有許多矛盾，叫我自己說，或者是人道主義與個人主義這兩種思想的消長起伏罷。所以我忽而愛人，忽而憎人；做事的時候，有時候確為別人，有時卻為自己玩玩，有時則竟為希望生命從速消磨，所以故意拼命的做。此外或者還有什麼道理，自己也不甚了然。但我對人說話時，卻總揀那光明的說出，然而偶不留意，就露出閻王並不反對，而『小鬼』反不樂聞的話來。總而言之，我為自己和別人的設想是兩樣的。」從這封信中的話，我們可以知道魯迅對於人生的真實態度。

　　我們再來看魯迅所指出的《過客》。這位「過客」約三四十歲，狀態困頓倔強，眼光陰沉，黃鬚，亂髮，黑色短衣褲皆破碎，赤足著破鞋，脅下掛一個口袋，支著等身的竹杖。那老翁問他是怎麼稱呼的。他說：「稱呼？我不知道。從我還能記得的時候起，我就只一個人，我不知道我本來叫什麼。我一路走有時人們也隨便稱呼我，各式各樣的，我也記不清楚了，況且相同的稱呼也沒有聽到過第二回。」那老翁又問他是從那裡來的？到那裡去的？他又說：「是，我不知道。從我還能記得的時候起，我就在這麼走，要走到一個地方去，這地方就在前面。我單記得走了許多路，現在來到這裡了。我接著就要走向那邊去，（西指）前面！」老翁告訴他，前面是墳，勸他還不如回轉去，因為前去也料不定可能走完。他說：「那不行！我只得走。回到那裡去，就沒有一處沒有名目，沒有一處沒有地方，沒有一處沒有驅逐和牢籠，沒有一處沒有皮面的笑容，沒有一處沒有眶外的眼淚。我憎恨他們，我不回轉去。」「是的，我只得走了。況且還有聲音常在前面催促我、叫喚我，使我息不下。可恨的是我的腳早已經走破了，有許多傷，流了許多血。因此我的血不夠了；我要喝些血。但血在那裡呢？可是我也不願意喝無論誰的血。我只得喝些水，來補充我的血。一路上總有水，我倒

也並不感到什麼不足。只是我的力氣太稀薄了，血裡面太多了水的原故罷。今天連一個小水窪也遇不到，也就是少走了路的原故罷。」後來，他終於向前走了，向野地裡蹌跟跟地闖進去，夜色跟在他後面。

他這首散文詩，我們最好是連著尼采的《蘇魯支語錄》一同看，蘇魯支說：「人的生存的確可傷，而且永遠無意義：一個醜腳也成為他的晦氣。我將教人以生存之意義，那便是超人，濃雲中的閃電人。」就是這個意思。

我們在孫伏園先生追記的《往事》中，可以看到一段有趣而不容易了解的話。他說：魯迅先生的復仇觀念最強烈；在日本時，每於課餘習些武藝，目的就在復仇。幼年被人蔑視與欺壓，精神上銘刻著傷痕，發展而為復仇的觀念。後來魯迅回國，見仇人正患不名譽的重病，且已到了彌留。街談巷議，並傳此人患病的部分，已經脫落，有人在毛廁中發見。魯迅只好苦笑，從此收拾他一把匕首。魯迅常常從書架上拿下那把匕首來當裁紙刀用，刀殼是褐色木質的，殼外橫封著兩道白色皮紙，像指環一般。據魯迅自己解說，刀殼原為兩片木頭，只靠這兩片紙的力量，才封成整個的刀殼。至於為什麼不用整片的木頭，或用金屬的釘子或圈子，使刀殼更為堅固呢？魯迅說，因為希望它不堅固，所以只用兩道皮紙；有時仇人相見，不及拔刀，只要帶了刀殼刺去，刀殼自然分為兩半飛開，任務就達成了。魯迅復仇的事，雖只剩了一聲苦笑，但關於匕首的解說，往往使他引動少年豪氣興趣極為濃厚；如在微醺以後，更覺有聲有色。伏園已經聽過這一故事了，一天到魯迅書齋中去，看見桌上放著匕首，許廣平等七八位青年在座。魯迅對他說：「這故事你是聽過了的，我又在這兒對著青年自稱英雄了。」

伏園的故事追述，就到這兒為止。他也並不加任何按語。我們且用變態心理學的說法，魯迅的辛辣文字，也可說精神上的補償作用，而他的倔強性格，正不妨說是對於他幼年所受惡劣環境壓迫的

一種反應。所以他在遺囑的最後一條，還說：「損著別人的牙眼，卻反對報復，主張寬容的人，萬勿和他接近。」他對他的仇敵是這樣：「讓他們怨恨去，我是一個都不寬恕的」。（相反的，其實魯迅的性格是和善的，他只是筆下不中庸而已）

這樣我們可以來看魯迅另外一篇短論，題為《論『費厄潑賴』（Fair Play）應該緩行》。提倡「費厄潑賴」的是林語堂，以為此種精神，在中國最不易得，我們只好努力鼓勵，又謂不打落水狗，即是以補充「費厄潑賴」的意義。魯迅也用幽默的口吻在說：「落水狗有三種，大都在可打之列。」「若與狗奮戰，親手打其落水，則雖用竹竿又在水中從而痛打之，似乎也非已甚。」「倘是咬人之狗，我覺得都在可打之列，無論它在岸上或在水中。」「叭兒狗……它卻雖然是狗，又很像貓，折中、公允、調和、平正之狀可掬，悠悠然擺出別個無不偏激，惟獨自己得了『中庸之道』似的臉來。……這些就應該先行打它落水，又從而打之，如果它自墜入水，其實也不妨又從而打之，但若是自己過於要好，自然不打亦可，然而也不必為之歎息。」

他舉例子暗喻：現在的官和紳士，只要不合自意的，便說是赤化，是共產；民國元年以前稍不同，先是說康黨，後來說革黨，甚至於到官裡去告密，一面固然在保全自己的尊榮，但是也未始沒有那時所謂『以人血染紅頂子』之意。可是革命終於起來了，一群臭架子的紳士們，便立刻皇皇然若喪家之狗，將小辮子盤在頭頂上。革命黨也一派新氣，紳士們先前所深惡痛絕的新氣，『文明』得可以；說是咸與維新了；我們是不打落水狗的，聽憑它們爬上來罷。於是它們爬上來了。伏到民國二年下半年，二次革命的時候，就突出來幫著袁世凱咬死了許多革命人，中國又一天一天沉入黑暗裡，一直到現在，遺老不必說，連遺少也還是這麼多。這就因為先烈的好心，對於鬼蜮的慈悲，使它們繁殖起來，而此後的明白青年，為反抗黑暗計，也就要花費更多的氣力和生命。他說：『犯而不校』

是恕道，『以眼還眼，以牙還牙』是直道。中國最多的卻是枉道；不打落水狗，反被狗咬了。但是，這其實是老實人自己討苦吃。俗語說『忠厚是無用的別名』也許太刻薄一點罷？但仔細想來，卻也覺得並非唆人作惡之談，乃是歸納了許多苦楚的經驗之後的警句呢。」

許壽裳論魯迅的人格，說魯迅之所以偉大，「就在他的冷靜和熱烈雙方都徹底。冷靜則器宇深穩，明察萬物；熱烈則中心博愛，自任以天下之重。其實這二者是交相用的。經過熱烈的冷靜，才是真冷靜，也就是智；經過冷靜的熱烈，才是真熱烈，也就是仁。魯迅是仁智雙修的人。唯其智，所以顧視清高，觀察深刻，能夠揭破社會的黑暗，揭發民族的劣根性，這非有真冷靜不能辦到的；唯其仁，所以他的用心，全部照顧到那愁苦可憐的大眾社會的生活，描寫得極其逼真，而且靈動有力。他的一支筆。從表面看，有時好像是冷冰冰的，而其實是藏著極大的同情，字中有淚的。這非有真熱烈不能辦到的。」這段話，說得極好。（周作人也說：諷刺是最冷雋的，卻是出於最熱烈的愛。）偏是那位替許氏編《我所認識的魯迅》的王士菁，說許氏這一段的評論，並不恰當。這位編者，實在很低能，他所下的按語，實在可笑得很。

許氏又說到魯迅的思想，雖跟著時代的遷移，大有進展。由進化論而至唯物論，由個人主義而至集體主義。但有為其一貫的線索者在，這就是戰鬥的現實主義。其思想方法，不是從抽象的理論出發，而是從具體的事實出發的，在現實生活中得其結論。他目睹了父親重病，服了種種奇特的湯藥而終於死掉，便悟道中醫騙人；目睹了身體茁壯而精神麻木的中國人，將要被日軍斬首示眾，覺得人們的愚昧，無藥可醫，乃毅然棄醫而習文藝。鑒於兩個小白兔的失蹤，生物史上不著一點痕跡，便感到生命的成就和毀壞實在太濫。鑒於人力車夫扶助一個老女人；及其自我犧牲的精神，便悟到人類之有希望。鑒於漢字學習的艱難，全國文盲多得可怕，便大聲疾呼

地說：漢字和大眾勢不兩立，必須改造，用新文字。看穿了孔教的專為統治者們和侵略者們利用，而毅然說，現在中國人民，對於孔子並無關係，並不親密。因之，魯迅的著作中，充滿著戰鬥精神，創造精神以及為勞苦大眾請命的精神。

上文，筆者說到魯迅的讀佛經，他承認釋迦牟尼是大哲人，他平常對人生有許多難以解決的問題，釋迦居然大部分早已明白啟示了。但他明白佛教和孔教一樣都已經死亡，永不會復活了。所以他對於佛經，只當作人類思想發達的史料看，藉以研究其人生觀罷了。別人讀佛經，容易趨於消極，而他獨不然，始終是積極的。

所以，筆者覺得讀他的《無常》，當有所會心的。他說：我們所最願意看的，卻在活無常。他不但活潑而詼諧，單是那渾身雪白這一點，在紅紅綠綠之中就有鶴立雞群之概。只要望見一頂白紙的高帽子和他手裡的破芭蕉扇的影子，大家就都有些緊張，而且，高興起來了。人民之於鬼物，惟獨與他最為稔熟，也最為親密，平時也可以常常遇見他。他說，他沒有研究小乘佛教的經典，但據耳食之談，則在印度的佛經裡，焰摩天是有的，牛首阿旁也有的，都在地獄裡做主任。至於勾攝生魂的使者的這無常先生，卻似乎是於古無，耳所習聞的只有什麼人生無常之類的話。大概這意思傳到中國之後，人們便將他具象化了。這實在是我們中國人的例作。

魯迅概然道：「想到生的樂趣，生固然可以留戀；但想到生的苦趣，無常也不一定是惡客。無論貴賤，無論貧富，其時都是『一雙手見閻王』，有冤的得伸，有罪的就得罰。然而雖說是下等人，也何嘗沒有反省？自己做了一世人，又怎麼樣呢？」他說他「至今還確鑿記得，在故鄉時和『下等人』一同，常常這樣高興地正視過過鬼而人，理而情，可怖而可愛的無常；而且欣賞他臉上的哭或笑，口頭的硬語與諧談。」他，看起來，正是「無常」的知己。

魯迅的文字中，時有精瑩可喜，類似箴言的佳句，宋雲彬曾於病中，統看《魯迅全集》，輯為魯迅語錄一書。有人也就斷章取

義，當作「語錄」來應用。其中有一句，最為時人所愛引用，便是說：「路是人走出來的」，這也可以代表他的人生態度。

但，我們得看魯迅自己的話。他在另一節短論，題為《生命的路》中說：「想到人類的滅亡是一件大寂寞大悲哀的事；然而若干人們的滅亡，卻並非寂寞悲哀的事。生命的路是進步的，總是沿著無限的精神三角形的斜面向上走，什麼都阻止他不得。自然賦與人們的不調和還很多，人們自己萎縮墮落退步的也還很多，然而生命決不因此回頭。無論什麼黑暗來防範思潮，無論什麼悲慘來襲擊社會，什麼罪惡來褻瀆人道，人類的渴仰完全的潛力，總是踏了這些鐵蒺藜向前進。生命不怕死，在死的面前笑著跳著，跨過了滅亡的人們向前進。什麼是路？就是從沒有路的地方踐踏出來的，從只有荊棘的地方開闢出來的。以前早有路了，以後也該永遠有路。有燈總不會寂寞，因為生命是進步的，是樂天的。唯天我對我的朋友 L 說：『一個人死了，在死者自身和他的眷屬是悲慘的事，但在一村一鎮的人看起來，不算什麼，就是一省一國一種⋯⋯』L 很不高興，說：『這是 Nature（自然）的話，不是人們的話。你應該小心些。』我想他的話也不錯。」這也正是尼采《蘇魯支語錄》的話。

蘇魯支向人們如果說：

「我教你們超人的道理。人是一樣應該超過的東西。你們作了什麼以超過他呢？

一切存者至今皆創造了超過自己的東西；你們願為送這大波浪的退潮，寧願退到禽獸，而不願超過人嗎？

猿猴於人類是什麼？可笑的對象或痛苦底羞辱。人於超人亦復如是：可笑的對象或痛苦底羞辱。

你們從爬蟲進到人類，你們內裡許多地方還有爬蟲。有個時期，你們是猿猴，但至今人比任何猿猴還仍然為猴類。

你們中間最智慧者，也還是植物與鬼物的不和合生與雜種

性生。但我叫你們化為鬼物或植物麼？

看呵，我教示你們超人，超人是土地的意義說：超人必定是土地的意義。」

魯迅的思想，受老莊自然哲學的影響很深，他是可以接受進化論的觀點的。所以，他對於尼采的人生哲學，也能相契無間的。「生命」，從自然的觀點與從個人的觀點，是可以有兩種不同的看法，而又是可以相反相成的。

另外，有一句魯迅的詩，叫做「俯首甘為孺子牛」。依時人的說法，好似魯迅是無條件地為社會服務的。其實，魯迅並不是一個摩頂放踵以利天下而為之的墨家之徒。依他自己的說法，他這條牛的「甘為」，有一定的限度的。他說，他有一種自害的脾氣，是有時不免吶喊幾聲，想給人們去添點熱鬧。「譬如一匹瘦牛罷，明知不堪大用的了，但廢物何妨利用呢？所以張家要我耕了一弓地，可以的；李家要我挨一轉磨也可以的；趙家要我在他店前站一刻，在我背上貼出廣告道：敝店備有肥牛，出售上等消毒滋養牛奶。我雖然深知道自己是怎樣瘦，又是公的，並沒有乳，然而想到他們為張羅生意起見，情有可原；只要出售的不是毒藥，也就不說什麼了。但倘若用得我太苦，是不行的，我還要自己覓草吃，要喘氣的工夫，要專指我為某家的牛，將我關在他的牛欄內，也不行的，我有時也許還要給別人家挨幾轉磨。如果連肉都要出賣。即使因此忽而從深刻變為淺薄，從戰士化為畜牲，嚇我以康有為，比我以梁啟超，也都滿不在乎，還是我跑我的，我躺我的，決不出來再上當。」

所以，只憑一句詩，以為魯迅真是天真得那麼可笑，那未免顯得自己太天真。但若魯迅只一肚子世故，那又忽略了他的天真的一面了！

二十七　他的家族

　　魯迅這一家，本來是大家庭；出現在他筆下的，很多是這個「敗落台門」的人物，我已在上文約略說過。不過，單就他最親近這個小圈子的人來看一回，倒是魯迅傳記中不可省略之事。魯迅的大弟周作人，他的文藝成就以及五四以來在新文壇的地位，即不在魯迅之上，也可以說和魯迅相比並的。他的小弟周建人(喬峰)，也是科學家(周氏兄弟本來都是研究科學的)，卻也長於寫作的。周作人近年所寫的，關於魯迅生平的掌故，給我們最好的直接史料。其中有一節是記敘他們的母親，「魯老太太」的，他說：魯老太太是魯迅的母親，她母家姓魯，住在會稽的安橋頭，住民差不多全是姓魯的。她的父親號晴軒，是個舉人，曾在兵部當主事。因病辭職回家，於光緒甲申年去世。她生於清咸豐七年(即一八五七年)，於民國三十二年(一九四三年)在北京去世，年八十七歲。她沒有正式讀過書，卻能識字看書，早年只讀彈詞說部，六十以後移居北京，開始閱報，日備大小報紙三兩份，看了之後，與家人好談時事，對於段、張、馮、蔣諸人都有批評。她是閨秀出身，可是有老百姓的堅韌性。清末天足運動興起，她就放了腳。本家中有不第文章綽號「金魚」的頑固黨，揚言道：「某人放了大腳，要去嫁給外國鬼子了。」她聽到了這話，並不去找金魚評理，卻只冷冷地說：「可不

是麼？那倒真是很難的呀！」她晚年在北京常把這話告訴家裡人聽，所以有些人知道；別的事情也有可以講的，但只這一件，就很足以代表她的戰鬥性，不必再多說了。

他們的父親周伯宜，本名鳳儀，改名文郁，會稽縣學生員，應過幾次鄉試，未中試。據周作人說：他看去似乎很是嚴正，實際卻並不厲害。因為化寡言笑，小孩子很少去親近，除吃酒時講故事外，後來記得的事不很多。他生於清咸豐庚申，死於光緒丙申，只有三十七歲，所以，生平沒有多大事跡可說。魯迅有一篇《父親的病》，也是傳世之作。他父親的病原是吐狂血。相傳陳墨可以止血，吃得「烏嘴野貓」似的。接著是醫方與單方並進，最初作為肺癰醫治，於新奇的藥引之外，尋找多年埋在地下化為清水的腌菜鹵，屋瓦上經過三年霜雪的蘿蔔菜，或得到或得不到，結果自然是毫無效驗。現在想起來，他的病並無肺結核的現象，那吐血不知是從那裡來的。（其實是胃潰瘍，他吐的只是胃血。）隨後腳背浮腫，漸至小腿，乃又作水腫醫治，反正只是吃「敗鼓皮丸」；終於腫到胸腹之間。他常訴說有如被一匹小布束緊著，其難受是可想而知的了。這一段經過，對於魯迅幼年的心靈是深切的烙印，影響他後來對人世的看法，以及對中醫的蔑視。（魯迅的頭腦是科學的，但他的醫學知識，卻並不怎樣高明，所以他憎惡中醫的心理也不一定很正確的。）

據周作人的另一段追記，說：那時所請教的醫生，最初有一個姓馮的，每來總是酒醉醺醺的，說話前後不符，不久，就不再請了。他的一句名言：「舌為心之靈苗」，被魯迅記錄下來，但是掛在別人的帳上了。後來的兩個名叫姚芝仙與何蓮臣，都是有名「郎中」，但因此也就都是江湖派，每天藥方必用新奇的「藥引」，要忙上大半天才能辦到，結果自然是仍無效用。他在序文中說：「漸漸的悟得中醫不過是一種有意的或無意的騙子。」那時城裡還有樊開舟、包越湖這些醫生，比較平實一點，如照魯迅的分類，總還可

以歸在無意（騙子）的一類，但是當時卻去請教了有意的騙子，這是件不幸的事。這件事，對於魯迅後來迎接維新思想，與反對中國舊文化有密切的關係。

　　周作人是怎麼一個人呢？一九二五年的元旦試筆中，他自述思想變遷的大概。他最初是尊王攘夷的思想，後來一變而為排滿復古，持民族主義有十年之久。到了一九一一年，才有了轉變。五四時代，他曾夢想世界主義，後來修改為亞洲主義。到了寫試筆的那年元旦，又覺得民國根本還未穩固，還得從民族做起。五四運動當中，他自然也在文學方面有一些積極的活動。到了「五四」高潮過去了，他的第一個文集「自己的園地」，也鮮明地宣布了他的人生主義，趣味主義，成為他的思想本質。他為什麼要從事文學活動呢？對文學抱著一種什麼主張呢？他說：「我並非厭薄別種活動而不屑為，我平常承認各種活動於生活都是必要，實在小半由於沒有這樣才能，大半由於缺少這樣的趣味，所以不得不在這中間定一個去就。」他認為這是尊重個性的正當辦法，如有蔑視這些的社會，那便是白痴的，只有形體而沒有精神生活的社會，沒有管它的必要。他認為無論用什麼名義強迫人去侍奉社會，都不行。他強調藝術有它自己的目的，那就是表現個人的情思。他是反覆地這樣主張的。他說：「為藝術派以個人為對術的工匠，為人生派以藝術為個人的僕役；現在卻以個人為主人，表現情思而成藝術，即為其生活之一部，初不為福利他人而作，而他人接觸這藝術，得到一種共鳴與感興，使其精神生活充實而豐富。」「文藝以自己表現為主體，以感染他人為作用。」「有益社會並非著者的義務，只因為他是這樣想，要這樣說，這才是一切文藝存在的根據。」「藝術是獨立的，又原來是人生的，但不是為人生的；是個人的，亦即為人類的。」他反對藝術上的功利主義。他認為功利的批評過於重視藝術的社會意義，忽略原來的文藝性質。他這一種說法，若不太強調了也未始不摸著真理的一面，而且在魯迅的文藝論中，也未始不包含

著同樣的主張。（元旦試筆中，他又說：「古人云：四十而不惑，這是古人學道有得的地方，我們不能如此。就我個人說來，乃是三十而立，四十而惑，五十而忠於學吧。」）

我覺得要了解周作人的思想，倒不妨重看他的《山中雜信》，那是他住在西山寫給孫伏園的信。他說：「般若堂裡早晚都有和尚做功課，但我覺得並不煩憂，而且於我似乎還有一種清醒的力量。清早和黃昏時候的清澈的磬聲，彷彿催促我們無所信仰、無所歸依的人，揀定一條這路精進向前。我近來的思想動搖與混亂，可謂已至其極了；托爾斯泰的無我愛與尼采的超人，社會主義與善種學，耶佛孔老的教訓與科學的例證，我都一樣的喜歡尊重，卻又不能調和統一起來，造成一條可以行的大路。我只將這各種思想，凌亂的堆在頭裡，真是鄉間的雜貨店了。或者世間本來沒有思想上的『國道』，也未可知。這件事，我常常想到，如今聽他們做功課，更使我受了激刺；同他們比較起來，好像上海許多有國籍的西商中間，夾著一個『無領事管束』的西人。至於無領事管束，究竟是好是壞，我還想不明白。」「我的心底裡有一種矛盾，一面承認蒼蠅是與我同具生命的眾生之一，但一面又總當它是腳上帶著許多有害的細菌，在頭上、面上爬的癢癢的，一個可惡的小蟲，心想消滅他。這個情與知的衝突，實在是無法調和；因為我相信，『賽老先生』的話，但也不想拿了他的解剖刀去破壞詩人的美的世界，所以在這一點上，大約只好甘心且做蝙蝠派罷了。」這樣的矛盾，是不是只存在於周作人的世界，而不在存於魯迅的世界呢？我看，也未必吧。

魯迅兄弟之間的情誼，本來很深厚的。許壽裳曾替魯迅那篇題名《弟兄》的小說作注解。他說：弟兄這篇寫張沛君為了兄弟患病，四處尋醫，種種憂慮奔走的情形，大部分是魯迅自身經歷的事實。大約在一九一七年的春末夏初罷，他和二弟作人同住在紹興會館補樹書屋，作人忽而發高熱了。那時候，北京正在流行著猩紅

熱，上年教育部中有一位同事，且因此致死。這使魯迅非常擔憂，急忙請德醫悌魯耳來診，才知道不過是出疹子。第二天，他到教育部，很高興地對我詳述了悌醫生到來之遲，和他的診斷之速，並且說：「起孟原來這麼大了，竟還沒有出過疹子。」他描寫沛君在夜的寂靜中，翹望著醫生的到來，因而注意每輛汽車的汽笛的呼嘯聲。他因是自己身歷其境的事實，所以能夠寫得這樣曲折和親切。此外，描寫那凌亂的思緒，以及那一段惝恍迷離的夢境，乃是如他自己所說的採取題材的一端，伸發開去。出於虛造，並非實情。然而虛造也很自然，人們經過了緊張、愁苦、勞瘁之後，會起種種幻想，夜裡睡了，他的下意識會突然地顯露出來，做場惡夢；這都是常有的心理作用。而且這一段夢境的描寫，就是魯迅所說的舊社會病根的暴露。魯迅在沛君的身上，發掘下意識的另一面貌，把它暴露出來。加以奉益堂家中的兄弟相打，中醫白問山的診斷含糊，這些都是揭發舊社會的病根。

　　說到這裡，他又要將魯迅對兄弟作人的友愛情形，略略提明。他說：「依《魯迅年譜》，在一九二三年，八月遷居磚塔胡同之前，他們兩個人真是兄弟怡怡。魯迅在東京不是好好地正在研究文藝，計劃這樣，計劃那樣呢？為什麼要歸國，任浙江兩級師範學堂生理學化學教員呢？這因為作人那時在立教大學還未畢業，卻已經和羽太信子結了婚，費用不夠了，必須由阿哥資助，所以魯迅只得自己犧牲了研究，回國來做事。魯迅在自傳中，所謂『終於，因為我的母親和幾個別的人很希望我有經濟上的幫助，我便回到中國來。』『幾個別人』者，作人和羽太信子也。即此一端，可知魯迅之如何以利讓弟。又魯迅留心鄉邦的文獻，輯成《會稽郡故事雜集》一冊，就用作人名印行，為什麼呢？為的自己不求聞達，即此一端，亦可知魯迅之以名讓弟。名和利都可以讓與弟，我們就很容易明了那《弟兄》裡的一句讚嘆沛君的話：『真是少有的，他們兩個人就像一個人。』這是真實，並不是諷刺。所以沛君的性格是不

壞的。有人以為他和《肥皂》的四銘，高老夫子的主人公高爾礎差不多，其實是大不然。他既不像四銘的陰險腐臭，惡罵青年，以致四太太對他也有誅心之論。也不像高老夫子的醜惡卑鄙，種種矯飾，帶著流氓的氣息。沛君的生活，就是魯迅自己生活的一面。所寫的環境，如公益局辦公室裡缺口的暖壺，折足的破躺椅，以及滿室的水煙的烟霧，都是北京教育部第一科裡的實在情形。同興公寓就是紹興會館的改寫，同寓者的看戲打茶圍也是事實。普梯思大夫就是悌魯耳，東城的美業藥房就是利業藥房，悌大夫所指定的。不僅此也，連描寫靖甫的一言一動，如問『信嗎？』如『靖甫伸手要過書去，但只將書面一看，書背上的金字一摩，便放在枕邊，默默地合上眼睛了。』等等，也都是作人的面影。所以這篇小說的材料，大半屬於回憶的成分，很可以用回憶文體來表現的，然而作者那時別有傷感，不願做回憶的文字，便做成這樣的小說了。」

周作人和魯迅晚年分道揚鑣，兄弟之間，也不免在字裡行間，有所諷刺，那當然是周作人的損失。據許壽裳的追憶，他們之間的暗影，乃是從作人的妻子羽太信子而來的。他說：羽太信子是有歇斯底里性的。她對於魯迅，外貌恭順，內懷忮忌。作人則心地糊塗，輕聽婦人之言，不加體察。許氏雖竭力解釋開導，竟無效果；致魯迅不得已移居外廳而他總不覺悟。魯迅遣工役傳言來談，他又不出來，於是魯迅又搬出而至磚塔胡同了。從此兩人不和，成為參商，一變從前「兄弟怡怡」的情態。在那彼此參商的時期，還演了很不愉快的一幕。魯迅搬到西三條的新居，那間小書室既成，他就獨自回到八道灣大宅取書籍去了，據說作人和信子大起恐慌。信子急忙打電話，喚救兵，欲假借外力以抗拒，作人則用一本書遠遠地擲入。魯迅置之不理，專心檢書。一忽兒外賓來了，正欲開口說話，魯迅從容辭說，這是家裡的事，無煩外賓費心。到者也無話可說，只好退了。不過這件事，魯迅並不曾在日記上提過，那是他顧全弟兄的情誼之處。

周建人是魯迅的幼弟，建人說：「我們兄弟中，魯迅最大，我是第三，如果將未滿一歲去世的阿姊計算在內，應該是第四，年紀既相差得較多，知道的事情就少，能夠記得的也少了。」他有一小冊子，略講關於魯迅的事情，也是直接的史料，可以補正一般人的說法。他說：在魯迅幼年時代的一般家庭教育，粗分起來，可以分為兩大派，方法上：一派是主張放縱，一派主張嚴厲。目的上：一派主張養成拍馬和鑽營的手段，一派主張養成正直、強硬的性格。魯迅的家庭教育，系統是屬於嚴厲的一派，但到魯迅的時代，周家已經在衰落的過程中。魯迅的祖父和父親性情又本不嚴厲。只是魯迅的祖父以喜歡罵人出名，並非拍桌大罵，是喜歡指摘與批評別人。這很為人所忌，因此他常為當時的人所不喜歡。入獄以後，心境更加不快活了。見人常常從昏太后、呆皇帝罵起，以至於其他的人們，一一指摘他們的缺點和短處。魯迅也不大贊成他的祖父，實際上，他的祖父對於家裡的卻並不嚴厲。魯迅對於他的父親卻不然，因為家庭的情況不好，他的父親的心境也不快。他常飲酒，有時亦發脾氣。如遇生氣時，會把筷子丟掉，或把碗摔碎。但對待小孩卻和善，從不打罵小孩，魯迅沒有受過父親的責罰。只是有時候，小孩子把受人欺侮的話去告訴父親時，他會這樣問：「你先去欺侮他們嗎？」他會又這樣說：「那麼他們為什麼不來欺侮我呢？」魯迅的父親恐怕自己的小孩先去搗亂別人。他認為人如受欺，應該強硬應付，但如無端去欺侮別人，卻是不應該的。

　　後來魯迅很受這種思想的影響。建人對於若干人士，如歐陽凡海那樣對他們雙親的曲解，有所解釋的。他說：魯迅幼年以至少年時代，男小孩在讀書的家庭裡，公認唯一的事務是讀書。魯迅的父親對於魯迅的想法也是這樣，認為魯迅小時候最重要的事務是讀書，所以魯迅正預備去看五猖會的時候，他的父親還要叫他讀通鑒，而且要背出後才許去看。結果背是背出了，他的父親也答應他去看。不過魯迅追記這件舊事時，有「我至今一想起還詫異我的父

親何以要在那時候叫我來背書」的話,那位歐陽先生,也許看得太老實了,以為魯迅不了解一位嚴酷的父親的心理,那是可笑的。建人則以為是在形容過去當時的情況,即形容當時所感到的不快意,甚至於後來追想起來猶如此。其實魯迅是不會真的不理解的。

建人還說了一段極有意義的話。他說:魯迅有時候,曾把一件事特別強調起來,或者故意說著玩,例如他所寫的關於反對他的兄弟糊風箏和放風箏的文章就是這樣。實際上,他沒有那麼反對得厲害,他自己的確不放風箏,可是並不嚴厲地反對別人放風箏,這是關於魯迅的事情的作者應當知道的。

魯迅小說,有一篇題名《在酒樓中》的,那是筆者所最喜歡的。他所寫的呂緯甫就活躍在我們的眼前。這是很明顯的范愛農的影子。可是,我們這麼想,以為其中所寫的故事,乃是范愛農的,那就錯誤了(很多談魯迅的,都有這一類的錯誤)。據周作人的追記,小說中的「小兄弟」,乃是魯迅自己的;呂緯甫雖以范愛農為藍本,骨幹卻是魯迅自己的,連呂緯甫的意識形態,也是魯迅自己的寫照。這件事,倒可以放到魯迅的家族中來敘說的。

周作人說:呂緯甫所講的兩件事情,第一件是回鄉來給小兄弟遷葬。本文中說他有一個小兄弟,是三歲上死掉的,就葬在鄉下,今年本家來信說他的墳邊已經浸了水,不久恐怕要陷入河裡去了。他因此預備了一口小棺材,帶著棉絮和被褥,雇了土工,前去把墳掘了開來。待到掘著壙穴,過去看時,棺木已經快要爛盡了,只剩下一堆木絲和小木片,把這些撥開了,想要看一看小兄弟,可是出於意外,被褥、衣服、骨骼,什麼都沒有。那麼聽說最難爛的頭髮,也許還有吧,便伏下去,在該是枕頭所在的泥土裡仔仔細細的看,也沒有,踪影全無。他仍然鋪好被褥,用棉花裏了些先前的身體所在的地方的泥土,包起來,裝在新棺材裡,運到他父親埋著的墳地上,在他墳旁埋掉了。他這樣算完結了一件事,說是足夠去騙騙他的母親,使她安心些了。周氏說:這所說遷葬,乃是魯迅自己

的經歷，所寫的情形，可能都是些事實，所不同的是，只是死者的年齡，以及墳的地位，都是小節，也是為了敘述的必要而加以變易的。關於遷葬的情形，他不曾告訴過人，別人也不曾問過他，大家都怕說起來難過。我們從這些描寫，可以了解魯迅是一個多麼富有人情味的人。（另外一件，是替他母親帶絨花給長富女兒阿順的故事，也是富有人情味的。）

關於他們小兄弟的正面材料，周作人也說得很詳盡。那是魯迅的四弟，小名春，書名椿壽，是祖父介孚公所給取的，生於清光緒癸巳六月十三日，死於戊戌十一月初八日，所以該是六歲了。小說中說是三歲，這或者是為的說墳裡什麼都沒有了的便利，但也或者故意與幼殤的妹子混在一起，也未可知。她小名，生於光緒丁亥，月日忘記了，大概不到一周歲，即以出天花殤。她最為他們的父親伯宜公所愛，葬在南門外龜山，立有小石碑，上寫「周端姑之墓」。即是他父親的親筆。椿壽也葬在那裡，大概是為了這個緣故。椿壽的墳前，豎有一塊較大的石碑，上刻「亡弟蔭軒處士之墓」下款是「兄樟壽立」。寫的是顏字。那做墳和立碑的事都是我經手的，所以我至今記得很清楚。（移墳的事，那是魯迅於一九一九年末次回鄉時所辦的。）在小說中，魯迅說及他的小兄弟，「連他的模樣都記不清楚了，但聽母親說，是一個很可愛念的孩子，和我也很相投，至今她提起來，還似乎要落淚。」周作人說：「這話說得很簡單，可是也是有根據的。小兄弟死的時候，他正在家，但是過了三天，卻在十二就回南京學堂去了。這以後的事情是我在旁邊知道得最清楚。母親永遠忘記不了這小人兒，她叫我去找畫神像的人給他憑空畫一個小照；說得出的，只是白白胖胖，很可愛的樣子；頂上留著三仙髮，感謝畫師葉雨香，他居然畫了這樣的一個。母親看了非常喜歡，雖然老實說我是不能說這像不像。這畫畫得很特別，是一張小中堂。掛在她的房裡（後來在北京是房外板壁上）足足有四十五年。」要說溫情主義，這當然是很溫情的了。

林辰先生所作的《魯迅事跡考》，對於魯迅的婚姻生活，已經整理出一點頭緒來了。據許壽裳《魯迅年譜》載：

民國前六年（光緒三十三年，丙午，一九〇六年）二十六歲
六月回家，與山陰朱女士結婚。同月，復赴日本。

那時，魯迅正在日本留學，不知怎地，他的家鄉，忽然傳說，他已在日本結婚，並已生了孩子，有人曾親眼看見他帶著日籍夫人和孩子在神田散步。他原由父母之命，媒妁之言，早就與山陰朱女士訂了婚的，所以這消息，使得他家中十分惶急，於是便不斷地寫信去催促他回家，說是他母親病了。但當魯迅回到家裡，才知道是受了騙，家中已經為他準備好了結婚的一切。對於這種不合理的舊式的婚姻，自然為當時已受新學洗禮，且在維新後的日本，曾受過四年科學教育的魯迅所反對。但他為了不願拂逆母親的意思，免她傷心，只好犧牲自己，默默地下了決心，不惟沒有反抗，而且一任家庭的擺佈，舉行了那繁瑣的舊式婚儀。但他自然是不會屈服到底的，一到婚禮已成，母親的心願已了，再沒有可使她傷心的事故以後，他便按著自己心裡的暗定計劃，於婚後第三日，就從家中出走，又到日本去了。

魯迅在這樣的情形下，與朱女士結婚的，自然不會有什麼情感可言。自結婚以至接眷北上為止，前後十餘年中（一九〇六～一九一九），魯迅在東京整整住了三年，在杭州、南京、北京等地，又住了九年之久，經年在外，不常回家，與朱女士連見面的機會也很少。到了民國八年（一九一九）買了北平八道灣的房屋，才將老太太和朱女士接到北京去，同住一地。表面上算是一道生活了，但夫婦各住一屋，每天連話也少談。夫婦的感情既是這樣，自然不會孕育。魯迅對於朱女士，認為只負有一種贍養的義務，他常常慨嘆地對他的老朋友許壽裳說：「這是一件母親送給我的禮物，我只得好

好地供養她。」由這沉痛的話中，我們也可以想見魯迅精神上的痛苦了。

　　一九一九年，魯迅曾接到一位少年寫來的一首新詩，題名《愛情》，裡面有這樣的句子：「我是一個可憐的中國人，愛情，我不知道你是什麼。我年十九，父母給我討老婆。可是，這婚姻，是全憑別人主張，別人撮合。彷彿兩個牲口，聽著主人的命令：『咄，你們好好的住在一塊兒罷！』」魯迅看了以後說「對於我有意義」，認為這是血的蒸氣，醒過來的人的真聲音。並因此寫了一篇《隨感錄》，刊在當年的《新青年》六卷一號上，裡面除了指明無愛情結婚的惡果以外，並有一節說：「在女性一方面，本來也沒有罪，現在是做了舊習慣的犧牲。我們既然自覺著人類的道德，良心上不肯把他們少的老的怪罪，又不能責備異性，也只好陪著做一世犧牲，完結了四十年的舊賬。」由此不但可以推知魯迅對於舊式婚姻和朱女士的態度，而且可以看出「無愛情結婚」所給予他心靈上的創痛之深，否則他決不會為了一位不相識的少年的詩，竟激動得說是「這對於我有意義」了。

　　魯迅就是抱著這種犧牲的心情，在那樣淒涼的家庭和苦痛的婚姻下度著日子。在寂寞中，度過了悠長的二十年的歲月，直到一九二三年，他才認識了許廣平女士，其時他已有四十三歲了。不過，筆者提醒讀者，我們聽信周建人的話不錯，他說：「歐陽凡海先生的文章，講到魯迅的婚事，頗有譴責他的母親的話。那時候，主持家政的是魯迅的母親，說親戚家族催迫魯迅結婚，迫得魯迅『神經衰弱起來』之類的話，也就不能不說是在責備他的母親了。這話恐怕也不一定對。」

　　魯迅的好友之中，姓許的占著多數。一位是許季茀（壽裳），那是他的幼年朋友。一位是許季裳（丹），一位留學印度，研究佛經的學者，他的道義之交。一位是少年作家許欽文，一位是欽文的妹妹許羨蘇；她是魯迅的戀人。還有一位則他後來的妻子許廣平

（景宋）。魯迅稟告母親信中所提到的「害馬」，就是她。

　　許廣平，廣東番禺人，母親姓宋，她因為景仰母親，又自號曰景宋。她的祖父曾任浙江巡撫，她的長兄，清末留學南京，為鼓吹種族大義最力的人。她在幼年時，即受革命思想的陶冶，她頭腦清晰，勇於作事，性格極為剛直坦率，與一般出身仕宦之家的小姐們的屌弱嬌柔不同。在給魯迅的信中，她自信：「自信是一個剛率的人。」「先生稟性豪直，故學生亦不免粗獷。又好讀飛檐走壁，朱家郭解，扶弱鋤強故事，遂更幻想學得劍術，以除盡天下不幸事。」一九二三年，她到北京投考北京女子高等師範學校。這樣，她便和魯迅相識了。她對魯迅的最初印象是這樣的：「當魯迅先生上課的瞬間，人們震於他的聲名，每個學生都懷著研究這新先生的一種好奇心。在鐘聲還沒有收住餘音，同學照往常積習還沒就案坐定之際，突然，一個黑影子投進教室來了。首先惹人注意的便是他那大約有兩寸長的頭髮，粗而且硬，筆挺的豎立著，真當得『怒髮衝冠』的一個『衝』字。一向以為這句話有點誇大，看到了這，也就恍然大悟了。褪色的暗綠夾袍，褪色的黑馬褂，差不多打成一片。手臂上衣身上的許多補釘，則炫著異樣的新鮮色彩，好似特製的花紋。皮鞋的四周也滿是補釘。人又鶻落，常從講壇跳上跳下，因此，兩膝蓋的大補釘，也掩蓋不住了。一句話說完，一團的黑。那補釘呢，就是黑夜的星星，特別熠耀人眼。小姐們譁笑了：『怪物，有似出喪時那乞丐的頭兒。』他講授功課，在迅速的進行。當那笑聲沒有停止的一剎那，人們不知為什麼全都肅然了。沒有一個人逃課，也沒有一個人在聽講之外拿出什麼來偷偷做。鐘聲剛止，大家還來不及包圍著請教，人不見了，那真是『神龍見首不見尾。』許久許久，同學樣醒過來了，那時初春的和風，新從冰冷的世間吹拂著人們，陰森森中感到一絲暖氣。」

　　那時，北方正處於北洋軍閥的統治之下，屠殺學生，封閉學校，正是一個黑暗時期。一九二四年春季，女師大（即女高師改

稱）便發生了風潮。風潮之起因，由於學生們反對校長楊蔭榆的貪污腐敗。楊對這風潮的對策是收買和威脅。當時的教育總長章士釗，更主張採用嚴峻的手段來對付，首先便開除了大批學生，後來又將整個學校解散，在這樣的壓迫下，學生們自然更感到憤懣和苦痛，國事校事，都使她們惶惶不安。於是許廣平向魯迅通信請教了。她給魯迅寫信，開始於一九二五年三月十一日，在信中提到女師大事件。魯迅在當日即寫了回信，說明「學風如何，是和政治狀態及社會情形相關的。」並教以「壕塹戰」的戰法。

自此以後，書禮往來，內容不只限於女師大風潮；在一般人生態度，社會問題上，景宋也不斷向魯迅有所申訴或求救。魯迅這時正想糾集一般思想進步，熱心做事的青年們，來「對根深柢固的所謂舊文明，施行襲擊。而景宋正願作一個誓死不二的馬前卒，就由於這種根本見解的投契，他們的通信逐漸頻繁了。（魯迅第一封信中，有這麼一段話：「我其實那裡會『立地成佛』，許多烟卷，不過是麻醉藥，烟霧中也沒有見過極樂世界。假使我真有指導青年的本領——無論指導得錯不錯——我決不藏惹起來，但可惜我連自己也沒有指南針，到現在還是亂闖。倘若闖入深淵，自己有自己負責，領著別人又怎麼好呢？」這段話，倒很切實重要的。）

魯迅當然不是聖人，而且不想做偽君子。他和許廣平的戀愛進程，也和一般人一樣，把一顆砂石慢慢養成一顆珠子了。許廣平初次到魯迅家中去，是在一九二五年四月十二日。她那次訪問的印象是這樣：「『尊府』居然探險過了！歸來後的印象，是覺得熄滅了通紅的燈光，坐在那間一面滿鑲玻璃的室中時，是時而聽雨聲的淅瀝，時而窺月光的清幽，當棗樹發葉結實的時候，則領略它微風振鼓，熟果墜地，還有雞聲喔喔，四時不絕。」從那回以後，她大概時常到周家去，看見魯迅總是很忙，她也幫著他料理一些小事，她自己的文章，也送給魯迅斟酌修正，後來刊載在《婦女周刊》、《莽原》上。她從魯迅的自奉的儉省，衣著食用的簡樸，接待客人

的坦直以及工作的勤奮上，更看出了魯迅的偉大精神：「寂寞的家，孤獨汝涼的他，未能禁制心頭熾熱的烈火。」她從心裡深沉而細緻地體會到魯迅的「孤獨淒涼」，「如古寺僧人的生活」，以深湛的關懷。她勸他休息，勸他戒烟，勸他戒酒，在床褥下搜尋傳說中他備用來自殺的短刀。兩人的情誼，可說從這時已經開始了。（戀愛本來就是這麼一回事。）

　　關於這件事，孫伏園曾經在追記文字中，提起了魯迅《野草》中那篇題名《臘葉》的散文詩。魯迅對他說：「許（指許廣平）很鼓勵我，希望我努力工作，不要鬆懈，不要怠忽；但又很愛護我，希望我多加保養，不要過勞，不要發狠。這是不能兩全的，這裡面有著矛盾。《臘葉》的感興，就從這兒得來，《雁門集》等等卻是無關宏旨的。」我們看了這一段話，再去看原文，也就可以體會他倆的情懷了。這是他對於「愛我者」的感激。我們把「病葉」看成作者，把作者的口氣轉給「愛我者」，這樣，好些關節自然解通了。

　　一九二六年八月二十六日，他們兩人一同離開北京，同車走滬。抵滬以後，他們又分道而行：魯迅赴廈門，任廈門大學教授；景宋赴廣州，任女子師範訓育主任。魯迅到廈大以後，極為失望。學校沒有計劃，沒有基金，教員食住，都極不便。再加上過去他所提攜的一些文學青年，如「狂飆社」的高長虹等，這時又正在背後攻擊他，使他感到十分的煩躁和悲憤。景宋在廣州，環境亦極複雜，時起風潮，工作又很繁忙。兩人的牢騷，身邊都無人可說，只有兩地寄書，彼此予對方以最切適的慰安，問暖噓寒，殷勤周至。她又怕他在廈大受不住氣，獨自悶著，無人從旁勸解。又竭力勸他應中大之聘赴粵去。他也願意和景宋有常見的機會，說：「我極希望HM也在同地，至少可以時常談話，鼓勵我再做些有益於人的工作。」（HM‧即景宋。）其實，北京已有許多關於他們的謠傳，有人說長虹之拼命攻擊魯迅，就是為了這事。上海的友人，一見他

們兩人同車到滬，便也相信不疑。甚至說魯迅已將景宋帶到廈門的流言也有了；魯迅卻說：「偏在廣州，住得更近點，看他們躲在黑暗裡諸公，其奈我何。」又說：「你知道的，單在這三四年中，我對於熟識的和初初相識的文學青年是怎麼樣，只要有可以盡力之處就盡力，並沒有什麼壞心思，然而男的呢，看見我有女生在座，他們便造流言。這些流言，無論事之有無，他們是在所必造的；除非我和女人不見面。他們大抵是貌作新思想者，骨子裡卻是暴君、酷吏、偵探，小人。我先前偶一想到愛，總立刻自己慚愧，怕不配，因而也不敢愛某一個人。但看清了他們的言行思想的內幕，便使我自信我決不是必須自己貶抑到那麼樣的人了，我可以愛！」

後來他給韋素園的信中，追述到此事，他又說：「川島到廈門以後，他見我一個人住在高樓上，很駭異，聽他的口氣，似乎是京滬都在傳說，說我攜了密斯許同住於廈門了。那時，我很憤怒。但又隨他們去吧，其實呢，異性我是愛的，但我一向不敢，因為我自己明白各種缺點，深恐辱沒了對手。然而一到愛起來，氣起來，是什麼都不管的。」

魯迅從廈門到了廣州，任中山大學文學系主任兼教務主任。景宋也在中大任助教，除了職務上的幫助，在日常生活上，他也得了她的許多幫助和關切。他初到時，道路不熟，語言不通，出入多由景宋作嚮導。她又恐校中飯菜，不合浙人口味，便常由家裡送些菜肴去。這時，他們同在一地，同在一校，接近機會既多，了解自益親切，已進入結合共同生活的階段了。一九二七年九月二十八日，他倆從廣州赴上海。十月八日，移居東橫濱路景雲里二十三號，他們開始了同居生活。

自此以後，魯迅在精神上，已有了最親切的伴侶，在工作上，也有了最適合的助手。家庭空氣，也不再像北京那樣的寂寞淒涼，他自己也不再感到孤獨了。一九二八年夏天，他倆和許欽文一同到杭州，一面是遊覽，一面是查考書籍，在夜車上，他們高談闊論，

魯迅固然健談，景宋的談鋒也不弱。他們的服裝既不漂亮，又不闊綽，高談之餘，就在二等車上吃起大菜來，牛尾湯的香氣和他們的談論，引起了憲兵的注意，於是說他們身邊有鴉片氣味，而來搜查箱子，結果毫無所得的走了。到杭州後，他們在湖濱一家旅館裡，開了一個長長的房間。三張床鋪，各人一張。他們在杭州整整住了一個星期，才回上海。魯迅一生很少遊山玩水的，這回，他倆真正過了「蜜月」生活。

　　到了魯迅晚年，景宋就成為寫作的伴侶，她除了照料家務外，還幫助他抄寫、校對、整理，有時他也採納她的意見，每次文章寫完，總先給她看。她偶而供獻些修改字句或意見，他也絕不孤行己意，依著她的話去修改了。一九二九年九月二十七日，他們的男孩海嬰出生了。他倆夫婦之間，生活感情究竟怎樣呢？景宋曾經有過如此的記述：

　　　　「他的脾氣，也並非一成不變。他並不過分孤行己意，有時也體諒到和他一同生活的別人，尤其留心的是不要因為他而使別人多受苦。所以，他很能覺察到我的疲倦，會催促快去休息，更抱歉他的不斷工作的匆忙，沒有多聚談的機會，每每贖罪似地在我睡前陪幾分鐘；臨到我要睡下了，他總是說：『我陪你抽一支烟好嗎？』『好的。』那麼，他會躺在旁邊，很從容地談些國家大事，或友朋往來，或小孩子與家務，或文壇情形。談得起勁，他就要求說：『我再抽一支烟，好嗎？』同意了，他會談得更高興。但不爭氣的多是我，沒有振作精神領受他的談話，有時當作是催眠歌般不到一支烟完了，立刻睡熟了，他這時會輕輕走開，自己去做他急待動筆的譯作。」

他倆這對夫婦，感情也竟可說不錯了。

許廣平在《欣慰的紀念》中，有一節是寫他們的兒子海嬰的。

這孩子，幼年時也不見得特別聰明，但是，因魯迅晚年得子，他是特別寵愛他的，所謂「回眸時看小於菟」，就是這麼一個意思。他在稟母的信中說：「海嬰的外套，此刻剛剛可穿，內襯絨線衣及背心各一件；冬天襯衣一多，即太小，但明年春天還可以穿的。他的身材好像比較的高大，昨天量了一量，足有三尺了，而且是上海舊尺；倘是北京尺，就有三尺三寸，不知道底細的人，都猜他是七歲。」「海嬰很好，每天上幼稚園去，不大賴學了。他比夏天胖了一點，雖然還要算瘦，卻很長，剛滿六歲，別人都猜他是八九歲。他有細長的手和腳像他母親的。今年總在吃魚肝油，沒有間斷過。他什麼事情都想模仿我，拿我來做比，只有衣服不肯學我的隨便，愛漂亮，要穿洋服了。」字裡行間，流露著他的得意與寵愛的神情。（景宋說：「海嬰生下來了，每個朋友來到，他總抱給他們看；有時小孩在樓上睡熟了，也會叫人抱他下來的。他平常對海嬰愛惜，總會不期然地和朋友談到他的一切。」）

　　景宋生育海嬰，那是很危險的難產；她產後體力很差，照醫生的意思，希望雇一位奶媽，再三催促，而且善意的勸告。但魯迅一定不同意，定規要自己來照料。可是他們兩個人既沒有育兒的經驗，而別人的經驗，他是未必一定相信。最認為可靠的，除了醫生的話之外，就請教於育兒之類的書籍。這麼一來，真是鬧了許多的笑話，而又吃足了苦頭。首先是哺乳的時間，按照書上是每三小時一次，每次若干分鐘。有的說是每次五分鐘，有的說是每次哺一只奶，留一只第二次，交換哺乳較為豐足。然而人不是機器，不會這樣規律化的。小孩也真難對付：有時吃了幾口，就睡熟了，推也推不醒，有時是醒了，未到時間也不許吃，一任他啼哭。而她自己呢，起先不等到兩小時就覺得奶漲潮了，毛巾也幾乎濕透。如是之後，再到餵奶時，已經是低潮期了；還是讓小孩餓了肚皮照時間吃；於是就時常發覺小嘴左轉右動，做出覓吃狀態。這使她不安起來，和他研究一下，他說瘦些不要緊，沒有病就好了。到了兩個多

月，患些感冒，去看醫生，量了量體重，醫生說這不對，孩子的重量，只夠兩三個星期內；於是研究生活狀況，由醫生教他們在新鮮牛奶裡面加粥湯、滋養糖等，分量照月份增加；這之後，才逐漸肥胖起來。其次是洗浴，在醫院時，每天由護士小姐抱來抱去，怎樣洗浴，他們從未參觀過，待到十二天後回到家中，她稍稍能夠起床了，於是商量給孩子沐浴。他是特別小心，不許用未燒過的水，更不願意假手別人。在一只小面盆裡盛了半盆溫水，由她托住小孩的身體，由他來洗。水既不大熱，經過空氣一吹，小孩受冷到面孔發青，小身體在發抖。他們也狼狽不堪，草草了事。但小孩立刻有了反應，發寒熱感冒了。好容易醫好之後，從此就幾十天不敢給他洗浴。而且因為幾次傷風，天氣逐漸冷了，又怕他再感冒，連打開他的衣服都不敢了。據魯迅的意思，叫她每小時看一次孩子的尿布。他總算學過醫的，她自然不好反對，但結果小屁股被濕污所浸而脫皮了。沒法子只得又去看醫生。由醫生介紹看護每天來給小孩洗浴。這才知道應該讓小孩臥在溫水裡，並且在水裡放有溫度表時常留意水的溫度，不斷添上熱水。這樣，小孩在水裡就一聲也不響，看來像蠻舒服的樣子。看護小姐也時常提議叫他們自己學習自己動手，但是他們嚇怕了，有點氣餒。魯迅說：「還是讓她洗罷，我們洗病了，不是還要花更多的錢嗎？我多寫兩篇文章就好了。」以後，小孩是每天請看護洗浴，一直洗到海嬰七個多月。這些小故事是有趣的。魯迅這樣一位思想家、大作家，而其生活若干方面，也還是這麼幼稚，天真可笑的；魯迅也畢竟不是聖人。

魯迅這只萊謨斯所寵愛的「小於菟」，魯迅自己希望他不要做空頭文學家，大概不會成為文學家了吧，畢竟文學是不世襲的，以許廣平的教育方針來說，她也大概不會把他教育成一個文學家了。

筆者說到「老年得子」的變態心理，我曾在幾位老師如單不庵、朱芷春的生活中看到過，魯迅雖是一代作家，也還是逃不過於寵愛的一關。（筆者自己也是如此，不過，我有了三個女兒，就不

像魯迅那樣把兒子看作掌上珠了。）海嬰的小名是小紅象（因為林語堂曾譽魯迅為白象，乃有此名）。他每晚值班看護這個寶貝的兒子，他口中所唱的催眠曲是：

　　　　小紅，小象，小紅象，
　　　　小象，紅紅，小象紅；
　　　　小象，小紅，小紅象，
　　　　小紅，小象，小紅紅。

　　魯迅最怕的是小孩子生病，本來提心吊膽在招呼他，如果一看到發熱傷風，就會影響到他的工作。他在日記中，也不時提起海嬰的病。遇到了，他幾乎是「眠食俱廢」。（這和前人所說的「千金之子，坐不垂堂」，又有什麼分別。）他在日譯《中國小說史略》序中說：「一妻一子也將為累了。」景宋說魯迅時常對她說：「有了你和海嬰的牽累，使我做事時候比較地細心，時常有更多的顧慮。」（魯迅夫婦，也頗神經過敏，其實，他們在上海並沒有危險。）

　　景宋筆下所寫的魯迅寵愛海嬰的情形，和其他父親溺愛幼子的情形，也並沒有多大分別。而一般孩童的好奇心理，也並不在海嬰之下。她和魯迅也並不養出天才來。她說魯迅反對小學教師的鞭打兒童，但有時對海嬰也會加以體罰，那是遇到他太執拗頑皮，說不清的時候，要打的時候，他總是臨時抓起幾張報紙，卷成一個圓筒，照海嬰身上輕輕打去，但樣子是嚴肅的。海嬰趕快就喊「爸爸，我下回不敢了。」那時，這位父親看到兒子的楚楚可憐心軟下來，面紋也放寬了。跟著這寬容，小孩子最會體察得到，立刻膽子大了，過來搶住那卷紙筒問：「看看這裡面有什麼東西？」他是要研究紙裡面包藏些什麼東西來打他。看到是空的，這種研究的迫切心情，引得魯迅笑起來了。緊跟著父子之間的融融洽洽的聚會，海

嬰也會小心拘謹一些時候。有一次，海嬰也會發表他的意見了，他說：「我做爸爸的時候，不要打兒子的。」魯迅問他：「如果你的兒子壞得很，你怎麼辦呢？」他說：「好好地教他，買點東西給他吃。」魯迅就笑了。他以為，他自己最愛孩子，但是他的兒子的意見，比他更和善，能夠送東西給不聽話的孩子來做感化工作，這不是近於耶穌的被打了右臉再送左臉去的忍耐嗎？實際卻未必能真做得到罷。（筆者也曾和魯迅討論過這一問題，我是主張可以打孩童的；但打孩子有幾個附加的條件：（一）自己脾氣不好時，不要打，所謂不遷怒。（二）全家不一致的不要打，一個打，一個勸，一個去安慰，那就不必打；打的後果比不打壞。（三）沒有預期的成果，不要打。所以，魯迅打海嬰，常是失敗的。）

　　景宋有一段描寫海嬰在書房搗蛋情形，十分精彩。「小孩子在我們房間，女工來了，也會不知所措。在寫字台上，海嬰歡喜立在椅子上拿起筆來亂塗，魯迅是很珍惜一切用具，不肯隨便拋棄小小一張紙的；但對於海嬰索取紙張時，就是他最喜歡的，給他亂塗，也是滿心願意的。」這又是一幅「爸爸不在時候」的漫畫。

　　在我們眼中那個活著的魯迅，畢竟是一個常人；他雖說是世故老人，有的舉動，卻也幼稚得可笑。他的筆鋒那麼尖刻，對人卻相當厚道。他的見識非常遠大，卻也神經過敏。有一件小事，說起來，大家未必相信。他的兒子海嬰，當他逝世時，已經八歲了，卻一直不知道他的父親是魯迅。這也有小小的因由：那時文網甚密，謠言甚多，也難怪他們都十分敏感的。有一回沈雁冰住在滬西，他的兒子在××小學讀書。有一天，那孩子看見他們的老師正在看茅盾的《子夜》；大聲叫道：「這是我爸爸做的。」那老師也許是好奇，那天下午，放學回家就跟在那孩子後面走了一大截路，沈雁冰究竟住在那裡；這可把沈雁冰一家嚇壞了，連忙搬了家。還有郁達夫和王映霞的孩子，也是在杭州某小學讀書，一路在牆壁上塗著他們倆的姓名，指路牌似的把舊交新知引到家中去的。這一類的故

事，提醒了魯迅的警覺，所以海嬰就不知道他的父親是魯迅了。

　　許景宋所記魯迅教育撫養海嬰的故事中，大多是平凡得不值一提的。我覺得魯迅之為人父，倒像巴金《憩園》那小說中的主人公姚國棟，並不怎樣高明的。只有他對孩子的性教育倒是開明合理。她說他對於孩子的性教育，是極平凡的，就是絕對沒有神秘性。赤裸的身體，在洗浴的時候，是並不禁止海嬰的走出走進的。實體的觀察，實物的研究，遇有疑問，隨時解答，見慣了雙親，也就對於一切人體都了解，沒有什麼驚奇了。他時常談到中國留學生跑到日本的男女共浴場所，往往不敢跑出水面，給日本女人見笑的故事，作為沒有習慣訓練所致的資料。所以有些外國社會，不惜在野外男女赤裸，共同跳舞的練習，也正是以針對中國一些士大夫階級的紳士們，滿口道學，而偶爾見到異性極普通的用物，也會涉遐想的；變態心理的亟須矯正於從孩子時代來開始了。她又說魯迅對於兒童普通知識的灌輸，並不斤斤於青年的研究，他隨時隨地作常識的曉諭譬解；其中對於電影教育，也在娛樂中取得學識的一種辦法，他是盡著機會去做的。魯迅自己對舊式的背誦，似乎很深惡痛絕。對一般學校的教育制度，也未必滿意，他是主張「順其自然發展」的。（我看魯迅對於這一問題，也矛盾得很的。）

　　景宋的回憶文字中，有這麼一篇寫魯迅與家庭的，頗有點意思。她說她曾經遇到一位舊時代的官僚親戚，他每回到家裡來，就像一隻貓走到一個老鼠窩裡一樣，立刻聲息全無。偶不小心，就聽到訓斥的告誡說：「我是掌舵的，船怎樣走要依我。你們是坐船的，沒有我不行，你們不許做聲！」這真是專制家長的口吻。魯迅卻相反，不但不像掌舵，倒像坐船的，一任她們意思。自己能動手的就做，沒有空，她幫他也可以，但絕不勉強，總要看她的能力而定。對於女工，魯迅從來是沒有呼喊責備過一聲的。遇到她不在家，要泡茶了，他就自己捧著茶壺走下樓梯，到廚房去，要他自己動手燒水也可以的。

她說，魯迅對於日常生活用度的支出，絕不過問；他自己的買書賬是記下來的，魯迅的衣著很隨便，卻要她多買點衣著。這都是他的通人情之處。他這個家長是容易相處的。孫伏園說：「魯迅先生的房中總只有床鋪、網籃、衣箱、書案這幾樣東西。萬一午麼時候要出走，他只要把鋪蓋一捲，網籃或衣箱任取一樣，就是登程的旅客了。他從來不夢想甚麼是較為安適的生活。他雖是處在家庭中，過的生活卻完全是一個獨身者。」

二十八　他的師友

　　筆者寫下這一個題目，頗有不知如何著筆之感。因為魯迅心目中的朋友，究竟那些人？我也無從去替他決定的。他有一回寫信給我，說：「現在的許多論客多說我會發脾氣，其實我覺得自己倒是從來沒有因為一點小事情，就成友或成仇的人。我還有不少幾十年的老朋友，要點就在彼此略小節而取其大，」可以說他是有不少幾十年的老朋友的。這兒，姑且從他自己所供給的材料中來寫這一篇罷。

　　他在晚年，寫過一篇很好的回憶文字，題為《我的第一個師父》。他是周家的長男，父親怕他有出息，因此養不大，不到一歲，叫作長庚。他的師父，他不知道他的法名，無論誰，都稱他為「龍師父」，瘦長的身子，瘦長的臉，高顴細眼，和尚是不應該留鬚的。他卻有兩絡下垂的小鬍子。對人很和氣，對他也很和氣，不教他念一句經。也不教他一點佛門規矩；他自己呢，穿起袈裟來做大和尚，或者戴上毗盧帽放焰口，「無祀孤魂來受甘露味」的時候，是莊嚴透頂的，平常可也不念經，因為是住持，只管著寺裡的瑣屑事；其實由他看起來，他不過是一個剃光了頭的俗人。因此，魯迅又有一位師母，就是龍師父的老婆。論理，和尚是不應該有老婆的，然而他有。他的師母在戀愛故事上，卻有些不平常。聽說龍

師父在年青時，是一個很漂亮而能幹的和尚，交際很廣，認識各種人。有一天，鄉下做社戲了，他和戲子相識，便上台去替他們敲鑼，精光的頭皮，簇新的海青，真是風頭十足。鄉下人大抵有些頑固，以為和尚是應該唸經拜懺的，台下有人罵了起來。師父不甘示弱，也給他們一個回罵。於是戰爭開幕，甘蔗梢頭，雨點似的飛上來，有些勇士，還有進攻之勢，彼眾我寡，他只好退走，一面退，一面一定追，逼得他只好慌張的躲進一家人家去。而這人家，又只有一位年青的寡婦。以後的故事，連魯迅也不甚了然了。總而言之，她後來是他的師母。

　　魯迅因此有了三個師兄，兩個師弟。大師兄是窮人家的孩子，捨在寺裡的。其餘四個，都是師父的兒子。大師兄只有單身；二師兄也有家小，但他守著秘密。三師兄比魯迅大十歲，和他的感情極好。他說：「出家人受了大戒，從沙彌升為和尚，正和我們在家人行過冠禮，由童子而為成人相同。成人願意『有室』，和尚自然也不能不想到女人。以為和尚只記得釋迦牟尼或彌勒菩薩，乃是未曾拜和尚為師、或與和尚為友的世俗的謬見。寺裡也有確在修行，沒有女人，也不吃葷的和尚，譬如我的大師兄即是其一，然而他們孤僻、冷酷、看不起人，好像總是鬱鬱不樂，他們的一把扇或一本書，你一動他就不高興，令人不敢親近他。所以我所熟識的，都是有女人，或聲明想女人、吃葷，或聲明想吃葷的和尚。我那時並不詫異三師兄在想女人，而且知道他所理想的是怎樣的女人。人也許以為他想的是尼姑罷，並不是的，和尚和尼姑『相好』，加倍的不便當。他想的乃是千金小姐或少奶奶，而作這『相思』或『單相思』（即今之所謂單戀也）──的媒介的是『結』。」我們那裡的闊人家一有喪事，擇七解結，解結並不是如世俗人所推測，個個解開的，倘有和尚以為打得精緻，因而生愛，或者故意打得結實，很難解散，因而生恨的，便能暗暗的整個落到僧袍的大袖裡去。這種寶結帶回寺裡，便保存起來，也時時鑒賞。打結子是誰呢？不消說

是小姐或少奶奶了。所以他一覺睹物思人，所謂將涉遲想起來了。魯迅是最懂得這種人的變態心的。魯迅的三師兄也有老婆，魯迅笑嘲他不守清規，他竟一點不窘，立刻用金剛怒目式，向他大喝一聲道：「和尚沒有老婆，小菩薩那裡來？」這真所謂獅子吼，使魯迅明白了真理，啞口無言了。

　　魯迅在日本讀書時期，曾和幾位朋友往民報社聽章太炎先生講學，筆者已在上文說到過了。章氏可說是魯迅所最欽佩的老師。許壽裳氏曾在魯迅印象記中有一段描敘文字：「章先生出獄以後，來渡日本，一面為民報撰文，一面為青年講學，其講學之地，是在大成中學裡一間教室。我和魯迅極願往聽，而苦與學課時間相衝突，因托龔未生轉達，希望另設一班，蒙先生慨然允許。地址就在章先生的寓所——牛込區二丁目八番地民報社，每星期日清晨，席地而坐。先生講段氏《說文解字注》、郝氏《爾雅義疏》等，神解聰察，精力過人，逐字講解，滔滔不絕，或則闡明語原，或則推見本字，或則旁證以各處方言。自八時至正午，歷四小時毫無休息，真所謂『誨人不倦』，章先生講書這樣活潑，所以新義創見，層出不窮。就是有時隨便談天，也復詼諧間作，妙語解頤。其《新方言》及《小學答問》兩書，都是課餘寫成的，其體大思精的文始，初稿也起於此時。」他說：「魯迅聽講，極少發言，只有一次，因為章先生問及文學的定義如何？魯迅答道：『文學和學說不同，學說所以增人感。』先生聽了說：『這樣分法，雖較勝於前人，然仍有不當。郭璞的《江賦》，木華的《海賦》，何嘗能動人哀樂？』魯迅默然不服，退而和我說：『先生詮釋文學，範圍過於寬泛，把有句讀的和無句讀的悉數歸入文學。其實文字與文學固當有分別的，《江賦》，《海賦》之類，辭雖奧博，而其文學價值就很難說。』這可見魯迅治學，愛吾師尤愛真理的態度。」

　　章太炎在一九三六年逝世，到了十月間，他自己也去世了。他所寫的《關於章太炎先生二三事》，可說是最後文字之一。他對於

太炎先生的評價，和一般世俗人說法並不相同。他說：「太炎先生雖先前也以革命家現身，後來卻退居於寧靜學者，用自己所手造的和別人所幫造的牆，和時代隔絕了。紀念者自然有人，但也許將為大多數所忘卻。我以為先生的業績，留在革命史上的，實在比在學術史上還要大。回憶三十餘年之前，木板的《訄書》已經出版了，我讀不斷，當然也看不懂，恐怕那時的青年，這樣的多得很。我的知道中國有太炎先生，並非因為他的《經學》和《小學》，是為了他駁斥康有為和為鄒容的《革命軍》序，竟被監禁於上海的西牢。那時留學日本的浙籍學生，正辦雜誌《浙江潮》，其中即載有先生獄中所作詩，卻並不難懂。這使我感動，也至今並沒有忘記，……民國前五年六月，出獄，即日東渡，到了東京，不久就主持《民報》。我愛看這《民報》，但並非為了先生的文筆古奧，索解為難……是為了他和主張保皇的梁啟超鬥爭，……真是所向披靡，令人神往。前去聽講也在這時候，但又並非因為他是學者，卻為了他是有學問的革命家，所以直到現在，先生的音容笑貌，還在目前，而所講的《說文解字》，卻一句也不記得了。民國元年革命後，先生的所志已達，該可以大有作為了，然而還是不得志。這也是和高爾基的生受崇敬，死備哀榮，截然兩樣的。我以為兩人遭遇的所以不同，其原因乃在高爾基先前的思想，後來都成為事實，他的一身，就是大眾的一體，喜怒哀樂無不相通；而先生則排滿之志雖伸，但視為最緊要的『第一是用宗教發起信心，增進國民的道理；第二是用國粹激動種性，增進愛國的熱腸』。」（見《民報》第六本）卻僅止於高妙的幻想；不久而袁世凱又攘奪國柄，以遂私圖，就更使先生失卻實地，僅垂空文，至於今，惟我們的『中華民國』之稱，尚係發源於先生的中華民國解，最先亦見《民報》為巨大的紀念而已。然而知道這一重公案者，恐怕已經不多了。既離民眾，漸入頹唐，後來的參與投壺，接收餽贈，遂每為論者所不滿，但這也不過白圭之玷，並不是晚節不終。考其生平，以大勳章作扇墜，

臨總統府之門，大詬袁世凱的包藏禍心，世無第二人。七被追捕三入牢獄，而革命之志，終不屈撓者，並世無第二人：這才是先哲的精神，後生的楷範。」那時，魯迅已在病中，而力疾作文，以表師德，也可見他們師生間的契合。

　　周作人說：魯迅在東京的朋友不很多，據他所知道的，不過十來人，有的還是平常不往來的。那些老朋友之中，周氏說到了袁文藪，說魯迅從仙台退了學，來到東京，決心要做文學運動先來出一本雜誌，定名叫作《新生》。他拉到了兩個同鄉友人，給《新生》寫文章，一個是許季茀，一個是袁文藪。（袁後來到英國去留學了。）袁與魯迅很是要好，至少關於辦新雜誌談得很投合罷，可是離開了東京之後，就永無音信。還有一位朋友是蔣抑卮，杭州銀行家，他一九〇八年往東京割治耳病，住在許季茀處，所以認識魯迅。他頗有見識，舊學也很好，因此很談得來。他知道魯迅有介紹外國小說的意思，願意幫忙，這便出版了兩本《域外小說集》。民國以後，魯迅在北京時，蔣北來必去探訪，可見他們的交情一直是很好的。

　　周氏又說到蔣觀雲與范愛農。蔣名智由，是那時的新黨，避地東京，在《清議報》上寫些文章，年紀總要比魯迅大二三十歲了，因為他是蔣伯器的父親（伯器，民初的浙江軍事家，與蔣百里齊名。）所以同鄉學生都尊他為前輩，魯迅與許季茀也常去問候他。可是到了徐錫麟案發作，他們對他就失去了敬意了。在魯迅的回憶錄中，描畫得最深刻的范愛農，（見《朝華夕拾》。）范氏是《越諺》著者范寅的本家，在日本留學，大概是學理工的，起初與魯迅並不認識，第一次相見乃是在同鄉學生討論徐案的會場上。其時蔣觀雲主持發電報給清廷，有許多人反對，中間有一個人，蹲在屋角（因為會場是一間日本式房子，大家本是坐在席上的。）自言自語的說道：「死的死掉了，殺的殺掉了，還打什麼鳥電報！」他也是反對發電的，只是態度很是特別，魯迅看他那神氣覺得不太順

眼，所以並未和他接談，也不打聽他的姓名，便分散了。這是民前五年的事。（魯迅說他是一個高大身材，長頭髮，眼球白多黑少的人，看人總像在藐視。他覺得這人很冷。）事經五年之後，辛亥革命那年，他們又在故鄉相遇了。魯迅有這麼一段描寫：我們「互相熟視了不過兩三秒鐘，我們便同時說：『哦哦，你是范愛農；哦哦你是魯迅！』不知怎地我們便都笑了起來，是互相的嘲笑和悲哀，他眼睛還是那樣，然而奇怪，只這幾年，頭上卻有了白髮了，但也許本來就有，我先前沒有留心到。他穿著很舊的布馬褂，破布鞋，顯得很寒素。談起自己的經歷來，他說他後來沒有入學費，不能再留學就回來了。回到故鄉之後，又受著輕蔑、排斥、迫害，幾乎無地可容。現在是躲在鄉下教著幾個小學生糊口。但因為有時覺得很氣悶，所以也趁了航船進城來，他又告訴我現在愛喝酒，於是我們便喝酒。從此他每一進城，必定來訪我，非常相熟了。我們醉後常談些愚不可及的瘋話，母親偶然聽到了也發笑。」

後來紹興光復了，王金發設立軍政分府，聘請魯迅為師範學校校長，范愛農為監學。「他還是穿那件布袍子，但不大喝酒了，也很少有工夫談閑天，他辦事兼教書，實在勤快得可以。」不過，革命以後的紹興，是十分使人失望的，王金發，也和舊官僚差不多。其後不久，魯迅應許季茀之邀，到南京教育部去任職，范愛農的監學職位也被後來繼任的校長擠掉了。魯迅想為他在北京尋一點小事做，那是他最希望的，然而沒有機會。他後來便到一個熟人的家裡去寄食，也時時給魯迅寫信，景況愈窮困，言辭也愈凄苦。終於又非走出這熟人的家不可，便在各處飄浮。（他時常這麼說：「也許明天就收到一個電報，拆開來一看，是魯迅來叫我的。」）不久，魯迅忽然從同鄉那裡得到一個消息，說他已經掉在水裡淹死了。魯迅疑心他是自殺，因為愛農是浮水的好手，不容易淹死的。

魯迅懷念故交，曾寫了三首詩：

其一：

風雨飄搖日，余懷范愛農。華顛萎廖落，白眼看鷄蟲。

世味秋荼苦，人間直道窮。奈何三月別，竟爾失畸躬！

其二：

海草國門碧，多年老異鄉。狐狸方去穴，桃偶已登場。

故里寒雲黑，炎天凜夜長。獨沉清泠水，能否滌愁腸？

其三：

把酒論當世，先生小酒人。大圜猶茗艼，微醉自沉淪。

此別成終古，從茲絕緒言。故人云散盡，我亦等輕塵！

　　這一份淒婉的情緒，後來也寫在《酒樓上》那一小說中。

　　佐籐春夫、增田涉編選日文本的《魯迅選集》時，魯迅自己提出《籐野先生》那一篇是必須收入的。《籐野先生》，（見《朝華夕拾》，他的回憶錄之一。）他對於這位解剖學教授是終生懷念著的。（當然，籐野對於魯迅的印象，並不怎樣深的。）魯迅到日本兩年之後，進了仙台的醫學專門學校，他是抱著接受現代西洋醫學知識而去求道的，他要用醫學來救國。同時，他不滿意於東京留學生的浮囂習氣。在仙台，全校只有他這麼一個中國人，他的生活孤獨而寂寞。但在那裡，他遇到了籐野嚴九郎教授。籐野教授是教解剖學的。這位教授，是一個黑瘦的先生，八字鬚，戴著眼鏡。他專心於學術研究，不十分注重儀表的。據說是穿衣服太模糊了，有時竟會忘記帶領結；冬天是一件舊外套，寒顫顫的，有一回上火車去，致使管車的疑心他是扒手，叫車裡的客人大家小心些。魯迅就親見他有一次上講堂沒有帶領結。有一天，這位教授叫魯迅到他自己的研究室去，叫他把筆記本拿來看。籐野教授要他留下那筆記本。過了二三天，這位教授把筆記本還給他，他打開看時，很吃了一驚，同時，也感到一種不安和感激。原來他的講義已經從頭到末，都用紅筆添改過了，不但增加了許多脫漏的地方，連文法的錯

誤，也都一一訂正。這樣一直繼續到教完了他所擔任的功課；骨學、血管學、神經學。到了第二學年，籐野教授擔任了解剖實習和局部解剖學，但在解剖實習的開始以後經過一星期的光景，他又叫了魯迅去，仍用了極有抑揚的聲調對他說：「我因為聽說中國人是很敬重鬼的，所以很擔心，怕你不肯解剖屍體。現在總算放心了，沒有這回事。」不過這位教授對於中國的裏腳，很想知道一點內情，他問魯迅怎樣裏法，足骨變成怎樣的畸形，魯迅卻無以為答；他只好嘆息道：「總要看一看才知道，究竟是怎麼一回事呢？」

後來，魯迅因為看了時事影片，有了感觸，認為醫學是不能救國的，他的意見卻起了變化了。到了第二學年的終結，他便去尋籐野先生，告訴他，他將不學醫學，並且離開這仙台。籐野教授的臉色，彷彿有些悲哀，似乎想說話，但竟沒有說話。魯迅便對他說：「我想去學生物學，先生教給我的學問，也還有用的。」其實魯迅並沒有決意要學生物學，因為看得他有些淒然，便說了一個安慰他的謊話。籐野教授嘆息道：「為醫學而教的解剖學之類，怕於生物學也沒有什麼大幫助。」將走的前幾天，籐野教授又叫魯迅到他家裡去，交給他一張照相，後面寫著兩個字道：「惜別」。還希望魯迅也送一張給他。魯迅說：「不知怎地，我總還時時記起他，在我所認為我師的之中，他最使我感激，給我鼓勵的一個。有時我常常想：他的對於我的熱心的希望，不倦的教誨，小而言之，是為中國，就是希望中國有新的醫學；大而言之，是為學術，就是希望新的醫學傳到中國去。他的性格，在我的眼裡和心裡是偉大的，雖然他的姓名並不為許多人所知道。他所改正的講義，我曾經訂成三厚本，收藏著的，將作為永久紀念。（後來不幸在一次搬家途中失去了。）……他的照相，至今還掛在我北京寓居的東牆上，書桌對面。每當夜間疲倦，正想偷懶時，仰面在燈光中瞥見他黑瘦的面貌，似乎正要說出抑揚頓挫的話來，便使我忽又良心發現，而且增加勇氣了。」

（魯迅的紀念文字，直到魯迅死後二年，才在日本《文學案內》雜誌中刊出，日本三位記者也訪問了他，寫了《籐野醫師訪問記》，也刊在《文學案內》上。籐野生於明治七年福井縣坂井郡本藏村下番，在愛知縣立醫學專門學校畢業後，便執教母校，明治三十四年末，轉任教授於仙台醫學專門學校，一直工作到大正四年春間。其後，返歸鄉里，在三國町開設醫院，一直為鄉村農民而服務的。）

　　林辰先生考証魯迅事跡，說自一九〇八年，魯迅認識章太炎之日起，兩人的關係，持續了將近三十年。顯然，魯迅所受於章太炎的影響是很大的。第一、是繼承了章太炎的「七被追捕，三入牢獄，而革命之志，終不屈撓」的優秀傳統，並進一步的加以發揚，為被壓迫被損害的人群，為中國的自由和進步，奮鬥了一生。第二、是繼承了章太炎的文章風格。章太炎文尚魏晉，澹雅有度。而魯迅早期所作古文，亦極得力於魏晉文。從前劉半農曾贈給他一副聯語是「托尼學說，魏晉文章」。一般友朋都認為很恰當，他自己也不加反對。據魯迅在《〈墳〉的題記》和《集外集》序裡自承，他早年作文，歡喜做怪句又愛寫古字，完全是受了章太炎先生的影響。後來雖然改作白話了，但偶作文言，亦仍保有魏晉風格。（時人都認為繼承章太炎的文統的是黃侃，其實黃氏古文，又是貌似，得其神理的莫如魯迅。）第三、在待人接物上，魯迅也承受了章太炎的風度。章太炎態度沖穆，從無什麼大學者的架子，與人論學論事，如談家常。魯迅在這一方面正也一樣。無論對朋友、學生、青年，他的態度，都是謙和寬厚，仁藹可親。（魯迅曾於覆筆者的信中說：「太炎先生曾教我《小學》，後來因為我主張白話，不敢再去見他了。」「太炎先生對於弟子，向來也絕無傲態，和藹如朋友然。」）

　　章門弟子，前期就是他們七人。（後期的也得分別來說的，像筆者一樣，只能算是私淑弟子了。）魯迅和那幾位同學，交誼也是

很密切的，最密切的當然要推許壽裳先生，其次則是錢玄同。錢氏名夏，字季中，號德潛，後改名玄同，浙江吳興人。他因為熟讀古書，發現古史多不可靠，故又取號曰「疑古」，常效古法，綴號於名上，曰「疑古玄同」。歸國後，曾任浙江教育司科長，北京大學、師範大學教授。他是文字學、經學專家，生平提倡新文化運動，推行注音符號，著述宏富，對學術界的影響與貢獻極大。魯迅之開始在《新青年》上寫文章，便是由於他的慫恿。他在《我對於周豫才之追憶與略評》中說：「我認為周氏兄弟的思想，是國內數一數二的，所以竭力慫恿他們給《新青年》寫文章。但豫才則尚無文章送來，我常常到紹興會館去催促，於是他的《狂人日記》小說居然做成而登在第四卷第五號裡了。自此以後，豫才便常有文章送來，有論文、隨感錄、詩、譯稿等，直到《新青年》第九卷止。」魯迅也曾在《吶喊》序中說及此事（見前引），魯迅一向提到玄同，都是用了很親切的語氣的。魯迅平常也很稱道玄同的文字，說：「其實暢達也自有暢達的好處。例如玄同之文，即頗汪洋，而少含蓄，使讀者覽之了然，無所疑惑，故於表白意見，反為相宜，效力亦復很大。」

到了後來，因為魯迅南下，和北方友人隔絕甚久，又因錢玄同的有言論，如「人過四十，便該槍斃」等說，為魯迅所不滿，於是兩人遂漸漸疏遠了。魯迅所作的詩，教授《雜詠三首》，其中一首是諷嘲錢玄同的，詩云：「作法不自斃，悠然過四十；何妨賭肥頭，抵當辨証法。」一九二九年，魯迅往北平，在一次給景宋的信中說：「往孔德學校，去看舊書，遇金立因（即玄同），胖滑有加，嘮叨如故，時光可惜，默不與談。」錢氏也在《追憶與略評》中說：「我想，胖滑有加，似乎不能算做罪名，他所討厭的大概是嘮叨如故罷。不錯，我是愛嘮叨的，從二年秋天我來到北京，至十五年秋天，他離開北京，這十三年之中，我與他見面總在一百次以上，我的確很愛嘮叨，那時，他似乎並不討厭，因為我固嘮叨，而

他亦嘮叨也。不知何以到了十八年，我嘮叨如故，他就要討厭而厭不與談。但這實在算不了什麼事，他既要討厭，就讓他討厭罷。不過這以後，他又到北平來過一次，我自然只好回避了。」他們兩人的關係，也就很疏淡了。

（錢玄同氏，對於國語運動，貢獻極大。國音字典例言，即係錢氏手筆，黎錦熙說這是最精細、簡明、切實之作。）

章門弟子之中，黃侃（季剛）似乎處於顏淵的地位（章氏國故《論衡》，黃氏作贊，以「侃幸覯秘書，竊抽微旨，雖牛蹄之涔，匪盡於大海，而洪鐘之響，或借於過莛」作結。）魯迅卻和他不通聞問；五四運動，北大諸學人，提倡新文化、新文學，章氏弟子都參加這一運動，而黃侃獨特異議，志趣本不相投的。其他弟子以史學著稱的，有朱希祖（字選先，海鹽人。歸國後歷任海鹽縣知縣，浙江兩級師範學堂教員，北京大學、女子師範大學教授，中央大學史學系主任，著有《上古文學史》、《中國史學通論》等書。）他在兩級師範、北大、女師大等校時，均與魯迅同事。兩人之間交誼並不深。一九二五年，許景宋對魯迅提到朱氏在講文學史時，說到人們用假名是不負責任的推諉的表示。魯迅在回信中說：「夫朱老夫子者，是我的老同學，我對於他的在窗下孜孜研究，久而不懈，是十分佩服的，然此亦惟於古學一端而已，若夫評論世事，乃頗覺其迂遠之至者也。他對於假名之非難，實不過其最偏的一部分。如以此誣陷毀謗個人之類，才可謂之『不負責任的推諉的表示』。倘在人權尚無確實保障的時候，兩面的眾寡強弱，又極懸殊，則須又作別論才是。例如子房為韓報仇，從君子看來，蓋是應該寫給秦始皇，要求兩人赤膊決鬥，才算合理的。然而博浪一擊，大索十日而終不可得，後世亦不以為『不負責任』者，知公私不同，而強弱之勢亦異，一匹夫不得不然之故也。況且，現在的有權者，是什麼東西呢？他知道什麼責任呢？民國日報案，故意拖延月餘，才來裁判，又決罰至如此之重，而叫喊幾聲的人獨要硬負片面的負責，如

孩子脫衣以入虎穴，豈非大愚？朱老夫子生活於平安中，所做的是
《蕭梁舊史考》，負責與否，沒有大關係，也並沒有什麼意外的危
險，所以他的侃侃而談之談，僅可供他日共和實現之後的參考，若
今日者，則我以為只要目的是正的——這所謂正不正，又只專憑自
己判斷，即可用無論什麼手段，而況區區假名真名之小事也哉。此
我所以指窗下為活人之墳墓，而勸人們不必多讀中國之書者也！本
來還要更長更明白的罵幾句，但因為有所顧忌，又哀其鬍子之長，
就此收束罷。」也可見他們兩人的志趣，也是十分相投的。

　　太炎先生有二女，長㸚㸚（即離字）次珵（即整字）。㸚㸚嫁給龔
寶銓（字未生，嘉興人），在日本時，常和陶煥卿到鰛過寓所來談
天。那時，他和陶煥卿擬組織暗殺團，狙擊清廷大臣；又在連絡江
浙會黨，計劃起義，也是光復會的創立人之一。此外，秋瑾女士，
是同時的留學生，又是同鄉，所以也時常往訪。她的脾氣是豪爽
的，來到也許會當面給人過不去。大家對於她來都有點惴惴欲遁，
但是假使趕快款待餐飯，也會風平浪靜地化險為夷。那時女留學生
實在少，所以每有聚會，一定請她登台說話，一定拼命拍手。（魯
迅曾說，秋瑾是給拍手拍上斷頭台去的。）與徐錫麟同時在安徽戰
死的陳伯平烈士，會稽人；被害的馬宗漢烈士，餘姚人，都是光復
會會員。他們初抵日本留學時，魯迅曾到橫濱去迎接他們，以後想
也有往返。（許壽裳也是光復會會員。）其他還有陶冶公、陳濬
等；陶初名鑄，字望潮後以字行曰冶公，會稽人，成章即其侄兒。
在東京與魯迅共習俄文，後在長崎，從俄人學造炸藥，辛亥革命
時，曾率人攻打上海製造局。陳字子英，山陰人，曾與徐錫麟在東
湖密謀革命；徐殉難後，逃往日本，亦是魯迅學俄文時同學。他們
兩人，也都是光復會會員。這些人，在學識、性情、年齡上，各有
殊異；和魯迅往來的時間，有久有暫，情感有深有淺，但他們卻有
一共同之點，即他們都是光復會的會員。（章太炎先生則是光復會
的領袖之一，後來加入了同盟會。）魯迅大概是沒有加入光復會，

正如蘇曼殊沒有加入同盟會，但他們的氣味是相投的。

魯迅一生最知己的朋友，或許應該說到許壽裳（季茀）了。（許氏，浙江山陰人。歸國後歷任浙江兩級師範學堂教務長，教育部參事，江西教育廳長，北京女子高等師範學校校長，大學院參事、秘書長，及南北各大學教授。）他自述和魯迅的交誼，「生平三十五年，彼此關懷，無異昆弟。例如他為我謀中山大學教書事，備極周到。他的著譯編印的書，出版後大抵都有贈給我，並且大抵有題字，彌足珍貴。一九〇九年，我和沈夫人結婚，魯迅贈以《文史通義》和《校讎通義》。他知道我愛誦鄉先賢李慈銘的文章，即以廠肆所搜得的曾之撰刻《越縵堂》《駢體文集》四冊給我。」「吾越鄉風，兒子上學，必定替他挑選一位品學兼優的做開蒙先生，給他認方塊字，把筆寫字，並在教本面上替他寫姓名，希望他能夠得到這位老師品學的薰陶和傳授。民國三年，我的長兒世瑛年五歲，我便替他買了《文字蒙求》，敦請魯迅做開蒙先生。魯迅只給他認識二個方塊字：一個是『天』字，一個是『人』字，和在書面上寫了『許世瑛』三個字。我們想一想，這『天人』兩個字的含義實在廣大得很，舉凡一切現象（自然和人文），一切道德（天道和人道）都包括無遺了。後來，世瑛考入國立清華大學，本來打算讀化學系，因為眼太近視，只得改讀中國文學系，請教魯迅應該看些什麼書，他便開示了一張書單，所列書目，雖僅廖廖幾部，實在是初學文學者所必需翻閱之書。他的說解也簡明扼要。」「民國七年初夏，內子沈夫人由北京初到南昌，不及半月便病故。魯迅遠來函唁，大意是說驚聞嫂夫人之喪，世兄們失掉慈母，固然是不幸，卻也並非完全的不幸，因為他們也許倒成為更加勇猛，更無掛礙的男兒的。他真想得深刻，不是普通吊信的套語，一九三五年七月，長女世瑄和湯兆恒在上海新亞酒家結婚，我因為國難期間，不敢發柬，但是戚友來者已不少，魯迅一向不肯出門酬應，獨對於我是例外，那天下午，偕景宋挈海嬰惠然來賀，並且到得很早鄭介石君

來，翻閱來賓簽名簿，見『周樹人』三個字，便欣然問我：『周先生也來了嗎？』我遂導引上屋頂花園，他們相見，非常高興，因為已經闊別好幾年了。近來我讀《魯迅書簡》，才知道他為我費去許多寶貴的光陰。『月初因為見了幾回一個老朋友，又出席於他女兒的結婚，把譯作擱起來，後來須趕譯，所以弄得沒有工夫。』覺得他的光臨是非常欣幸，但是貽誤了他的譯，作又是抱歉萬分。」從這些小節目上，我們更可以了解他們之間交誼的深切了。（所有記敘魯迅生活的回憶錄，當以許氏所記的為最真切。）

筆者和許氏沒有見過面，不能說是知道他的為人。不過據許景宋的說法：「許季茀先生是魯迅的同鄉、同學。而又從少年到老一直友好，更兼不時見面，長期同就職於教育部，同執教於各地，真可以算是知無不言、言無不盡的知己好友。他們兩位是知交，個性卻大不相同。間嘗體察，他們在侃侃暢談的時候，也會見解略異。首先必是魯迅先生繃起面孔沉默著。但過不多時，彼此又水乳交融，毫無隔閡地談起來了。不但和許先生如此，有時遇見別的老友齊壽山、邵銘之先生等，也會有此情狀的。奇怪的是齊邵先生等也和許先生一樣，稍稍沉默之後又歡快地交談了。魯迅先生時常堅信地說：『季茀他們對於我的行動，儘管未必一起去做，但總是無條件地承認我所做的都對。』就這樣，他們的友誼互相堅守信賴。就這樣，魯迅先生常常引以自豪，認為生平有幾個生死不渝的至友。有時也會聽見魯迅先生批評許先生人太忠厚了，容易被偽善者的假裝所蒙蔽，他相信這人是好的，結果卻會是或明或暗地首先反對他。因此時常為許先生操心。我也部分地同意魯迅先生的話。然而許先生的忠厚，卻贏得魯迅的友誼；不，他們互相的忠實，真誠的相處了。」（筆者於魯迅別處的老友，如齊壽山，邵銘之，就不能說什麼，因為我們所能找到的文獻太少了。）

魯迅的朋友，雖不很多，卻也不少；可是，他自己不曾說到的，我們也無從「畫蛇添足」的。這兒，且說一個他在五四運動時

期的朋友，劉復（半農）。劉氏去世時，魯迅曾為了篇追憶的文字。他說：「半農去世，我是應該哀悼的，因為他是我的老朋友。但是這是十來年前的話了，現在呢，可難說得很。我已經忘記了怎麼和他初次會面，以及他怎麼能到了北京。他到北京，恐怕是在《新青年》投稿之後，由蔡子民先生或陳獨秀先生去請來的……他活潑、勇敢，很打了幾次大仗，譬如：答王敬軒的雙簧信，『她』字和『它』字的創造，就都是的。這兩件，現在看起來，自然是屑得很，但那是十多年前，單是提倡新式標點，就會有一大群人『若喪考妣』，恨不得『食肉寢皮』的時候，所以的確是『大仗』。現在的二十左右的青年，大約很少有人知道三十年前，單是剪下辮子，就會坐牢或殺頭的了。然而這曾經是事實。但半農的活潑，有時頗近於草率，勇敢也有失之無謀的地方。但是，要商量襲擊敵人的時候，他還是好夥伴，進行之際，心口並不相應，或者暗暗的給你一刀，他是決不會的，倘若失了算，那是因為沒有算好的緣故。《新青年》每出一期就開一次編輯會，商定下一期的稿件。其時最惹我注意的是陳獨秀和胡適之。假如將韜略比作一間倉庫罷，獨秀先生的是外面豎一面大旗，大書道：『內皆武器，來者小心！』但那門卻開著的，裡面有幾枝槍，幾把刀，一目了然，用不著提防。適之先生的是緊緊的關著門，門上粘一條小紙條道：『內無武器，請忽疑慮！』這自然可以是真的，但有些人——至少是我這樣的人——有時總不免要側著頭想一想。半農卻是令人不覺其有『武庫』的一個人，所以我佩服陳胡，卻親近半農。所謂親近，不過是多談閑天，一多談，就露出了缺點。幾乎有一年多，他沒有消失掉從上海帶來的才子必有的「紅袖添香夜讀書」的豔福思想，好容易才給我們罵掉了。但他好像到處都這麼的亂說，使有些『學者』皺眉。有時候連到《新青年》投稿都被排斥。他很勇於寫稿，但試去看舊報去，很有幾期是沒有他的。那些人們批評他的為人，是：淺。不錯，半農確是淺。但他的淺，卻如一條清溪，澄澈見

底，縱有多少沉渣和腐草，也不掩其大體的清。倘使裝的是爛泥，一時就看不出它的深淺來了；倘使裝的是爛泥的深淵呢，那就更不如淺一點的好。」我想這該是魯迅文字中最好的一篇；他在短短篇幅中，就勾畫出三個人不同的性格來。

魯迅和劉半農的交誼，到了晚年，慢慢疏遠下去。魯迅說：「這些背後的批評，大約是很傷了半農的心的，他的到法國留學，我疑心大半就為此。我最懶於通信，從此我們就疏遠起來了。他回來時，我才知道他在外國鈔古書，後來也要標點《何典》，我那時還以老朋友自居，在序文上說了幾句老實話，事後才知道半農頗不高興了，『駟不及舌』，也沒有法子。另外還有一回關於《語絲》的彼此心照的不快活。五六年前，曾在上海的宴會上見過一面，那時候，我們幾乎已經無話可談了。近幾年，半農漸漸據了要津，我也漸漸的更將他忘卻；但從報章上看見他禁稱『密斯』之類，卻很起了反感：我以為這些事情是不必半農來做的。從去年來，又看見他不斷的做打油詩，弄爛古文，回想先前的交情，也往往不免長歎。我想，假如見面，而我還以老朋友自居，不給一個『今天天氣……哈哈哈』完事，那就也許會弄到衝突罷，不過，半農的忠厚，是還使我感動的。我前年曾到北平，後來有人通知我，半農是要來看我的，有誰恐嚇了他一下，不敢來了。這使我很慚愧，因為我到北平後，實在未曾有過訪問半農的心思。」

最後，魯迅以最悲切的話作結。他說：「現在他死去了，我對於他的感情，和他生時也並無變化。我愛十年前的半農，而憎惡他的近幾年。這憎惡是朋友的憎惡，因為我希望他常是十年前的半農……即使『淺』罷，卻於中國更為有益。」

在魯迅的朋友之中，應該說到「內山完造」那是無疑的。魯迅治喪委員會八人之中，內山完造即是其中之一。說到內山完造，我們都該記起上海北四川路底那家內山書店，是我們時常在那兒歇腳閑談的去處。這位矮矮胖胖，時常笑嘻嘻的老板，他是在中國住了

三十五年，成為中國人的朋友。他曾經寫過幾篇談中國社會文化的隨筆，他是一個了解中國文化的人。

內山的第一部隨筆《活中國的姿態》，魯迅曾經替他作了序。他說：「著者（內出完造）是二十年以上，生活於中國，到各處去旅行，接觸了各階層的人們的，所以來寫這樣的漫文，我以為實在是適當的人物。事實勝於雄辯，這些漫文，不的確放著一種異彩嗎？自己也常常去聽漫談，其實真有捧場的權利和義務的，但因為已是很久的『老朋友』了，所以也想添幾句壞話在這裡。其一，是有多說中國的優點的傾向，這是和我的意見相反的，不過著者那一面，也自有他的意見，所以沒有法子想。還有一點，是並非壞話也說不定的，就是讀起那漫文來，往往頗有令人覺得『原來如此』的處所，而這令人覺得『原來如此』的處所，歸根結底也還是結論。幸而卷末沒有明記著『第幾章：結論』，所以仍不失為漫談，總算還好的。然而即使力說是漫談，筆者的用心，還是在將中國的一部分的真相，紹介給日本的讀者的。但是，在現在，總依然是因了各種的讀者，那結果也不一樣罷。這是沒有法子的事。據我看來，日本和中國的人們之間，是一定會有互相了解的時候的。」（內山曾說：「像日本人那樣的喜歡『結論』的民族，就是無論是聽議論，是讀書，如果得不到結論，心裡總不舒服的民族，在現在的世上，好像是頗為少有的。」）

魯迅死後，山內曾經寫過一篇追念的文字，從這篇追憶文，更可以了解他們兩人間的友誼。山內開頭敘述魯迅垂危時的情況，以迄於長逝，那時是一九三六年十月十九日午前六時二十五分。以下便是他就記憶所及的平日談論的片斷：

> 「『老板，孔老夫子如果此刻還活著的話，那麼他是親日呢？還是排日呢？』
> 聽著這十分愉快的漫談，還是最近的事情。

『大概有時親日，有時排日吧。』

　　聽見我這麼說著，先生就哈哈地笑了起來。」

　　在內山另外一段隨筆中說，「上次戰爭中（指中日戰爭），大家都知道其人本是日本詩人的米野口，亦即野口米次郎，在前往印度途中，曾經路過上海。為了一定要求會見魯迅先生。他拜託朝日新聞社出面，在六三園設席，促成會晤。當時，雜談之後，野口質問道：『魯迅先生，若是中國的政治家和軍人不能使中國人民安定，中國可不可以也像印度把政治和軍事委交給英國的辦法，把政治和軍事委交給日本呢？』話說得太重了，說得更明顯一些，根本就意味著『中國應該向日本投降了』，然而，魯迅對於這種侮辱性的言辭，毫未動怒，卻極為冷靜地說：『這就是感情問題了。要是同樣地把財產散光，則與其讓強盜強奪，還不如讓敗家子用光罷。要是同樣地被人殺死，則與其讓外國人來殺，還不如借本國人之手殺掉。』野口先生別無他法，只有沉默，對談也就此告終。」

　　「『老板，你也曉得的那位愛羅先珂曾經說得好：日本人很聽從，遵守上頭的人所說的話語，官吏尤其是這樣，所以，是一個最便於施行政治的國家。中國人卻恰好相反，對於人家說的話語，首先加以懷疑。尤其是官吏所說的話，是頗為靠不住的，所以，中國乃是個最難於施行政治的國度。』我也覺得，這是實在的情形。例如長官對一個警察說：這是一個惡人，（對於日本人，不管他是否一個罪人，只要被警察署叫去審問過一回，似乎就已經決定他是一個罪人；因此，一個給警察捉去了的人，就光是這一點，也已經可以完全決定他是一個壞人。）那麼，警察的自我意識，就完全不會活動。不，應該說是：他不會使自我意識活動起來去研究那個人。他只是跟長官所說的一般地把這個人決定為壞人而加以處理。這似乎是在把長官的話，不折不扣地完全相信著。在中國卻完全相反；雖然長官說這是罪人，是個極壞的人；但人家決不會相信他的

說話。雖然因為是長官的命令，所以要把他當作罪人來處理；但他一定會讓自我意識活動起來；一定有著別的看法，他一定會有著自己的見解。這就是日本易於完成其統一、中國卻難於統一的大原因。」像這樣傾心的閑話，不是交誼最深切最知己的說明嗎？

筆者曾經細細翻檢《魯迅書簡》，看和他往來的這些朋友之中，還有那幾個是該特別提出來說一說的。郁達夫、孫伏園、許欽文，都是往還很密切的。瞿秋白、沈雁冰、陳望道，是另一型的朋友。黎烈文、趙家璧、鄭振鐸，則是編務上有聯絡的朋友，交情不一定怎麼深。（黎烈文的關係深一點。）左翼作家中，馮雪峰、徐懋庸、曹靖華、蕭軍比較接近，照馮雪峰的說法，他們似乎影響了魯迅的思想腳步；我卻採保留的態度。依魯迅回答徐懋庸的信中話看來，魯迅和他們之間，還是有距離的：

「我和胡風、巴金、黃源諸人的關係。我和他們是新近才認識的，都由於文學工作上的關係，雖然還不能稱為至交，但也可以說是朋友。不能提出真憑實據，而任意誣我的朋友為『內奸』為『卑劣』者，我是要加以辯正的，這不僅是我的交友的道義，也是看人看事的結果。徐懋庸說我只看人不看事，是誣枉的，我就先看了一些事，然後看見了徐懋庸之類的人。胡風我先前並不熟識，去年的有一天，一位名人，約我談話了，到得那裏，卻見駛來了一輛汽車，從中跳出四條漢子：田漢、周起應，還有另兩個，一律洋服，態度軒昂，說是特來通知我：胡風是內奸，官方派來的。我問憑據，則說是得自轉向以後的穆木天口中。轉向者的言談，到左聯的奉為聖旨，這真使我口呆目瞪。再經幾度問答之後，我的回答是：證據薄弱之極，我不相信！當時自然不歡而散。但後來也不再聽人說胡風是內奸了。」

年輕的一群之中，我看他和未名社那幾位朋友李霽野，韋素園、韋叢蕪、台靜農等。他在《憶韋素園君》的文中說：「未名社的同仁，實在並沒有什麼雄心和大志，但是，願意切切實實的，點

點滴滴的做下去的意志，卻是大家一致的。而其中的骨幹就是素園。於是他坐在一間破小屋子，就是未名社裏辦事了，不過小半好像也因為他生著病，不能上學校去讀書，因此，便天然的輪著他守寨。我最初的記憶是在這破寨裡看見了素園，一個瘦小精明正經的青年，窗前的幾排破舊外國書，在證明他窮著也還是釘住著文學。然而，我同時又有了一種壞印象，覺得和他是很難交往的，因為他笑影少，『笑影少』原是未名社同人的一種特色，不過素園顯得最分明，一下又就能夠令人感得。但到後來我知道我的判斷是錯誤了，和他也並不難於交往。他的不很笑，大約是因為年齡的不同，對我的一種特別態度罷，可惜我不能化為青年，使大家忘掉彼我，得到了確證了。這真相，我想霽野他們還是知道的。但待到我明白了，我的說解之後，卻同時又發現了一個他的致命傷：他太認真。雖然似乎沉靜，然而他激烈。……發揚則送掉自己的命，沉靜著，又齏碎了自己的心。」……是的，但素園卻並非天才，也非豪傑，當然更不是高樓的尖頂或名園的聖花，然而他是樓下的一塊石材，園中的一撮泥土，在中國第一要它多。他不入於觀賞者的眼中，只有建築者和栽植者，決不會將他置之度外。」這是魯迅所贊許的有為青年的輪廓。

不過，我們看看魯迅和李霽野先生往來的信以及《兩地書》中，他對許廣平所提及的，他本來對《莽原》的年輕朋友，頗盡力幫助，而有所期待的，後來高長虹、向培良都和他鬧翻了。他寫給許廣平信中說：「長虹又在和韋素園吵鬧了，在上海出版的《狂飆》上大罵，又發了一封給我的信，要我說幾句話。這真是吃得閑空。然而我卻不願意奉陪了，這幾年來，生命耗去不少，也陪得夠了，所以決計置之不理。況且鬧的原因，據說是為了《莽原》不登向培良的劇本，但培良和素園在北京發生糾葛，而要在上海的長虹破口大罵，還要在廈門的我出來說話，辦法真是離奇得很。」其失望與不滿之情，也是溢於詞表的。魯迅接近青年的，但要他和青年

為友，也是不容易的。

　　筆者於魯迅的朋友中，憑著自己的主觀來選擇，還要再寫四個人：一個是孫伏園，他的學生，後來和他往來最密切的朋友。一個是林語堂，魯迅寫給筆者信中，就說過「語堂是我的老朋友，我應以朋友待之」的話。而在《語絲》時期他們之間，的確相處得很好；魯迅之往廈門大學任教，也是林氏所推薦的。一個是陳公俠（儀），便是任過福建省主席、台灣行政長官。又一個，則是若干人或許不贊成的，被魯迅攻擊得很久的陳西瀅（源）。其他，如馮雪峰、茅盾、郁達夫等等，我都一筆帶過了。（本來，我要說到郁達夫的，創造社那一群年輕朋友中，都和魯迅不十分融洽；郭沫若就不曾和魯迅見過面。只有郁達夫和魯迅相處很好。魯迅舊詩中，有「阻郁達夫移家杭州」詩：「錢王登假仍如在，伍相隨波不可尋，平楚日和憎健翮，小山香滿蔽高岑。墳壇冷落將軍岳，梅鶴淒涼處士林，何似舉家遊曠遠，風波浩蕩足行吟！」可惜，手邊材料，十分缺乏，不能成篇。）

　　孫伏園先生，自信他最初認識魯迅是在紹興初級師範學堂，那一年是宣統三年（一九一一年），他正那兒念書。他說他是一個一大會和教師接近的人：一則他不用功，所以不需要請教；二則他頗厭倦於家中的恭順有禮的生活，所以不大願意去見師長。他和魯迅的熟識，卻是因為職務，他那時正做著級長常常得見學校當局。後來魯迅辭去了校長職務，到南京轉北京去了，他也離開了那個學校。他說：「凡是和魯迅先生商量什麼事情，需要他一些助力的，他無不熱烈真誠的給你助力。他的同情總是在弱者一面，他的助力自然更是用在弱者一面。即如他為《晨報》副刊寫文字，就完全出於他要幫助一個青年學生的我，使我能把報辦好，把學術空氣提倡起來。至於為人處世，他幫忙我的地方更多。魯迅因為太熱烈，太真誠，一生碰過多少次壁。這種碰壁的經驗，發而為文章，自然全在這許多作品裡；發而為口頭的議論，則我自覺非常幸運，聽到的

乃至受用的，比任何經籍給我還多。我是一個什麼事情也不會動手的人，身體又薄弱，經不起辛苦，魯迅教我種種保衛鍛鍊的方法。我們一同旅行的時候，如到陝西，到廈門，到廣州，我的鋪蓋常常是魯迅替我打的。耶穌嘗為門徒洗腳，我總要記起這個故事。」

不過，以他們師徒之間的相契，卻有著隔膜的。魯迅追述他與《語絲》的始終，說到伏園為了他的一篇稿子的被抽而辭去《晨報》副刊的職務，說到伏園建議辦《語絲》周刊，他答應為之「吶喊」。後來，《語絲》辦得很有成績，伏園說了一句刺心的話，卻使魯迅惘然了。他說：「對於《晨報》的影響，我不知道，但似乎也頗受些打擊，曾經和伏園來說和，伏園得意之餘，忘其所了，曾以勝利者的笑容，笑著對我說道：『真好，他們竟不料踏在炸藥上了！』這話對別人說是不算什麼的。但對我說，卻好像澆了一碗冷水，因為我立刻覺得這『炸藥』是指我而言，用思索，做文章，都不過使自己為別人的一個小糾葛而粉身碎骨，心裡就一面想。『真糟？我竟不料被埋在地下了！』我於是『徬徨』起來。……但我的徬徨並不用許多時，因為那時還有一點讀過尼采的《蘇魯支語錄》的餘波，從我這裡只要能擠出——雖然不過是擠出——文章來，就擠了去罷，從我這裡只要能做出一點『炸藥』來，就拿去做了罷，於是也就決定，還是照舊投稿了——雖然對於意外的被利用，心裡也耿耿了好幾天。」他又說起這位《語絲》發起人的孫伏園，也不寫稿了。而且有了小小的誤會了。寫到這兒，筆者記起了有一回和魯迅的閑談，我問他：孔夫子最得意相處得最好的門徒是誰？他想了一想，說：「總不會是顏回，」我說是子路：「你看，跟著夫子跑來跑去，碰小無數的釘子的就是他。」魯迅笑了。我也不知道，誰是魯迅的子路！

《魯迅書簡》中，提到林語堂的地方，頗不少；筆者也曾引用過魯迅回我信中的一段話：「語堂是我的老朋友，我應以朋友待之，當《人間世》還未出世，《論語》已很無聊時，曾經竭了我的

誠意，寫一封信，勸他放棄這玩意兒，我並不主張他去革命，拼死，只勸他譯些英國文學名作，以他的英文程度，不但譯本於今有用，在將來恐怕也有用的。他回我的信是說，這些事等他老了再說。這時我才悟到我的意見，在語堂看來是暮氣，但我至今還自信是良言，要他於中國有益，要他在中國存留，並非要他消滅。他能更急進，那當然很好，但我看是決不會的，我決不出難題給別人做。不過另外也無話可說了。看近來的《論語》之類，語堂在牛角尖裡，雖憤憤不平，卻更鑽得滋滋有味，以我的微力，是拉他不出來的。」林氏最討厭筆者引用這一段話，因為魯迅真的把他未蓋棺而論定了。許壽裳的《魯迅印象記》中，也有過這麼一段話：「記得魯迅剛由廣州回上海不久，語堂在《中國評論》周報發表一文，（Lusin）當然深致贊揚，尤其對於他在廣州講演魏晉風度，稱其善於應變。有一天，我和魯迅談及，魯迅笑著說：『語堂我有點討厭，總是尖頭把戲的』後來，語堂談小品文至於無聊時，魯迅曾寫信去忠告，勸其翻譯英文名著，語堂不能接受，竟答說，這些事等到老時再說。魯迅寫信給我說：『語堂為提倡語錄體，在此幾成眾矢之的，然此公亦太淺陋也。』他對語堂的批評的確是深刻而又出之以善意的。」

此外，魯迅在覆鄭振鐸的信中也說：「小品文本身本無功過，今之被人詬病，因實過事張揚，本不能詩者爭作打油詩；凡袁宏道李日華文，則譽為字字佳妙，於是而反感隨起。總之，裝腔作勢，是這回的大病根。其實，文人作文，農人掘鋤，本是平平常常，若照像之際，文人偏要裝作粗人，玩什麼『荷鋤帶笠圖』，農夫則在柳下捧一本書，裝作『深柳讀書圖』之類，就要令人肉麻。現已非普，或明，而《論語》及《人間世》作者，必欲作飄逸閑放語，此其所以難也。」「此地之小品文風潮，也真真可厭，一切期刊，都小品化，既小品矣，而又嘮叨，又無思想，乏味之至。語堂學聖嘆一流之文，似日見陷沒，然頗沾沾自喜，病亦難治也。」

他對林語堂所提倡的閑適文學，最露骨的當然是那篇《小品文的危機》，可以說是對《人間世》的正面批判。「小品文的生存，也只仗著掙扎和戰鬥的。晉朝的清言，早和它的朝代一同消歇了。唐末詩風衰落，而小品放了光輝。但羅隱的《讒書》，幾乎全部是抗爭和憤激之談；皮日休和陸龜蒙自以為隱士，別人也稱之為隱士，而看他們在《皮子文藪》和《笠澤叢書》中的小品文，並沒有忘記天下，正是一榻胡塗的泥塘裡的光彩和鋒芒。明末的小品，雖然比較的頹放，卻並非全是吟風弄月，其中有不平，有諷刺，有攻擊，有破壞。這種作風，也觸著了滿清君臣的心病，費去許多助虐的武將的刀鋒，幫閑文臣的筆鋒，直到乾隆年間，這才壓制下去了。以後呢，就來了『小擺設』。『小擺設』當然不會有大發展。到五四運動的時候，才又來了一個展開，散文小品的成功，幾乎在小說、戲曲和詩歌之上。這之中，自然含著掙扎和戰鬥，但因為常常取法於英國的隨筆（Essay），所以也帶一點幽默和雍容；寫法也有漂亮和縝密的，這是為了對於舊文學的示威，在表示舊文學之自以為特長者，白話文學也並非做不到。以後的路，本來明明是更分明的掙扎和戰鬥，因為這原是萌芽於『文學革命』以至於『思想革命』的。但現在的趨勢，卻在特別提倡和那舊文章相合之點，雍容，漂亮，縝密，就是要它成為『小擺設』，供雅人的摩挲，並且想青年摩挲了這『小擺設』，由粗暴而變為風雅了。小品文就這樣的走到了危機。……但我所謂危機，也如醫學上的所謂『極期』一般，是生死的分歧，能一直得到死亡，也能由此至於恢復。麻醉性的作品，是將與麻醉者和被麻醉者同歸於盡的。生存的小品文，必須是匕首，是投槍，能和讀者一同殺出一條生存的血路的東西。」這就使他們一人判然分途了。

　　筆者在另外一篇小品中說過這對的話：「如魯迅的說法，林語堂是最不懂得幽默的，然而卻以幽默大師所稱。『幽默』是一種風度，這種風度，最主要的，乃是超乎利害關係，從來不打算盤，而

林氏卻是一個最愛打算盤的人。」

　　孫伏園氏追述魯迅的少年時代，說到他年輕時的三位朋友，蔣觀雲（智由）許季茀而外，兼及陳公俠（儀）。他說：「陳先生與魯迅情誼之厚，幾與許先生不相上下。不過陳先生學軍事，回國以後又帶兵，又主持中央軍政，地方行政，工作的性質相差太遠，過從便沒有許先生那麼多了。魯迅度著戰鬥的生活，處處受著紳士們的壓迫，大學教授中紳士居多，使他不能好好的教書，批評家中紳士也多，使他不能好好的創作。被紳士們包圍得水洩不通的時候，好像我們在敵機臨空時想念防空洞一樣，他常常會想念他的幼年同學時的好朋友，說：『不教書了，也不寫文章了，到公俠那兒做營混子去了。』我從沒有聽見過『營混子』的名稱，魯迅先生給我解釋，『我想這也無非要達到敢說敢笑敢愛敢恨的無可奈何的一個理想的無職業的職業而已。』」這一番話，那是魯迅的一般朋友們所不知道的。（周作人氏在《魯迅的故家》中也說道：「魯迅在東京時的朋友，同鄉中間有邵明之名鎔、蔡谷清名元康、陳公俠名毅、後改名儀，還有一張承禮，杭州人，也是學陸軍的，有一張武裝的照片送給魯迅，後來死於戴戡之難。」）

　　魯迅曾經進過水師學堂，後來改進江南陸師學堂附設的礦路學堂，這是他自己在《朝華夕拾》中說過的。不過，他和陳儀的交誼，我倒是後來（魯迅逝世後第三年）到了福建才知道的。那時，陳儀任福建省主席，他有一天，在書房中和我閒談，我看見他的書架上擺著一部整整齊齊的魯迅全集。陳氏對我說：「你不知道嗎？魯迅是我的老朋友。」他還找了魯迅親筆題字送給他的各種集子給我看，他還很熟識魯迅的警句，不費思索地念給我聽。於是，我們就談起魯迅。他說：「魯迅是我們紹興的文學家，」他這句話的意義，是說魯迅是一個富有紹興酒味的鄉土文學家。陳氏也是紹興人，在他心目中，魯迅的文章風格，有著張岱（宗子）李慈銘的韻味的。陳氏，他是著名軍事家，也是地方行政長官，我卻驚於他的

文藝修養之深。他對於魯迅的文學修養淵源，說得有條有理，他也和我談到顯克微支的炭畫，安特列夫的《七個絞死的人》，果戈里的《死魂靈》，他懂得諷刺文學的意味；他說，魯迅的輕妙筆致，頗受夏目漱石的影響。（筆者自愧對於夏目漱石的文章，並不了解。）大概他們兩人，各有所成就，而不願意互相標榜，因此，世人便忽略過去了。

陳氏，筆者知之雖不深，但就我所見所聞所接觸的政界人來說，他是一個最有政治頭腦的人。民國初年，浙江雖是東南革命策源地，但北洋派的軍閥勢力，逐漸入侵，殘存的浙江地方實力只有陳氏的第一師和周某的第二師，依草附木，就在軍閥的屋檐下苟延殘喘。直到國民革命軍北伐成功，他才有發展自己抱負的機會。他主福建省政八年，台灣省政二年，浙江省政一年，原想建立一種健全的地方行政制度；他是主張漸進的，一步一步慢慢建設起來。遺憾的是會逢時變，終於不能實現他的理想。他的幕府中，有沈仲九氏的政治智囊，而黎烈文替他辦文化事業（稱改進社），郁達夫也曾在他的幕府中宣傳，他是一個著重實踐的人，所以表面上並不『嘩世取寵』的。

附帶的，在這兒記一筆蔣智由的舊事。許壽裳說：「蔣智由也是一位負盛名的維新人物而主張革命的。他居東頗久，我和魯迅時常同往請教的，尤其在章先生上海入獄的時候。他當初還未剪辮，喜歡帶一頂圓頂窄檐的禮帽，俗所謂紳士帽者是。他的詩文清新，為人們所傳誦。例如《送甸耳山人歸國詩》：『亭皋飛落葉，鷹隼出風塵慷慨酬長劍，艱難付別尊。敢云吾髮短，要使此心存。萬古英雄事，冰霜不足論。』可是有一次，蔣氏說到服裝問題，說滿清的紅纓帽有威儀而指他自己的西式禮帽則無威儀。我們聽了，頗感奇怪。辭出之後，魯迅便在路上說：『觀雲的思想變了。』我點點頭。我們此後也不再去。」不過，蔣氏後來也不曾做官，民國以後，他也就以詩酒終其一生了。

有一天，筆者和幾位朋友，談到魯迅的敵人是誰？從表面上看，他罵得最久的，乃是陳源（西瀅）；但從《兩地書》看來，他對於顧頡剛的深惡痛絕，自在陳西瀅之上。而從他的朋友變成了他的敵人，那位《莽原》社高長虹，也在他所不齒之列。

魯迅在一封寫給許景宋的信中說：「我先前在北京為文學青年打雜，耗去生命不少，自己是知道的。但到這裡，又有幾個學生辦了一種月刊，叫做《波艇》，卻仍然去打雜。這也還是上文所說，不能因為遇見過幾個壞人，便將人們都作壞人看的意思。但先前利用過我的人，現在見我偃旗息鼓，遁跡海濱，無從再來利用，就開始攻擊了，長虹在《狂飆》第五期上盡力攻擊，自稱見過我不下百回，知道得很清楚，並捏造許多會話（如說我罵郭沫若之類）。其意即在推倒《莽原》，一方面則推廣《狂飆》銷路，其實還是利用，不過方法不同。他們那時的種種利用我，我是明白的但還料不到他看出活著他不能吸血了，就要打殺了煮吃，有如此惡毒。我現在姑且置之不理，看看他伎倆發揮到如何。總之，他戴著見了我『不下百回』的假面具，現在是除下來了，我還要仔細看看。……我在靜夜中，回憶先前的經歷，覺得現在的社會，大抵是可利用時則竭力利用，可打擊時則竭力打擊，只要於他有利。我在北平這麼忙，來客不絕，但一受段祺瑞、章士釗們的壓迫，有些人就立刻來索還原稿，不要我選，定作序了。其甚者還要乘機下石，連我請他吃過飯，也是罪狀了，這是我在運動他；請他喝過好茶也是罪狀了，這是我奢侈的證據。借自己的升沉，看看人們的嘴臉的變化，雖然很有益，也有趣，但我的涵養工夫太淺了，有時總還不免有些憤激。」這樣沉痛切齒的話，那是他反擊陳西瀅、梁實秋文字中所沒有的。

魯迅對於顧頡剛的印象，似乎特別壞。（人心之不同，如其面然，我對於魯迅這份心理是不了解的。我覺得顧頡剛先生倒是頗有學究氣味，周作人的看法，也就和魯迅不相同的。）《語絲》初出

版時，顧氏也到那邊去教書，冤家路狹，所以彼此感情十分惡劣。《兩地書》中，他一提到了顧氏，就有這樣的考語：「在國學院裡的，朱山根是胡適之的信徒，另外還有兩三個，好像都是朱薦的，和他大同小異，而更淺薄，一到這裡，孫伏園便算可以談談的了。我真想不到天下何其淺薄者之多。他們面目倒漂亮的。而語言無味。」（朱山根指顧頡剛。）後來，鬧到了廣州，一個要「魯迅及謝先生暫勿離粵，以俟開審。」而一個請其「就近在浙起訴，爾時僕必到杭州以負應負之責」，鬧了一場趣劇了局。

魯迅罵陳西瀅的文字，可以說是發揮了韌性的特長，幾乎整整一年多，只要有機會，就會連類及之。（原文具在，不必多引。）這兒，且引一段陳西瀅回罵的話。他寫給徐志摩的信中說：「志摩，不要以為我又生氣了。我不過覺得魯迅先生是我們中間很可研究的一位大人物，所以不免扯了一大段罷了。可惜我只見過他一次，不能代他畫一幅文字的像，這也是一種無聊的妄想罷了，不要以為我自信能畫出這樣心理複雜的人物來。說起畫像，忽然想了《京報》副刊裡林語堂先生畫的『魯迅先生打叭兒狗圖』。要是你沒有見過魯迅先生，我勸你弄一份看看。你看他面上八字鬍子，頭上皮帽，身上厚厚的一件大氅，很可以表出一個官僚的神情來。不過林先生的打叭兒狗的想像好像差一點。我以為最好的想像是魯迅先生張著嘴立在泥潭中，後面立著一群悻悻的狗，『一犬吠影，百犬吠聲』，不是俗語麼？可是千萬不可忘了那叭兒狗，因為叭兒狗能今天跟了黑狗這樣叫，明天跟了白狗那樣叫，黑夜的時候還能在暗中猛不防的咬人家一口。」他們之間，就是這麼毒辣地諷刺著，至於什麼仇恨，我知道倒是沒有的。

筆者本來是算不得是魯迅的親近朋友，所以也不必謬托知己；不過，在他生前，也曾有過幾次深談。（這兒筆者附記一筆，魯迅寫給我的信有四十四封，第一批送到許廣平那邊去的二十四封，即《魯迅書簡》中所收的。還有二十封，因為內容比較重要，想抄了

原信再送去。那知八‧一三淞滬戰事發生，我匆匆上戰場，不及料理這些瑣事。其後太平洋戰爭發生，我的師友信札，寄存親戚家全部毀去；中有周作人來信五十六封，連著這二十封信全部喪失了。因此，《魯迅書簡》中，許氏根據我的紀念文中所引，輯有逸文。）我曾對他說：「你頗像愛羅先珂，你是寂寞的，而你又是怕寂寞的。我覺得你最大的苦痛，乃是『往來無白丁』，所與談的都是讀書人；因此，你談話先有戒心。你又敏感得很，又是言者未必有意，你聽了卻擱在心頭。」他頗贊同我的說法。那時我只有三十來歲，但心境和他一樣地衰老，這都是入世過早之故。

　　《魯迅書簡》，一開頭便是魯迅寫給李秉中的信。我和李氏並不相識，不過，照那些信中的語氣看來，魯迅也和他說了心腹中的話。他曾在一封信中，對李氏說：「我恐怕是以不好見出名的。但也不盡然，我所怕見的是談不來的生客，熟識的不在內，因為我可以不必裝出陪客的態度。我這裡的客並不多，我喜歡寂寞，又憎惡寂寞，所以有青年肯來訪問我，很使我喜歡。但我說一句真的話罷，這大約未曾覺得的，就是這人如果以我為是，我便發生一種悲哀，怕他要陷入我一類的命運；倘若一見之後，覺得我非其族類，不復再來，我便知道他較我有希望，十分放心了。其實我何嘗坦白？我已經能夠細嚼黃連而不皺眉了。我很憎惡我自己，因為有若干人，或則願我有錢，有名，有勢，或則願我隕滅，死亡，而我偏偏無錢，無名，無勢，又不滅不亡，對於各方面，都無以報答盛意，年紀已經如此，恐將來遂以如此終。我也常常想到自殺，也常想殺人，然而都不實行，我大約不是一個勇士。現在仍然只好對於願我得意的便拉幾個錢來給他看，對於願我滅亡的避開些，以免他再費機謀。我不大願意使人失望，所以對於愛人和仇人，都願意有以騙之，亦即所以慰之，然而仍然各處都弄不好。我自己總覺得我的靈魂裡有毒氣和鬼氣，我極憎惡他，想除去他，而不能。我雖然竭力遮蔽著，總還恐怕傳染給別人，我之所以對於和我往來較多的

人有時不免覺到悲哀者以此。」這些話，至少可以使我們了解魯迅的心境的一面。

　　他在一封回我的信說：「知識分子以外，現在是不能有作家的，高爾基其雖非知識階級出身，其實他看的書很不少，中國文學如此之難，工農何從看起，所以新的文學，只能希望於好的青年。十餘年來，我所遇見的文學青年真也不少了，而稀奇古怪的居。最大的通病，是以為因為自己是青年，所以最可貴，是不錯的，待到被人駁得無話可說的時候，他就說是因為青年，當然不免有錯誤，該當原諒的了。而變化也真來得快，三四年中，三翻四覆的，你看有多少。 古之師道，實在也太尊，我對此頗有反感。我以為師如荒謬，不妨叛之，但師如非罪遭冤，卻不可乘機下石，以圖快敵人之意而自救。太炎先生曾教我《小學》，後來因為我主張白話，不敢再去見他了。後來他主張投壺，心竊非之，但當政府要沒收他的幾間破屋，我實不能向當局作媚笑。以後如相見，仍當執禮甚恭。（而太炎先生對於弟子，向來也絕無傲態，和藹若朋友然），自以為師弟之道，如此已可矣。今之青年，似乎比我們青年時代的青年精明，而有些也更重目前之益，為了一點小利，而反噬構陷，真有大出乎意料之外者，歷年來所身受之事，真是一言難盡，但我是總如野獸一樣，受了傷，就回頭鑽入草莽，舐掉血跡，至多也不過呻吟幾聲的。只是現在卻因為年紀漸大，精力就衰，世故也愈深，所以漸在回避了。」從這兒，我們可以體會魯迅的處世對人的態度。

二十九　閑話

　　筆者標出「閑話」二字，並非「閑話魯迅」，也非「魯迅閑話」，原是用比較不拘束的格調，寫魯迅二三事一類的東西。我自己反省，我並不是一個適當的寫魯迅傳記的人，除了史人的態度，論事比較客觀一點。我相信一個最適當的寫傳的人，倒是林辰。（孫伏園也說，他私心希望這位未來的傳記作家是林辰。）

　　林辰曾經整理一份材料為《魯迅與狂飆社》的衝突，說到高長虹、向培良、尚鉞這一群青年，而長虹之仇視魯迅，卻是為了許廣平；而魯迅的《奔月》，即是諷刺高長虹，這也是一件文壇韻事。狂飆社，可以說是從北京的莽原社分裂出來，在上海成立的文藝團體，那時是一九二六年。社中那幾個主要人中，有高長虹、向培良、尚鉞、朋其、高歌等人，說起來都是反對魯迅的。而留在北京的莽原社社友，如韋素園、韋叢蕪、李霽野、台靜農，都是擁護魯迅的。他們曾在《京報》副刊發表過狂飆運動宣言，說是：「我們的重要工作，在建設科學藝術，在用科學批評思想。因為目前不得已的緣故，我們次要的工作在用新的思想批評舊的思想，在介紹歐洲較進步的科學藝術到中國來。」意義是很模糊的，其實他們自以為羽毛豐了的小鳥，卻捲不起什麼狂飆來的，他們的影子淡得很，並不曾留下什麼痕跡來。

高長虹，（他是山西人）他曾追敘他和魯迅最初相見的印象，說：「我初次同他談話的印象，不但不是人們傳說中的魯迅，也不很像《吶喊》的作者魯迅，卻是一個嚴肅誠懇的中年戰士，魯迅那時彷彿一個老人，年紀其實也只四十三歲。他的中心事業是文藝事業、思想事業，不過因為當時的環境不好，常特一種消極的態度。寫文章的時候，態度倔強，同朋友談起話來，卻很和藹謙遜。」他的說法，也很真實真切的。在魯迅那一面，對長虹的印象是這樣：長虹「乃是我今年新認識的，意見也有一部分和我相合，而似是安那其主義者。他很能做文章，但大約因為受了尼采的作品的影響之故罷，常有太晦澀難解處，」也可說是很不錯的。魯迅對他期望很大，為了《莽原》，有一年多時間，長虹他們時常到魯迅家中去。有一回，為了校正長虹的稿子，魯迅真是吐了一口血，也可說是費盡心力了。長虹第一本雜感和詩的合集《心的探險》，便是魯迅替他編訂，設計封面，編入《烏合叢書》中去的。

　　後來，魯迅到廈門去了，長虹和魯迅翻臉了，原因是《莽原》壓下了向培良的劇本。於是長虹便在《狂飆》上大罵魯迅了，說是「青年的絆腳石哪，世故老人哪，戴著紙糊帽子的思想權威者，入於身心交病之狀也矣！」哪，使魯迅傷心了。到了後來，魯迅才知道高長虹之所以罵他，向培良的稿件只不過是一個表面的原由，真實的原因，卻是「為了一個女性」。魯迅在給景宋的一封信中，說：「那流言，是直到去年十一月，從韋素園的信裡才知道的。他說，由《沈鐘社》裡聽來，長虹的拼命攻擊我，是為了一個女性，《狂飆》上有一首詩，太陽是自比，我是夜，月是她。……我這才明白長虹原來是害『單相思病』，以及川流不息的到這裡來的原因，他並不是為《莽原》，卻在等月亮。」魯迅知道了這實際的原因以後，就做了一篇小說，和他開了一點小玩笑，寄到《未名社》去。這篇小說，便是古事新編中的《奔月》。

　　在《奔月》第二節中，老婆子問羿是誰，他回答「我就是夷

羿」，並且說：「有些人是一聽就知道的。堯爺的時候，我曾經射死過幾匹野豬，幾條蛇。……」但老婆子卻笑起來了：「哈哈騙子，那是逢蒙老爺和別人合伙射死的。也許有你在內罷；你倒說是你自己了，好不識羞！」夷羿道：「阿阿，老太太，逢蒙那人，不過近幾年時常到我那裡來走走，我沒有和他合伙，全不相干的。」最後，羿在回家的路上，被逢蒙一箭射中了他的嘴，一個筋斗，他帶箭掉下馬去了，逢蒙便慢慢躅走過來，微笑著去看他的死臉，但羿忽然張開眼睛，直坐起來，他吐出了箭，笑著說：「你真是白來了一百多回，難道連我的囓鏃法都沒有知道呢，這怎麼行。你鬧這些小玩意兒是不行的，偷去的拳頭打不死本人，要自己練練才好。」這段小說，和這段故事一對照，當然十分明白了。不過，在《兩地書》未出版以前，除魯迅和景宋之外，也只有長虹和其他少數《莽原》的朋友領悟這小說的含義的。

　　依林辰的說法，魯迅那篇《奔月》的動機，只有他們那個三角小圈了中人體會得的。我卻以為《莽原》那一群人，大概都明白的。魯迅有一封寫給李霽野的信中說：「《狂飆》停刊了，他們說被我陰謀害死的，可笑……尚鉞有信來，對於我的《奔月》，大不舒服，其實我那篇不過有時開一點小玩笑，而他們這麼頭痛，真是禁不起一點風波。」魯迅的本意，以及狂飆社那些年輕人的反應，可以看得很明白了。當時，高長虹也曾自己辯白了一回，說：「一天的晚上，我到了魯迅那裡，他正在編輯《莽原》，從抽屜裡拿出一篇稿子來給我看，問寫得怎樣，可不可以修改發表。《莽原》的編輯責任，完全由魯迅擔任的，不過他時常把外面投來的稿子先給我看。我看了那篇稿子，覺得寫得很好，贊成發表出去。他說作者是女師大的學生，我們都說女子能有這樣大膽的思想，是很不容易的了。以後還繼續寫稿子來，這人就是景宋。我那時候有一本詩集，是同《狂飆》週刊一時出版的。一天，接到一封信，附了郵票，是買這本詩集的，這人正是景宋。因此，我們就通起信來，前

後通了有八九次信，可是並沒有見面，那時，我彷彿覺到魯迅同景宋的感情是很好的。後來我在魯迅那裡同景宋見過一次面，可是並沒有談話，此後連通信也間斷了。以後人們所傳說的什麼什麼，事實的經過卻只是這樣的簡單。可是這種樸素的通信，也許就造成魯迅同我傷感情的第二原因了。」

從手法說，高長虹不僅不十分高明，而且經魯迅一揭穿，格外顯得十分卑劣的。他在另一寫給李霽野的信中說：「《狂飆》的人們，似乎都變了曾經最時髦的黨的。尚鉞壞極，聽說在河南，培良在湖南，高歌長虹似乎在上海。這一班人，除培良外，都是極壞的騙子。」而魯迅那篇所謂《思想界先驅者魯迅啟事》，說：

> 「新女性八月號登有『狂飆社廣告』說『狂飆運動的開始，遠在二年之前……去年春天，本社同人與思想界先驅者魯迅及少數最進步的青年文學家合辦《莽原》。……茲為大規模地進行我們的工作起見，於北京出版之《烏合》、《未名》、《莽原》、《弦上》四種出版物……所用稿件，皆係以個人名義送來；對於狂飆運動，向不知是怎麼一回事：如何運動，運動什麼。今忽混稱『合辦』，實出意外；不敢掠美，特此聲明。又，前因有人不明真相，或則假借虛名，加我紙冠，已非一次，業經先有陳源在《現代評論》，近有長虹在《狂飆》上，迭加嘲罵，而狂飆社一面又賜以第三次『紙糊的假冠』，真是頭少帽多，欺人害己，雖『世故的老人』，亦身心之交病矣。只得又特此聲明：我也不是『思想界先驅者』……此等名號，乃是他人暗中所知，別有作用，本人事前並不知情，事後亦未嘗高興。倘見者因此受愚，概與本人無涉。」

長虹他們，一面要利用魯迅這一招牌，一面又在明顯地打擊他，這也是魯迅接近青年後，所最痛心的打擊。魯迅曾在寫給景宋

的一封信中說：「有青年攻擊我或譏笑我，我是向來不去還手的，他們還脆弱，還是我比較的禁得起踐踏。然而他竟得步進步，罵個不完，好像我即使避到棺材裡去，也還要戮屍的樣子。……所以我已決定不再徬徨，拳來拳對，刀來刀擋，所以心裡也很舒服了。」

不過，在戀愛場合，一個年輕人，和一個中年人競爭，看起來，中年人盡管有若干顯著的弱點，然而勝利常屬於中年人，這也是魯迅所以輕取「嫦娥」的快意之舉。魯迅和許景宋的情書，以《兩地書》的書名刊行，其中雖有刪節之處，大體上，可以使我們看了，不覺得肉麻。魯迅自言：《兩地書》，其實並不像所謂『情書』，一因為我們通信之初，實在並未有關於後來的預料的；二則年齡、境遇都傾向了沉靜方面，所以決不會顯出什麼熱烈。冷靜，在兩人之間，是有缺點的，但打鬧也有弊病，不過，倘能立刻互相諒解，那也不妨。三我們以這一本書為自己紀念，並以感謝好意的朋友，並且留贈我們的孩子，給將來我們經歷的真相。」這話說得很老實。但一個人的情書，都可以公然出版，而使人讀了，不覺得肉麻，其人襟懷坦然，可想而知了。

從魯迅小說中的分析人性來說，他可以說是燭微窺隱，最能了解人類的靈魂的。

但是，我們仔細看看魯迅對於真的朋友的性格分析，就沒有這麼真切而確當了。他是說：狂飆那一群人，除了向培良都是騙子。而向培良對他的觀感究竟如何呢，這倒是有趣的對比。向培良，湖南人。在北京時，他與魯迅往還很密切。《華蓋集》所載的《北京通訊》，便是寫給他的，他一直到魯迅離開北京日止，於魯迅都是很推崇的。魯迅離京前那篇《記談話》，便是向培良所記的，他在《記談話》前面有一段引言說：「魯迅先生快到廈門去了，這實在是我們為很使人留戀的一件事。……人們一提到魯迅先生，或者不免覺得他稍為有點過於冷靜，過於默視的樣子，而其實他是無時不充滿著熱烈的希望，發揮著豐富的感情的。在這一次談話裡，尤其

可以顯明地看出他的主張；那麼，我把他這一次的談話記下，作為他出北京的紀念，也許不是完全沒有重大的意義罷。」這也可以看到他對魯迅的景仰與依戀。其後不久，為了他的稿子，引起了莽原社的分裂，而他走了知識分子的遊離投機的老路，到南京去主編《青春》月刊，反對普羅文學，提倡「人類的藝術」，魯迅才在上海講演《上海文藝之一瞥》，對他有所指斥。魯迅說：「在革命漸漸高揚的時候，他（指向）是很革命的；他在先前，還曾經說，青年人不但嗥叫，還要露出狼牙來。這自然也不壞，但也應該小心，因為狼是狗的祖宗，一到被人馴服的時候，就是變而為狗的，向培良先生現在提倡人類的藝術了，他反對有階級的藝術的存在，而在人類中分出好人和壞人來，這藝術是『好壞鬥爭』的武器。狗也是將人分為兩種的，豢養它的主人之類是好人，別的窮人和乞丐在它的眼裡就是壞人，不是叫，便是咬。然而這也並不算壞，因為究竟還有一點野性，如果再一變而為叭兒狗，好像不管閑事，而其實在給予主子盡職，那就正如現在的自稱不問俗事的為藝術而藝術的名人們一樣，只好去點綴大學教室了。」（當時向培良曾在南京的一張小報上寫了一篇《答魯迅》，大意是說：叭兒狗的祖先也是狼，如果魯迅再攻擊他的話，他便要露出狼的牙齒來了。）

到了魯迅去世了，向培良當然可以暢所欲言了。他曾在《狂飆周刊題記》中說：「十六年初，狂飆社與魯迅先生決裂，那時候，我們的思想已與魯迅先生漸漸分離。他性情狷急，睚眥不忘，又不肯下人，所不知覺中被人包圍，當了偶像漸漸失去他那溫厚的熱情，而成了辛辣的諷刺者和四揮戈的，不能自己的鬥士。此後魯迅先生全部的精力消耗於打擊和防禦中，瑣屑爭鬥猜疑自苦，胸襟日益褊狹，與青年日益遠離，卒至於淒傷銷鑠以死。」我們拿這段題記來和徐懋庸最後寫給魯迅的信對照看看，那更覺得有趣。「知人則哲」，魯迅也畢竟是不十分了解人性的呢。

魯迅在廈門時期，似乎情緒上很消沉，而莽原社的分裂，也給

他精神上以很深重的打擊。他在一封寫給景宋的信中，說：「我的涵養功夫太淺了，有時總還不免有些憤激，因此又常遲疑於此後所走的路：一、死了心，積幾文錢，將來什麼都不做，顧自己苦苦過活；二、再不顧自己，為人們做些事，將來餓肚也不妨，也一任別人唾罵；三、再做起一些事，倘連所謂『同人』也都從背後槍擊我了，為生存和報復起見，我便什麼事都敢做，但不願失了我的朋友。第二條已行過兩年了，終於覺得太傻。前一條，當先托庇於資本家，恐怕熬不住。末一條倒頗險，也無把握（於生活），而且又略有所不忍。所以，實難於下一決心，我也就想寫信和我的朋友商議，給我一條光。」他自己已經把底牌翻給知心人看了。

但就魯迅所分析的《莽原》社那些青年的人品來說，尚鉞是他所最討厭的，結果倒對魯迅並不怎麼壞；而向培良則是在魯迅印象中，比較好一點的，其後卻一直對魯迅打擊得很厲害。且說，尚鉞這位河南的青年，北京大學學生，他曾聽魯迅的教課，先後凡三年。他曾到魯迅家中去，受過魯迅的指導的。他說：「我記得先生說，不拘是創作是翻譯或校對，都要十分精細，別無訣門。他的大意是在兩個字：忍耐。只有忍耐才能對問題和材料有周詳的思考和觀察，因技術是需要忍耐才能練習純熟的，認識是需要忍耐才能鍛煉敏銳的；只有忍耐，觀察才能由皮膚更深地挖到血肉裡邊去，也只有忍耐才能使浮在意識中的字句，得到恰到好處的適宜運用，在人物的動作上，在背景和感情的表現上，沒有作者深切忍耐的觀察，人物自身便會現出二重或多重人格的分裂現象。更厲害的，作者如果缺少了深切忍耐的功夫，不是人物逃出了作者所要把握的範圍，便是許多人物因作者的複雜經驗而互相對立起來。比辜鴻銘先生到北大來講皇恩更使人覺著不調和，這就是各個人物自處置的不得當，各人都在幹自己的事，說自己的話，與全場無關。這樣，一篇作品的全景，便因一句或一字，而使人感著滅裂，文字雖是小的缺點，但卻有大作用。他一面說著，一面在我過去的作品中舉實

例，使我深深認識了此後創作所應嚴格注意的方向。」

　　他對魯迅的指導，可以說是由衷的敬佩的，而且，魯迅有時也在物質予以補助，有一回，他在病後去看魯迅，魯迅像醫生一樣仔細問明了他的病狀和經過之後，便開始給他一個曾經試驗有效的藥方，由於他的問價，魯迅覺察他窮困，便在他告辭時，從抽屜中取出三塊錢給他，慎重叮嚀著：「你剛好，不能多跑路，坐車子去，有三塊錢，大概差不多了。」這使得他的心立刻被驚喜和羞赧的感情壓榨得不安震顫起來了。畢竟他是對著魯迅的熱忱指導與誠懇地扶助，十分感動的，所以他後來懷念魯迅，就說：「因有著不斷有意地將事實加以曲解，和第四者的挑撥離間，我青年的輕信性，便因之伴著空洞的自信心，抹殺著許多事實而走向誤解的道路。這樣便使我與先生發生了某種程度的麻啞的抵觸，這抵觸使我將編配好的《斧背》小說集，從先生所編的《烏合叢書》中抽出來，給予上海泰東書局出版了。」他自認對魯迅的誤解，「至今仍然是得心中一個苦痛傷痕」，不像高長虹、向培良那樣於魯迅死去以後，繼續在「鞭屍」的。

　　魯迅對青年的看法和態度，並不如一般人所想所說的那麼天真的，他也曾對景宋說過：「你說我受學生的歡迎，足以自慰麼？不，我對於他們不大敢希望，我覺得突出者很少，或者竟沒有。但我做事是還要做的，希望全在未見面的人們；或者如你所說：『不要認真！』」「我現在對於做文章的青年，實在有些失望，他們多是挑新招牌的利己主義者，還未遇著真有幾個為社會的。」這就記起他和我幾次談到青年問題那幾句最深刻的話了。（這幾句話，留到將來有適當的機會再說吧。）

　　孫伏園的《魯迅二三事》，有一節專說魯迅那篇未完成的傑作楊貴妃的。他說：「關於魯迅先生的未完成的作品，其中以劇本《楊貴妃》為最令人可惜。魯迅對於唐代文化，也和他對於漢魏六朝的文化一樣，且有深切的認識與獨創的見解，他覺得唐代的文化

觀念，很可以做我們現代的參考，那時，我們的祖先們，對於自己的文化抱有極堅強的把握，決不輕易動搖他們的自信力；同時對於別系的文化抱有恢廓的胸襟與極精嚴的抉擇，絕不輕易的崇拜或輕易地唾棄。這正是我們目前急切需要的態度。拿這深切的認識與獨到的見解作背景，襯托出一件可歌可泣的故事，以近代戀愛心理學的研究結果作線索：這便是魯迅在一九二一年左右計劃著的劇本《楊貴妃》。他的原計劃是三幕：每幕都用一個詞牌為名，我還記得它的第三幕是《雨淋鈴》。而且據作者的解說，長生殿是為救濟情愛逐漸稀淡而不復不有的一個場面。除此以外，先生曾和我談過許多片段計劃，但我現在都說不上來了。所感到遺憾的只是魯迅先生還須到西安去體味一下實地的風光。計劃完成以後，久久沒有動筆，原因就是這裡。」

後來，魯迅借了西安講學的機會，畢竟體味到唐代故都生活了。他體味了以後的實感如何呢？孫氏追述到：「我們在黃河船上望見靈寶城，濯濯的丘陵上出現一叢綠樹。我已經受了感動，對魯迅先生說：『宜乎美人出生是這裡了。』魯迅靜靜的望著，沒有什麼表示。我知道先生的脾氣，沒有表示或者是大有所感，或者是毫無所感，決不是有了平平常常的感想。到了西安之後，我們發現了一種極平凡的植物，為數實在可觀，幾乎每個園子裡都有的，便是白色的木槿花。木槿花本是極平凡的植物，但是別處只看見一株兩株，而且是紅色的居多，從未有像西安的木槿花那樣白色的一片。我也已經受了感動，對魯迅說：『將來《楊貴妃》的背景中，應該有一片白色木槿花。』魯迅靜靜的望著我，沒有什麼表示。這時候，我漸漸有了警覺，擔心著《楊貴妃》的計劃難免會有根本的變本了。我們看大小雁塔，看曲江，看壩橋，看碑林，看各家古董鋪，多少都有一點收穫。在我已覺得相當滿意，但一叩問魯迅先生的意見，果然是我意中，也出我意外地答覆我說：『我不但什麼印象也沒有得到，反而把我原有的一點印象也打破了。』」

照孫氏的說法：「魯迅少與實際社會往還，也少與真正自然接近，許多印象都從白紙黑字得來。在先生給我的幾封信中常說到這一點。從白紙黑字中所得到的材料，構成了一個完美的第一印象；如果第二印象的材料，也從白紙黑字中得來，這個第二印象，一定要加強或修正第一印象的價值。如果第二印象的材料來自真正自然或實際社會，那麼它的加強或修正第一印象的價值，或者要大大的減低，甚至會大大的破壞第一印象的完美也是可能的。對於魯迅的失望，我想第一步，或者可以適用這樣一個解釋。魯迅怕看《黛玉葬花》這一類戲，他對我說過，就為的不願破壞他那從白紙黑字得來的完美的第一印象。那麼真實的靈寶城等等，怎麼會不破壞他那想像中的《楊貴妃》的完美呢？其次，那時的西安也的確殘破得可以。殘破還不要緊，其間因為事有所未盡而至現著複雜、頹唐、零亂等等徵象，耳目所接觸的幾無一不是這些，又怎麼會不破壞他那想像中的〈楊貴妃〉的完美呢？在我們的歸途中，魯迅先生幾乎完全無意再寫《楊貴妃》了。所以嚴格的說：楊貴妃並不是未完稿，實在只是一個腹稿。這個腹稿，如果作者仍有動筆的意思，或者可以說，因在西安而破壞的印象，仍有復歸完美的可能；那麼《楊貴妃》作者逝世前，共十二三年的長時間內，不是沒有寫作的機會。可見那一次完美印象的破壞一定是相當厲害了。」孫氏的話，可以給一般奉魯迅為「寫實主義」或「現實主義」大師的人以最痛切的批判呢，說起來，魯迅的作品，還是帶著理想主義的念頭的。

　　魯迅陝西之行，在若干隨筆雜感中，有著他自己的感慨。我們從孫伏園的《楊貴妃》、《長安道中》，和張辛南的《追憶魯迅先生在西安》等文篇中，可以知道魯迅當時由北京赴陝西途中及在西安的情形。（林辰就曾做了這一工作。）那年是一九二四年七月七日，他們從北京登程，同行的有王銅齡、李濟之、夏元瑮、孫伏園、胡小石、蔣廷黻等人。他們從北京乘火車到河南陝州，由陝州改乘黃河民船至潼關，計水程百八十里，一共走了足足四日。第一

日剛下船，晚上便大風大雨，徹夜不息，船倒行十餘里，十分危險。據船主在第二天說：「如果倒行到鬼門，那就沒救了，」原來陝州近處黃河，有砥柱山，兀峙中流，分河為人、神、鬼三門，惟人門可通舟楫，異常危險。幸而以後的天氣便很晴朗，魯迅常在艙中盤腿而坐，對旁人講述故事。如講他初到北京時去會江叔海，寒暄數語後，江便談起天氣，接著就哈哈大笑，風聲寄類刻劃人情世態的故事。潼關以西，又走旱道，一直到十四日，才抵西安。到西安後，他們便開始演講。關於魯迅的演講內容，張辛南說：「在西安講學的時候，魯迅先生所講的總是小說史。對於學生及教職員講小說史，對於督省兩署和各廳處的職員也講也小說史。劉雪雅先生（陝督）想請魯迅先生對西安的下級軍官士兵講演一次，教我向他商議一個士兵能了解並感覺興味的題目，魯迅先生回答說：『我向士兵講話是可以的，但是我要講的題目仍然是小說史，因為我只會講小說史。』」照孫伏園的解釋：「將我所想，小說史之講法，本來可淺可深，可嚴正，亦可通俗。」這話最為近理。在講演之暇，魯迅便常和孫伏園們到各處遊動，他們看大小雁塔，看曲江，看壩橋，看碑林，看各家古董鋪。在昭陵上，他看見刻著帶箭的駿馬，還有一隻駝鳥。使他想起唐人魄力的開放雄大，有不至於為異族奴隸的自信心，對於外來事物，自由驅使，絕不介懷。在遊孔廟的時候，他看見其中一間房子，掛著許多印畫，李二曲像，有歷代帝王像，其中有一張是宋太祖，或是什麼宗，穿了一件長袍，而鬍子向上翹起的。這又使他想起一般昏昧頑固的人，連本國歷史也毫無所知，而偏要保存國粹的可笑。長安的大多數的古跡，大抵都已零落破敗，或為後人重修，並不能引起他的好感，所以孫伏園叩問他的意見，他以為「看這種古董，好像看梅蘭芳扮林黛玉美妙香扮賈寶玉，所以本來還打算到馬嵬坡去，為避免看後的失望起見，終於沒有去。」

當時，魯迅最感興趣的還是古董鋪。孫伏園說：「一天同魯迅

先生去遊古董鋪，見有一個石雕的動物，辨不出是什麼東西，問店主，則曰『夫』。這時候，我心中亂想：犬旁一個夫字，罷，犬旁一個甫字罷，豸旁一個富字罷，豸旁一個付字罷，但都不像。三五秒之間，思想一轉變，說他所謂ㄈㄨ罷，於是我的思想又要往豸旁一個蘇字專處亂鑽了，不提防魯迅先生忽然說出：『呀，我知道了，是鼠。』」張氏也說：「魯迅先生有功夫時，常到街上蹓蹓。有一回他約了我們上街去買『魯吉』，我以為他所要買的是『滷雞』。但到了南院門一家古董鋪，先生就問人家要『魯吉』，人家答說『風有』，又跑到北院門，看了幾家古董鋪，也沒找到。」後來據孫氏說：「當年與魯迅先生到西安街上所買音同『滷雞』之物，乃是『弩機』。此為一種黃銅器，看去機械性十足，魯迅先生愛其有近代軍器之風，故頗收藏了好幾具（自北京古董鋪購得），形似今日之手槍，銅線斑斑，極饒古味。惟用法則始終未明。據魯迅先生所云：當時必有若干皮帶與銅連繫，今已腐朽，無可辨認，即『弩機』之名，亦為贊賞家所安云。魯迅在西安的那些日子裡，總穿一條黑布褲，一件白小褂，上街的時候，再穿件白小紡大褂，頭髮不常剪，面帶黃黑色。他們沒有滿約的日期，便離開西安了，大約在七月尾。他們回京時，自西安來潼關一段，改走渭河水道由距西安三十里的草灘起東行二百五十里，費時四天半抵潼關。再取道黃河達陝州，然後登隴海車東行，經洛陽返北京。

有一回，筆者在上海同濟大學文藝會講演魯迅的文藝修養，我說魯迅若干方面和曹雪芹頗相似，他們的文筆，都是得力於莊子和離騷的，他們的辭滙，很多是從這兩部書中來的。我的友人丁君，說我的話頗有見地。其後我看見郭沫若的《莊子與魯迅》，也說了類似的話，又看見了許壽裳的《屈原和魯迅》，也是這麼說的。這倒不約而同了。

許氏說：魯迅在弘文學院時，已購有不少的日本文書籍，藏在書桌抽屜內，如拜倫的詩、尼采的傳、希臘神話、羅馬神話等，他

看見了這些新書中間夾著一本線裝的日本印行的《離騷》，稍覺有點奇異。這也是他早期的印象之一。魯迅曾對他說過：「離騷是一篇自敘和譏諷的傑作，《天問》是中國神話和傳說的淵藪。」所以他的《漢文學史綱要》上，關於《離騷》有這樣的話：「其辭述己之始生，以至壯大，迄於將終，雖懷內美，重以修能，正道直行而罹讒賊，於是放言遐想，稱古帝，懷神山，呼龍虯，思佚女，申紓其心，自明無罪，因以諷諫。……次述占於靈氛，問於巫咸，無不勸其遠遊，毋懷故宇，於是馳神縱意，將翱將翔，而眷懷宗國，終又寧死而不忍去也。」他的《中國小說史略》，關於《天問》，說：「若求之詩歌，則屈原所賦，尤在《天問》中，多見神話與傳說，如『夜光何德，死則又育？厥利維何，而顧菟在腹？』『鯀何所營？禹何所成？康回憑怒，地何故以東南傾？』『昆侖縣圃，其尻安在？增城九重，其高幾里？』『鯪魚何所？魁堆焉處？羿焉彈日？烏焉解羽？』是也。」許氏也就從魯迅的舊詩中的用詞，來証明「熟於屈子」；其中有全首用《離騷》的，如：

「一枝清采妥湘靈，九畹貞風慰獨醒；無奈終輸蕭艾密，卻成遷客播芳馨。」

又如魯迅采作《徬徨》的題題，是：

朝發軔於蒼梧兮，夕餘至乎縣圃。
欲少留此靈瑣兮，日忽忽其將暮。
吾令羲和弭節兮，望崦嵫而勿迫：
路漫漫其修遠兮，吾將上下而求索。

這八句正寫升天入地，到處受阻，不勝寂寞徬徨之感，又魯迅在北平阜城門內，西三條胡同寓廬書案，所謂「老虎尾巴」者，壁上掛著一副他的集騷句，請喬大莊寫的楹聯，其文為：「望崦嵫而勿迫，恐鵜鴃之先鳴！」這表明格外及時努力，用以自勵之意。他

又說，他早年和魯迅談天，曾經問過他，《離騷》中最愛誦的是那幾句？魯迅不假思索，答出下面的四句：

朝吾將濟於白水兮，登閬風而緤馬。
忽反顧以流涕兮，志高丘之無女。

依許氏想，「女」是理想的化身。這四句大有求不到理想的人誓不罷休之意，所以下文還有「折瓊枝以繼佩」之句。

照這樣看來，魯迅的文字，是從舊的文學遺產中孵化成熟出來了；然而，他對《京報》副刊所徵求的青年必讀書，交了白卷，他的附注中說：「我以為要少——或者竟不——看中國書，多看外國書。少看中國書，其結果不過不能作文而已。但現在的青年最要緊的是『行』，不是『言』。」因此，在當時，便引起了有些人的反感，他們說：「他們兄弟（自然連周二先生也在內了）讀得中國書非常的多。他家中藏的書很多，家中又便易，凡想看著而沒有的書，總要買到。中國書好的很多，如今他們偏不讓人家讀，而自家讀得那麼多，這是什麼意思呢？」魯迅自己怎麼解釋呢？他說：「我的確是讀過一點中國書，但沒有『非常的多』，也並不『偏不讓人家讀』。有誰要讀，當然隨便。只是倘若問我的意見，就是：要少——或者竟不——看中國書，多看外國書。就是這麼一個意思——我向來是不喝酒的，數年之前，帶些自暴自棄的氣味地喝起酒來了，當時倒也覺得有點舒服。先是小喝，繼而大喝，可是酒量愈增，食量就減下去了，我知道酒精已經害了腸胃。現在有時戒除，也有時還喝，正如還要翻翻中國書一樣。但是和青年談起飲食來，我總說：你不要喝酒。聽的人雖然知道我曾縱酒，而都明白我的意思。我即使自己出的是天然痘，決不因此反對牛痘；即使開了棺材鋪，也不來謳歌瘟疫的。就是這麼一個意思。」

魯迅對於中國文藝界的重要貢獻，不僅在他的文藝創作，也不

僅在他的文藝批判，也在於他的翻譯。許壽裳回憶魯迅，有雜談翻譯的一節，說：魯迅自從辦雜誌《新生》的計劃失敗以後，不得已而努力譯書，和其弟作人開始介紹歐洲新文藝，刊行《域外小說集》，相信這也可以轉移性情，改造社會的。他們所譯，偏於東歐和北歐的文學，尤其是弱小民族的作品，因為它們富於掙扎、反抗、怒吼的精神。魯迅所譯安特列夫的《默》和《謾》，迦爾洵的《四日》，他曾用德文譯本對照過，覺得字字忠實，絲毫不苟，無任意增刪之弊。實為譯界開一個新時代的紀念碑。其序言所云：「弟收錄至審慎，移譯亦期勿失文情，異域文術新宗，自此始入華土。」這實在是誠信不期之言。魯迅譯廚川白村的《苦悶的象徵》時，曾對許氏說：「這是一部有獨創力的文學論，既異於科學家似的玄虛，而且也並無一般文學論者的繁碎。作者在去年大地震裡遭難了。我現在用直譯法把它譯出來。」許氏就將原文對照一讀，覺得魯迅的直譯功夫較前更進步了。雖說是直譯的，卻仍然極其流暢，真非大手筆不辦。魯迅將以中國文法的簡單，一個「的」字的用處，日本文有「の」、「处」、「と」等等，而中國文只有一個「的」字。於是他創造出分別來：「其中尤須聲明的，是幾處不用『的』字，而特用『底』字的緣故。既凡形容詞與名詞相連成一名詞者，其間用『底』字，例如 Social being 為社會底存在物，又形容詞之由別種品詞轉來，語尾有 tive tic 之類者，於下也用『底』字，例如 romantic 就寫為羅曼底。」

魯迅譯《小約翰》，也是一部大作。本書著者荷蘭望·藹覃，本來是研究醫學，具有廣博的知識的；魯迅的學歷很有些和他相似，所以他生平愛讀這部象徵寫實的童話詩。他有意把它譯成中文，發願很早，還在他留學日本時代，而譯成則在二十年以後。初稿係在北平中央公園的一間小屋中，魯迅和他的朋友齊壽山，二人揮汗著筆，到了第二年，魯又在廣州白雲樓中整理成書。許氏說魯迅真是孜孜矻矻，夜以繼日手不停揮的。至於魯迅晚年譯果戈里的

《死魂靈》，更是一件艱苦的奇功。（魯迅受果戈里的影響最深，他在《狂人日記》，便是用了果戈里的原名。）魯迅曾在病中，對許氏說：「這番真弄得頭昏眼花，筋疲力盡了。我一向以為譯書比創作容易，至少可以無須構想，那裡知道是難關重重。」魯迅曾在《『題未定』草》中說：「於是『苦』字上頭。仔細一讀，不錯，寫法的確不過平鋪直敘，但到處是刺，有的明白，有的卻隱藏，要感得到；雖然重譯，也得竭力保存它的鋒頭。裡面確沒有電燈和汽車，然而十九世紀上半期的菜單，賭具，服裝也都是陌生傢伙。這就勢必至於字典不離手，冷汗不離身，一面也自然只好怪自己語學程度的不夠格。」「動筆之前，就先得解決一個問題：竭力使它歸化，還是盡量保存洋氣呢？日本文的譯者上田進君是主張用前一法的。他以為諷刺作品的翻譯，第一當求其易懂，愈易懂，效力也愈廣大。所以他的譯文，有時就化一句為數句，很近於解釋。我的意思卻兩樣的。只求易懂，不如創作，或者改作，將事改為中國事，人也化為中國人。如果還是翻譯，那麼，首先的目的就在博覽外國的作品，不但移情，也要益智，至少是知道何地何時，有這等事，和旅行外國，是很相像的；它必須有異國情調，就是所謂洋氣。其實世界上也不會有完全歸化的譯文，倘有，就是貌合神離，從嚴辨別起來，它算不得翻譯。凡是翻譯，必須兼顧著兩面，一當然力求其易解，一則保存著原作的丰姿，但這保存，卻又常常和易懂相矛盾：看不慣了。不過它原是洋鬼子，當然誰也看不慣，為比較的順眼起見，只能改換他的衣裳，卻不該削低他的鼻子，剜掉他的眼睛。我是不主張削鼻剜眼的，所以有些地方，仍然寧可譯得不順口。」他對於譯介工作是十分認真的。

　　筆者曾經有一機會，和魯迅談到阿Q的，因為有一位朋友編了《阿Q正傳》的劇本，要我去問魯迅的意見的。依我的意見，這劇本應該以趙太爺為主題，阿Q只是在那背景上的角色之一，因為魯迅的本意，原是諷刺趙太爺那一社會，並不是要諷刺阿Q的。魯迅

也同意我的說法。後來，《阿Q正傳》劇本《戲》周刊上刊出了。魯迅曾寫了兩封信，他說：「對於戲劇，我是毫無研究的，我的最可靠的答覆，是一聲也不響。」他個人的意見是這樣：「阿Q在每一期裡，登得不多，……斷斷續續的看過，也陸陸續續的忘記了。現在回憶起來，只記得那編排，將《吶喊》中的另外的人物也插進去，以顯示未莊或魯鎮的全貌的方法，是很好的。但阿Q所說的紹興話，我卻有許多地方看不懂。現在我自己想說幾句的，有兩點：一、未莊在那裡？『阿Q』的編者已經決定：在紹興。我是紹興人，所寫的背景又是紹興的居多，對於這決定，大概是誰都同意的。但是，我的一切小說中，指明著某處的卻少得很。中國人幾乎都是愛護故鄉，奚落別處的大英雄，阿Q也很有這脾氣。那時我想，假如寫一篇暴露小說，指定事情是出在某處的罷，那麼，某處人恨得不共戴天，非某處人卻無異隔岸觀火，彼此都不反省，一班人咬牙切齒，一班人卻飄飄然，不但作品的意義和作用完全失掉了，還要由此生出無聊的枝節來，大家爭一通閑氣——『閑話揚州』是最近的例子。為了醫病，方子上開人參，吃法不好，倒落得滿身浮腫，用蘿蔔子來解，這才恢復了先前一樣的瘦，人參白買了，還空空的折貼了蘿蔔子。人名也一樣，古今文壇消息家，往往以為有些小說的根本是在報私仇，所以一定要穿鑿書上的誰，就是實際上的誰。為免除這些才子學者的白費心思，另生枝節起見，我就用『趙太爺』，『錢大爺』，《百家姓》上最初的兩個字，至於阿Q的姓呢，誰也不十分了然。但是，那時還有發生了謠言。還有排行，因為我是長男，下有兩個兄弟，為預防謠言家的毒舌起見，我的作品中的壞腳色，是沒有一個不是老大或老四、老五的。上面所說的那樣的苦心，並非我怕得罪人，目的是在消滅無聊的副作用，使作品的力量較能集中，發揮得更強烈。果戈里作《巡按使》，使演員直接對看客道：『你們笑自己！』（奇怪的是中國的譯本，卻將這極要緊的一句刪去了。）我的方法是在使讀者摸不著

在寫自己以外的誰，一下子就推諉掉，變成旁觀者，而疑心到像是寫自己，又像是作一切人，由此開出反省的道路。但我看歷來的批評家，是沒有一個注意到這一點的。這回編者的對于主角阿Q所說的紹興話，取了這樣隨手胡調的態度，我看他的眼睛也是為俗塵所蔽的。」魯迅覺得許幸之這一劇本（田漢也是如此），在諷刺意味上是失敗了的。

「但是，指定了紹興也好。於是跟著起來的是第二個問題——二、阿Q該說什麼話？這似乎無須問，阿Q一生的事情既然出在紹興，他當然該說紹興話。但是，第三個疑問跟著又來了——三、阿Q是演給那裡的人們看的。倘若是演給紹興人看的，他得說紹興話無疑。紹興戲文中，一向是官員秀才用官話，堂倌獄卒用土話的，也就是生，旦，淨大抵用官話，醜用土話。我想，這也並非全為了用這來區別人的上下，雅俗，好壞，還有一個大原因，是警句或煉話，譏刺和滑稽，十之九是出於下等人之口的，所以他必用土話，使本地的看客們能夠徹底的了解。那麼，這關系之重大，就可想而知了。其實，倘使演給紹興的人們看，別的腳色也大可用紹興話，因為同是紹興話，所謂上等人和下等人說的也並不同，大抵前者句子簡，助詞和感嘆詞少，後者句子長，語助詞和感嘆詞多，同一意思的一句話，可以冗長到一倍。但如演給別處的人們看，這劇本的作用卻減弱，或者簡直完全消失了。……我想：普遍、永久、完全，這三件寶貝，自然是了不得的，不過也是作家的棺材釘，會將他釘死。……我的意見……總括一句，這劇本最好是不要專化，卻使大家可以活用。」在這一方面，那一劇本也是完全失敗了的。

阿Q的樣兒，究竟該是怎麼的？魯迅也曾在答覆《戲》周刊的信中說過一點。他說：「在這周刊上，看了幾個阿Q像，我覺得都太特別，有點古里古怪。我的意見，以為阿Q該是三十歲左右，樣子平平常常，有農民式的質樸、愚蠢，但也很沾了些遊手好閑之徒的狡猾。在上海，從洋車夫和小車夫裡面，恐怕可以找出他的影子

來的，不過沒有流氓樣，也不像瘰三樣。只要在頭上戴上一頂瓜皮小帽，就失去了阿Q，我記得我給他戴的是氈帽。這是一種黑色的，半圓形的東西，將那帽邊翻起一寸多，戴在頭上的；上海的鄉下，恐怕也還有人戴。」

周作人追述魯迅的故事，說到了阿Q的藍本，便是阿桂，阿有的弟弟。「阿有，他姓謝，以給人家舂米為業；他給人家做短工，因為舂米費力，可以多得一點工錢，反正也多不到那裡去，但比起他兄弟來總好得不少了。阿桂本來也是做短工的，可是他不能吃苦，時常改賣舊貨，有的受了敗落人家的委託，有的就不大靠得住，這樣就漸漸的降入下流，變成半工半偷的生活了。有時跑到哥哥那裡來借錢，說近來生意不順手，這便是說偷不到，阿有怒喝道：『你這什麼話？我要高聲說給人家聽了。』阿桂於是張皇的從大書房逃了出去，其實這問答的話，大書房的人已經聽見，已不是什麼秘密了。魯迅小說《在酒樓上》的主人公呂緯甫敘述奉母親之命，買兩朵剪絨花去送給舊日東鄰船戶長富的女兒順姑，等到找著了的時候，才知道她已病故了。這長富就是阿有，順姑的伯父偷雞賊長庚自然是阿桂了，不過阿有的女兒的病不是肺病，乃是傷寒初愈，不小心吃了石花，以致腸出血而死。小說裡說長庚去硬借錢，順姑不給，長庚就冷落說：『你不要驕氣，你的男人比我還不如呢？』這也是事實，雖然並沒有發生什麼影響，因為她的未婚夫是個小店伙，本來彼此都知道的，無論如何總不會比不上阿桂的。」

魯迅的文字之中，經過了這一回的整理，大體都可以了解，只有關於藝術這一部門，我實在是門外漢，只能贊嘆，無法判斷。他曾送我幾部藝術性的書，一部是《死魂靈一百圖》，一部是《引玉集》，又一部是《木刻紀程》。當時，也只怕朋友們受了簽名之累，所以那幾本畫冊上都沒有他的簽名。前年，上海上文物館要徵集這幾種畫集，因為沒有他的簽名，所以賣不起錢，我卻說，這樣也好，總算把這幾種書留下來了。

《死魂靈一百圖》是一部很好的插圖，（我的女兒，為了這部插圖的出賣，也頗悵悵然。幸而沒有賣成，留在上海了。）據魯迅說：關於《死魂靈》的有名的圖畫，據里斯珂夫說，一共有三種，而最正確和完備的，是阿庚的百圖。這圖畫先有了七十二幅，未詳何年出版，但總在一八四七年之前，去現在也快要九十年；後來即成為難得之品，新近蘇聯出版的文學辭典裡，曾採它為插畫，可見已經有了定評的文獻了。雖在它的本國，恐怕也只能在圖書館中相遇，更何況在我們中國。有年秋末（一九三五年），孟十還君忽然在上海的舊書店裡看到這畫集，便像孩子望見了糖果似的，立刻奔走呼號，總算弄到手裡了。是一八九三年印的第四版，不但百圖完備，還增加了收藏家藹甫列摩太所藏的三幅，並那時的廣告畫和第一版封紙上的小圖各一幅，共計百〇五圖，這大約是十月革命之際，俄國人帶了逃出國外來的；他該是一個愛好文藝的，抱守了十六年，終於只好拿它來換衣食之資；在中國，也許未必有第二本。看了這一段，我也頗有點悵然，因為為了衣食之資，我也幾乎把魯迅送給我的這本插圖，賣掉了呢，這插圖在我身邊也留了十五年之久呢！

　　當我們提倡諷刺的雜文的時期，同時也提倡了漫畫。生活書店也曾由「文學社」、「太白社」刊行了《小品文與漫畫》的專刊。當時，魯迅曾經提示了如次的話：「漫畫的第一件緊要事是誠實，要確切的顯示了事件或人物的姿態，也就是精神。漫畫是 Karikatur 的譯名，那『漫』，並不是中國舊日的文人學士之所謂『漫題』，『漫書』的『漫』。當然也可以不假思索，一揮而就的，但因為發芽於誠實的心，所以那結果也不會僅是嬉皮笑臉。這一種畫，在中國的過去的繪畫裡很少見，《百醜圖》或《三十六聲粉鐸圖》庶幾近之，可惜的是不過戲文裡的醜腳的摹寫；羅兩峰的《鬼趣圖》，當不得已時，或者也就算進去罷，但它又太離開了人間。漫畫要使人一目了然，所以那最普通的方法是『誇張』，但又不是胡鬧。無

緣無故的將所攻擊或暴露的對象畫作一頭驢，恰如拍馬家將所拍的對象做成一個神一樣，是毫沒有效果的，假如那對象其實並無驢氣息或神氣息。然而如果真有些驢氣息，那就糟了，從此之後，越看越像，比讀一本做得很厚的傳記還明白。關於事件的漫畫，也一樣的。所以漫畫雖然有誇張，卻還是要誠實。「燕山雪花大如席」是誇張，但燕山究竟有雪花，就含著一點誠實在裡面，使我們立刻知道燕山原來有這麼冷。如果說「廣州雪花大如席」，那可就變成笑話了。『誇張』這兩個字也許有些語病，那麼，就是『廓大』也可以的。廓大一個事件或人物的特點固然使漫畫容易顯出效果來，但廓大了並非特點之處卻更容易顯出效果。矮而胖的，瘦而長的，他本身就有漫畫相了，再給他禿頭，近視眼，畫得再矮而胖些，瘦而長些，總可以使讀者發笑。但一位白淨苗條的美人，就很不容易設法，有些漫畫家畫作一個髑髏或狐狸之類，卻不過是在報告自己的低能。有些漫畫家卻不用這呆法子，他用廓大鏡照了她露出的搽粉的臂膊，看出她皮膚的褶皺，看見了這些褶皺中間的粉和泥的黑白畫。這麼一來，漫畫稿子就成功了，然而這是真實，倘不信，大家或自己也用廓大鏡去照照去。……因為真實，所以也有力。」這一番話，對於我們寫雜文的，也同樣有意義。

國家圖書館出版品預行編目資料

魯迅評傳／曹聚仁著 -- 初版 --
新北市：新視野 New Vision，2018. 04
　　面；　公分
　　ISBN 978-986-94435-6-2（平裝）
1. 周樹人　2. 傳記

782.884　　　　　　　　　　　　107001352

魯迅評傳

作　　者　曹聚仁
出 版 人　翁天培
原　　題　魯迅的一生（1987年新潮社）
出　　版　新視野 New Vision
製　　作　新潮社文化事業有限公司
　　　　　電話 02-8666-5711
　　　　　傳真 02-8666-5833
　　　　　E-mail：service@xcsbook.com.tw

印前作業　菩薩蠻數位文化有限公司
印刷作業　福霖印刷有限公司

總 經 銷　聯合發行股份有限公司
　　　　　新北市新店區寶橋路 235 巷 6 弄 6 號 2F
　　　　　電話 02-2917-8022
　　　　　傳真 02-2915-6275

初　　版　2018 年 4 月